LES AVENTURES

DU BARON DE FÆNESTE

Paris, Imprimerie de Guiraudet et Jouaust, 338, rue S.-Honoré.

LES
AVENTURES
DU BARON DE
FÆNESTE

PAR

THÉODORE AGRIPPA D'AUBIGNÉ

Nouvelle édition

REVUE ET ANNOTÉE

PAR M. PROSPER MÉRIMÉE

de l'Académie françoise

A PARIS

Chez P. JANNET, Libraire

—

MDCCCLV

PRÉFACE.

Théodore Agrippa d'Aubigné avoit environ 64 ans lorsqu'il écrivoit les premiers livres des *Aventures du baron de Fæneste*. Henri IV étoit mort depuis six ans; sa veuve gouvernoit la France au nom de Louis XIII, conseillée par un favori détesté, le maréchal d'Ancre. Les princes et les grands seigneurs lui disputoient l'autorité, ou plutôt, par des menaces de révolte, obtenoient des subventions qui ruinoient les finances publiques. D'Aubigné, cependant, vivoit loin de la cour, retiré dans son château du Dongnon, toujours préparé et approvisionné pour soutenir un siége, suspect à la reine et à ses ministres, et n'entretenant que des relations assez froides avec les chefs du parti réformé. Toute sa vie il avoit été frondeur, et personne n'avoit trouvé grâce devant lui. Pendant les guerres civiles, lorsqu'il menoit au feu les enfants perdus, il murmuroit contre ses généraux et les accusoit d'ignorance ou de lâcheté. Dans les conseils des protestants, il avoit pris à tâche de démasquer les ambitions personnelles et les calculs intéressés de chacun de leurs chefs. Manquant sans doute lui-même des qualités nécessaires pour exercer l'autorité, il avoit l'art fatal d'empêcher les autres de l'obtenir. Il étoit naturellement hargneux, cassant et moqueur; jamais il ne sut retenir un bon mot. Par son esprit vif et satirique, sa bravoure, qui alloit jusqu'à la témérité, son savoir immense et varié, il s'étoit fait craindre de tous ses contemporains. Poète mordant, spadassin dangereux, théologien plein de citations, on ne savoit par où le prendre : à se jouer à lui on n'avoit à gagner qu'une épigramme ou un coup d'épée, quelquefois tous les deux. Aussi, redouté de tout le monde, estimé de quelques uns, il eut fort peu d'amis, et je ne sais s'il aima personne. On l'accusoit, non sans raison peut-être, d'apporter le trouble dans les affaires des églises réformées. C'étoit lui qu'on rendoit responsable de toutes les déconvenues ; on rejetoit sur lui tous les desseins violents et téméraires ; on l'avoit surnommé le *bouc du Désert*, parce qu'il portoit toutes les iniquités du parti.

Elevé parmi les horreurs des guerres de religion, il avoit sa part de la férocité du XVIe siècle. A l'âge de dix-sept ans, se croyant près de mourir, il fit à haute voix sa confession générale devant de vieux routiers endurcis, auxquels les cheveux dressoient à la tête en l'écoutant. Il se distinguoit pourtant parmi les hommes farouches de ces temps malheureux par un enthousiasme chevaleresque, ou, si l'on veut, par un orgueil excessif, qui le poussoit à chercher les gloires élevées et singulières. Il vouloit être un grand homme, et il avoit lu dans les anciens par quelles actions on gagne la renommée. En même temps, la culture de son esprit et une certaine délicatesse naturelle de sentiments donnoient à ses mauvaises passions un raffinement qui tournoit au profit de l'humanité. Au lieu de casser la tête à un ennemi renversé, il le forçoit à renier son symbole religieux, trouvant la vengeance plus complète à le déshonorer qu'à le tuer. S'il se montra souvent humain et généreux sur les champs de bataille, en revanche il étoit impitoyable dans les discussions politiques et théologiques. Il y porta une violence haineuse qui depuis n'a guère été surpassée. Toutes armes lui paroissent bonnes contre ses adversaires, jusqu'à la plus noire ou même la plus absurde calomnie, car dans sa fureur il perd le tact et la mesure. Il a beau se targuer de sa chevalerie, il ne traitera pas mieux les dames que les hommes; mais c'est surtout contre les renégats de son parti qu'il est implacable. Un huguenot converti est à ses yeux un monstre coupable de tous les crimes, et il en auroit inventé, au besoin, si le déchaînement du vulgaire lui eût laissé le mérite de ces tristes mensonges. Permis à ceux que la religion ou la politique n'a jamais entraînés dans une polémique furibonde de taxer d'Aubigné de méchanceté ou de mauvaise foi; lui, du moins, ne répondoit pas seulement à des libelles, mais à des assassinats et à des massacres.

Chose étrange! cet homme si plein de fiel est peut-être, parmi les écrivains de son siècle, celui dont les ouvrages ont le mieux conservé la tradition de la vieille gaîté françoise. Souvent, il est vrai, elle dégénère chez lui en licence, et plus d'une fois il mérita les reproches des dévots scrupuleux de son parti. Ni sa piété sincère, ni les mœurs de son âge mûr, rigides jusqu'à l'austérité, n'avoient pu lui faire oublier le ton et le langage du soldat et du courtisan. Soit confiance dans ses forces, soit dédain pour l'opinion, il ne craignit jamais le contact du vice. L'effroyable dissolution des cours de Henri III et de Henri IV n'avoit pu le pervertir; il y avoit été toujours un être à part, se mêlant aux orgies sans crainte de s'y souiller, observateur méprisant, mais plein de curiosité. Cassé par l'âge et par les fatigues, il aimoit à se reporter en pensée aux folies de sa jeunesse. Depuis long-temps il avoit pris le rôle d'homme grave et de moraliste, mais il prêcha toujours dans le langage du monde corrompu qu'il avoit hanté. Pour flétrir les vices de son époque, il trouve souvent des paroles nobles et éloquentes; mais qu'un souvenir gaillard s'offre à sa mémoire au milieu d'un sermon, le prédicateur fait place à un conteur charmant et sans vergogne.

L'ouvrage dont nous donnons une nouvelle édition n'étant pas destiné aux femmes, et étant au fond trop sérieux et trop instructif pour amuser les écoliers, nous n'avons éprouvé aucun scrupule à reproduire quelques polissonneries dont nul de nos vieux auteurs n'est exempt. Il ne faut pas s'étonner qu'au commencement du XVIIe siècle on ne connût

PRÉFACE.

pas les détours de fausse délicatesse au moyen desquels on parvient aujourd'hui à dire décemment des choses indécentes. Le progrès moderne me paroît médiocre, à tout prendre, ne consistant qu'en certains changements de mots, tandis que les idées sur lesquelles l'esprit françois s'exerce d'ordinaire sont demeurées les mêmes à peu près. De vrai, le nombre des sujets qui sont en possession d'exciter le rire est fort borné. Faut-il les proscrire, ou ne les aborder qu'avec des précautions hypocrites? Pardonnons au moins à nos aïeux d'avoir été plus francs ou plus hardis, et gardons-nous de nous croire meilleurs parceque nous sommes plus sérieux, ou que nous déguisons leurs vieilles plaisanteries sous des termes nouveaux.

Les Aventures de Fæneste sont écrites, comme tous les ouvrages de d'Aubigné, dans une langue singulière (je ne parle pas des patois); elle participe de l'abondance et de la verve négligée du XVIe siècle, et déjà cependant on y découvre le commencement de cette correction qui prévalut dans le XVIIe. L'auteur, qui, parmi plusieurs prétentions, eut peut-être celle de ne pas vouloir être homme de lettres, a un style à lui qui sent le cavalier; toutefois sa prose porte l'empreinte de fortes études classiques et témoigne d'une communication habituelle avec le peuple, « le maître de langue par excellence ». C'est à ces deux sources qu'ont puisé tous nos grands écrivains. *Fæneste* est un tableau de mœurs des plus remarquables, et si on le dépouille des exagérations que comporte ce genre de satire, il offre, je crois, une image animée et fidèle de la société à l'époque où l'auteur a vécu. Mais ce qui me semble surtout admirable dans ces dialogues, c'est la vérité des caractères mis en scène et le rare talent d'observation qu'on découvre jusque dans les plus petits détails. Il me semble qu'il y a dans ce livre des traits de naturel que Molière n'auroit pas désavoués.

D'Aubigné apportoit malheureusement une négligence excessive dans la publication de ses ouvrages. On sait que les principaux furent imprimés à peu près clandestinement. Il est certain qu'il ne se corrigeoit guère, et même il y a grande apparence qu'il ne se relisoit jamais. Aussi tous ses livres, et *Fæneste* en particulier, sont-ils aujourd'hui d'une lecture assez difficile. Nulle ponctuation raisonnable, souvent des mots passés ou des phrases inachevées, une orthographe capricieuse; parfois, et, c'est le cas pour le présent livre, l'emploi de différents dialectes provinciaux transcrits sans aucune méthode ; enfin, et c'est la partie la plus laborieuse de notre tâche, des allusions obscures à des hommes et à des événements connus autrefois d'une certaine coterie, mais qui n'ont laissé presque aucune trace dans l'histoire.

Les commentaires de Le Duchat qui accompagnent les éditions de 1729 et 1731 sont loin d'être complets, et quelquefois même peuvent fourvoyer le lecteur. En outre, ils ont l'inconvénient de le renvoyer sans cesse à un livre encore plus difficile à comprendre que *Fœneste*, c'est à savoir, *la Confession de Sancy*. Nous avons extrait de ce dernier ouvrage les passages et les notes qui fournissent quelques lumières, et nous avons essayé de suppléer ce que le docte commentateur avoit négligé d'expliquer, ou ce qu'à notre sens il avoit mal compris. Lorsque nous nous trouvons en désaccord avec Le Duchat, nous avons conservé ses notes en y joignant nos observations. A dire vrai, nous n'avons supprimé que les remarques qui nous ont paru sans utilité pour l'éclaircissement du texte. Nous avons peut-être trop multiplié les nôtres, mais ceux qui peuvent s'en passer ne se fatigueront pas à les lire.

Un travail fort ingrat, mais fort utile, a été la révision et la correction du texte. Nous avons consulté et comparé entre elles les différentes éditions, prenant dans chacune les leçons les plus probables. Loin de nous attacher à reproduire les fautes d'impression et les irrégularités d'orthographe des premières éditions, qui font le bonheur des bibliomanes, et que Le Duchat a conservées et augmentées, nous avons corrigé sans scrupule les erreurs manifestes des anciens typographes, et nous avons fait nos efforts pour que les mêmes mots fussent toujours écrits de la même manière.

Nous avons apporté un soin particulier à rétablir ou plutôt à introduire une ponctuation correcte, et, soit dit sans vanité de notre part, c'est une amélioration considérable. Quelques expressions bizarres, quelques allusions, ont résisté à tous nos efforts pour les interpréter, et c'est en vain que nous avons eu recours à l'érudition de nos amis, aux mémoires du temps, aux ana et aux lexiques. Nous avouons franchement notre impuissance à deviner ces énigmes. Des hasards heureux, comme il en arrive aux amateurs de vieux livres, feront peut-être découvrir celles qui nous ont échappé. Notre seule prétention a été de fournir aux personnes qu'intéresse l'étude de notre littérature et de notre histoire un texte correct et de lecture facile.

Je n'ai jamais pu découvrir la première édition du premier livre de *Fæneste*, qui aurait été imprimé à part ou publié dans quelque recueil du temps. On lit dans le *Manuel du libraire* : « Les quatre livres du *Baron de Fæneste* avaient été publiés successivement, savoir : le premier, à Maillé, avant 1617 ; le second, avec le premier, à Maillé, par J. M., en 1617 ; le troisième, avec les deux premiers, à Maillé, en 1619 ; enfin, le quatrième, en 1620 ; toutes ces éditions in-12 ou petit in-8º. » L'expression, un peu vague, « *avant 1617* », dont se sert M. Brunet, me fait supposer qu'il n'a jamais vu cette édition du premier livre, et je ne sache personne qui ait été plus heureux. J'ai même de grands doutes sur son existence, bien que le titre des deux premiers livres publiés en 1617 porte : *Première partie, reveue, corrigée et augmentée par l'auteur.* » Ce ne seroit pas la première fois qu'un écrivain se seroit permis ces petites supercheries, qui, depuis le XVIIe siècle, ont été singulièrement perfectionnées.

PRÉFACE.

J'ai eu entre les mains des exemplaires de cinq éditions des deux premières parties réunies, toutes les cinq de 1617. Quatre, de 72 pages petit in-8°, ayant tantôt 32, tantôt 33 lignes à la page, ne se distinguent que par quelques légères différences dans le titre et dans la justification. Chacune a ses fautes d'impression très nombreuses, mais les erreurs les plus évidentes sont reproduites invariablement dans toutes les éditions. Voici pour les amateurs quelques remarques qui pourront leur être utiles dans les ventes.

A. Les Aventures | du Baron de | Fæneste | première partie, revue et corrigée | et angmentée (*sic*) par l'autheur. | Plus a esté adjousté la seconde | partie ou le Cadet de | Gascogne. | A Maillé, MDCXVII. (Bibl. Imp.)

B et C. Les Aventures, etc., première partie, reveue, corrigée et augmentée, etc. [Le reste comme la précédente.] (Bibl. Imp.)

D. Les Aventures, etc. Plus a été adjousté la seconde partie, avec promesse de la troisième. (S. L.,) MDCXVII. (Bibl. Imp.)

A la page 12, ligne 23, de ces quatre éditions, on peut faire les observations suivantes sur un mot qui offre de nombreuses variantes :

A. Treuez vous.
B. Trouvez vous.
C. Treuez vous.
D. Treouves vous.

On notera que, dans aucune de ces éditions in-8°,

on ne rencontre les initiales J. M. de l'imprimeur Jean Moussat, citées par M. Brunet.

Une dernière édition, in-12, porte le titre suivant :

Les | Avantures | dv baron de | Fæneste | première partie | reveüe, corrigée et augmentée | par l'autheur | Plus a esté adjousté la seconde | partie, avec promesse de | la troisiesme | à Maillé | par J. M. imprimeur et libraire | M.DC.XVII | 175 pages, y compris la garde qui précède le titre ; 18 lignes à la page. Au verso blanc de la dernière page est collé un errata de quelques lignes donnant une ou deux rectifications assez intéressantes. (Bibl. de l'Arsenal.) C'est assurément une édition faite sous les yeux de l'auteur, car les caractères sont ceux de son *Histoire universelle*. Il est fort douteux, d'ailleurs, que ce soit la première; elle renferme en effet quelques passages qui ne se trouvent pas dans les autres éditions de 1647, et qui ont été ajoutés dans celle de 1619.

Je dois à l'obligeance d'un savant bibliophile de Tours, M. Victor Luzarche, la communication de l'édition de 1619, comprenant les *trois* premiers livres. C'est, je pense, la plus rare de toutes et la plus curieuse, car elle contient des additions et des corrections importantes. En voici le titre :

Les | Avantures | du baron de | Fæneste | troisiesme partie | ensemble les première et seconde, reveues, corrigées | et augmentées par l'autheur de | plusieurs contes | à Maillé | par J. M. imprimeur ordinaire de | l'autheur. | MDCXIX, pet. in-8°, 27 lignes à la page; 172 pages.

J'ai encore consulté deux autres éditions de la même année, mais du troisième livre seulement, sous les titres que voici :

1° La | troisiesme | partie des avan | tures du baron de Fæneste | 1619, (S. L.). (Bibl. Imp.)

2° Les avantures | du baron de | Fæneste, troisiesme partie | à Maillé | par J. M. imprimeur ordinaire de | l'autheur | MDCXIX. (Bibl. Imp.) Chacune se compose de 56 pages numérotées de 1 à 56, ce qui prouve qu'elles ont été publiées séparément. Elles ont 34 lignes à la page.

La même troisième partie a été encore réimprimée et tirée à part en 1620, à Maillé, par J. Moussat. M. V. Luzarche en possède un exemplaire.

Il est évident qu'il faut corriger dans le *Manuel du libraire* la date de 1620, attribuée à la quatrième partie de *Fæneste*. On doit lire 1630. Dès le premier chapitre, l'auteur fait allusion à la bataille du Val Saint-Pierre, livrée en 1628. C'est en 1630 que pour la première fois l'ouvrage a été divisé en chapitres. Il fut publié à Genève par Pierre Aubert sous le titre suivant :

Les Avantures | du baron de | Fæneste | comprinses en quatre parties | les trois premières reveues, augmentées et | distinguées par chapitres | ensemble | la quatriesme partie | nouvellement mise en lumière | le tout par le même autheur | Au Dezert | Imprimé aux despens de l'autheur | MDCXXX, in-12 de 308 pages. D'Aubigné mourut cette même année 1630. C'est par conséquent la seule édition complète qui ait été publiée sous ses yeux. Nous l'avons prise pour base de notre travail, préférablement aux deux autres éditions de 1629 et de 1631.

Que la première partie de Fæneste, si tant est qu'elle ait été publiée à part, l'ait été en 1616 ou en 1617, il ne peut être douteux qu'elle n'ait été composée à la fin de 1616. Au premier livre, chapitre 13, Fæneste dit : « Je trouve que M. de Themines est parvenu à la maréchaussée par un brave moyen et bien nouveau. » Ce brave moyen fut, comme on sait, l'arrestation du prince de Condé, le 1ᵉʳ septembre 1616. Un peu plus loin on lit : « Toute la France est entre les mains de Barbin et de Mangot. Ils disent que ce sont d'habiles hommes et bien fidèles à la reine et à madame la maréchale. » La faveur du contrôleur général Barbin date de la fin de 1616, et ne dura pas plus long-temps que la vie du maréchal d'Ancre, assassiné en avril 1617. Enfin, à la première page du premier livre, il est question de la guerre d'Aunix, entreprise par le duc d'Epernon contre les Rochelois; or cette prise d'armes n'eut lieu que dans l'automne de 1616, et ce fut en décembre seulement que le duc cessa les hostilités. Tout cela rend bien improbable une édition de 1616, à moins qu'on n'admette qu'elle fût très différente de l'édition de 1617, que nous avons.

On remarque que dans le troisième livre, publié en 1619, il est encore question du crédit de Barbin et de Mangot et de l'autorité suprême exercée par le maréchal d'Ancre et sa femme. Il faut en conclure que ce livre a été écrit à peu près dans le même temps que les deux précédents. Une espèce de prédiction sur la fin tragique du maréchal (chap. 20) me semble une addition faite après la mort de ce malheureux favori. D'ailleurs, en lisant avec attention ce troisième livre et la préface de l'imprimeur, on comprendra facilement que la circonspection de d'Aubigné ou de son éditeur en ait retardé la publication jusque après la mort du maréchal.

On ne trouve dans le quatrième livre de *Fæneste* (1630) aucune allusion à l'autorité despotique du cardinal de Richelieu, et l'on peut en être surpris, car cette partie de l'ouvrage a été publiée avec plus de liberté que les précédentes, l'auteur vivant alors hors de France, exilé volontaire et sous la protection d'une république calviniste. De la part d'un homme si frondeur, de tels ménagements sont difficiles à expliquer. Faut-il les attribuer à un motif de prudence, par exemple la crainte d'attirer sur le canton de Genève la colère du cardinal, ou bien à un sentiment de reconnoissance que d'Aubigné pouvoit éprouver, malgré sa passion haineuse? Après avoir accablé les protestants comme faction politique, le cardinal n'avoit pas abusé de sa victoire pour les persécuter comme sectaires religieux. D'Aubigné a pu lui savoir gré de cette modération ; peut-être même admiroit-il en Richelieu l'homme d'Etat qui avoit élevé la France à un si haut degré de gloire en Europe, et le patriotisme du François a pu l'emporter sur la vieille rancune du huguenot. Au surplus, bornons-nous à signaler la générosité du satirique et gardons-nous de hasarder des hypothèses.

Il me reste à dire quelques mots sur les différents patois que l'auteur a placés dans la bouche de plusieurs de ses personnages. Evidemment, ce genre de comique étoit alors fort goûté, et les comédies de Molière attestent que la mode en dura assez longtemps. Le baron de Fæneste parle le dialecte gascon de Nérac, ou plutôt un françois altéré par une prononciation gasconne et le mélange d'un certain nombre de mots empruntés au dialecte de son pays. D'Aubigné a figuré la prononciation gasconne de son temps, qui ne me paroît pas différer sensiblement de celle d'aujourd'hui. Fæneste change les *b* en *v* et *vice versa*. Il me semble que dans le Béarn le son du *v* n'est pas connu, et que par exemple on prononce *voir* et *boire* exactement de la même manière. Cependant, dans la présente édition, nous avons conservé prudemment les *v* partout où l'auteur les a mis; il eût été ridicule de se prétendre plus puriste que lui, qui avoit si long-temps pratiqué les Gascons.

Fæneste prononce ordinairement nos *o* comme *ou* et les *ou* comme *o* ; *in* comme un *i* nasal, son qui n'existe pas en françois ; *ain* comme *en*. Exemple : *couqui* pour coquin, *yor* pour jour, *bilen* pour vilain. Le son du *j* se transforme en celui du *y*, comme *ye* pour je, *yor* pour jour, etc. *Eu, ieu,* deviennent *u*, *honur* pour honneur, *monsur* pour monsieur. Au lieu de la finale *eau*, Fæneste prononce *é* ou bien *eou*, diphthongue qui en patois ne compte que pour une syllabe. Il est inutile, je pense, de multiplier les explications pour une prononciation aussi connue que celle des Gascons. Toutes les fois que le lecteur seroit embarrassé par l'orthographe inusitée d'un mot, en le prononçant tout haut avec l'accent du Midi, il en trouvera sans doute le sens.

Le langage de Fæneste se complique d'un certain nombre de barbarismes usités à la cour vers le commencement du XVIIe siècle : *exterminé* pour déterminé, *manéchal* pour maréchal, *caitaine* pour capitaine, *j'alli* pour j'allai, etc. Aucun de ces mots ne peut arrêter le lecteur. On observera que Fæneste emploie à tort et à travers les mots *courtisanesques* empruntés à la langue italienne; il n'est pas un savant comme le *Philausone* des dialogues d'Henri Estienne, mais un copiste maladroit des *galands*, arbitres du beau langage. Quant à quelques expressions de pur dialecte gascon dont le baron sème ses discours, on en trouvera la traduction dans nos notes. Arrêtons-nous cependant sur ses juremens habituels : *Cap de you*, euphémisme pour : *de Diou*, tête de Dieu ; *Cap sant Crapazi*, par la tête de saint Caprais, etc. L'usage étoit de prendre à témoin les *chefs* ou têtes de saints, reliques vénérées. Dans le Nord, on juroit par le chef de saint Denis, etc.; les Gascons avoient leurs saints nationaux.

Nous avons encore traduit, et ce n'a pas été sans

peine, les patois poitevin et saintongeois de quelques contes insérés dans ces dialogues. Nous avons pris la liberté d'en corriger l'orthographe lorsque ce qui nous a paru une faute pouvoit être attribué à la négligence des premiers imprimeurs ; en revanche, nous avons respecté l'orthographe ou plutôt la méthode de peindre les sons que d'Aubigné a cru devoir adopter. Je prends un exemple dans le chapitre 4 du troisième livre. On lit dans les anciennes éditions : *O me fat graonzire de vrede forz le pouis ;* nous imprimons : *O me fat graonz' ire de vredé fors le pouis.* Il est évident que c'est à tort qu'on a écrit d'un seul mot *graonzire*, en françois *grande ire*, grande colère.—D'Aubigné a rendu par *aon* un son nasal qui revient fréquemment dans le patois poitevin, et qui tient de notre *á* très ouvert et de l'*o*. *Graonz'* doit se prononcer comme un monosyllabe.—*Vrede*, qui se lit dans les anciennes éditions avec deux *e* muets, n'offre aucun sens. Sans doute l'auteur prononçoit *vredé*.

Intelligenti pauca.

LES AVENTURES
DU BARON DE FÆNESTE

LIVRE PREMIER

PRÉFACE.

Un esprit lassé de discours graves et tragiques [1] s'est voulu recréer à la description de ce siècle, en ramassant quelques bourdes vrayes. Et pour ce que la plus generale difference des buts et complexions des hommes est que les uns pointent leurs desirs et desseins aux apparences, et les autres aux effects, l'autheur a commencé ces Dialogues par un baron de Gascogne (baron en l'air), qui a pour seigneurie *Fæneste* [2], signifiant, en grec, paroistre, cettui-là jeune esventé, demi courtisan, demi-soldat; et, d'autre part, un vieil gentilhomme nommé *Enay*, qui, en mesme langue, signifie estre, homme consommé aux lettres, aux expe-

---

1. Par ces discours *graves* d'Aubigné entend son *Histoire universelle*, imprimée pour la première fois en 1616. Ce qu'il appelle discours *tragiques*, ce sont ses *Tragiques*, poème qui a paru in-4° la même année, sans nom d'autheur, mais qu'il avoua depuis, en le faisant réimprimer sous son nom. L. D.

2. Je suis l'orthographe des éditions de 1617-1630, plus conforme à l'étymologie que *Fæneste*, qui a prévalu dans les éditions postérieures.

riences de la cour et de la guerre, cettui-ci un faux Poictevin[1], qui prend occasion de la rencontre de Fæneste pour s'en donner du plaisir, et mesme en faire part à quelque [voisin qui pour lors estoit chez lui[2]]. Je désire faire savoir au Lecteur que celui qui escrit ces choses, sur toutes les parties de la France, affectionne la Gascogne, et en ses discours communs n'estime et ne loue rien tant que les Gascons, autant qu'on peut distinguer les vices et vertus par nations ; et mesme c'est par le conseil d'un des plus excellens gentils-hommes de ce pays-là que ce personnage a esté choisi, comme l'escume de ces cerveaux bouillans, d'entre lesquels se tirent plus de capitaines et de mareschaux de France que d'aucun autre lieu.

1. *Faux Poictevin*, sobriquet qui revient à celui de *Poitevin rouge*, emprunté de ce que cette petite monnoie appelée *Poitevin* n'étoit que de cuivre rouge. L. D. C'est un de ces sobriquets donnés à toute une province, comme *Lorrain-vilain*, *Bourguignon-salé*, etc., qui n'ont pas grand sens, mais qui se répètent si bien que l'adjectif et le subtantif ne font plus qu'un mot. — D'Aubigné appelle ainsi Enay pour l'annoncer au lecteur comme un homme qui cache sa malice sous un air de simplicité.

2. Au lieu de ces mots, il y a dans l'édition de 1617 : « et quelque homme de rencontre. » Le mot *voisin* a été substitué dans l'édition de 1619, qui comprend les trois premiers livres. On en peut inférer que, dès cette époque, d'Aubigné avoit esquissé le quatrième, où il introduit un nouveau personnage, le seigneur de Beaujeu, voisin d'Enay.

ARGUMENT.

Le baron de Fæneste, revenant de la guerre d'Aunix[1], prend des relais à Nyort; à quelque lieue de là, se trouve esgaré avec celui de ses laquais qui montoit à cheval en son rang[2]; les autres deux, mutinez d'un mauvais dejeuné, et de quoi le Monsieur ne partageoit pas bien les heures[3], suivoient à regret. Le baron, enfermé

---

1. En 1616, après l'arrestation du prince de Condé, le duc d'Epernon cherchoit un prétexte pour se tenir en armes, prévoyant le cas où la coalition des princes et seigneurs mécontents viendroit à s'étendre. Il étoit déjà en relations avec le duc de Guise, le duc de Montmorency et le maréchal de Lesdiguières. Il profita d'un acte d'hostilité des Rochelois, qui venoient de surprendre le château de Rochefort-sur-Charente, pour lever une petite armée et marcher contre La Rochelle, affectant un grand zèle pour les intérêts du roi. La campagne se borna à quelques escarmouches insignifiantes. V. Bazin, *Hist. de Louis XIII*, tome 1, p. 163.

2. A son tour. Il n'avoit probablement qu'un cheval pour tout son monde.

3. Le temps que chaque laquais devoit aller à cheval à son tour.

d'un parc et d'une rivière, rencontre le bon homme Enay, vestu d'une juppe de bure et sans souliers à cric[1]. *Il l'acoste en ces termes :*

---

1. Souliers à la mode, ainsi nommés apparemment à cause du bruit qu'ils faisoient sur les parquets.

DIALOGUES [1]

CHAPITRE PREMIER.

Rencontre d'Enay et de Fæneste, qui couche d'entrée de dix ou douze querelles [2].

Fæneste.

Bon yor, lou mien [3].

Enay. Et à vous, Monsieur.

Fæneste. Don benez-bous ensi?

Enay. Je ne vien pas de loin ; je me pourmène autour de ce clos.

Fæneste. Comment Diavle, clos ! Il y a un quart d'hure que je suis emvarracé le long de ces murailles, et bous ne le nommez pas un parc !

1. Ce titre ne se trouve que dans les éditions de 1617.
2. Métaphore empruntée aux jeux où l'on commence par une mise d'entrée. Brantome dit à peu près dans le même sens : « J'ay ouy dire que l'Empereur (tant il estoit haut-songeant et ambitieux) ne *couchoit* rien moins que de la prise et du sac de Paris. » *Hom. ill.*, M. de Montpezat.
3. Sous-entendu *ami*.

Enay. Comment voudriez-vous que j'appellasse celui de Monceaux [1], ou de Madric [2] ?

Fæneste. Encores ne coustera-il rien de nommer les choses pour noms honoravles.

Enay. Il serviroit encore moins qu'il ne cousteroit.

Fæneste. Et de qui est ceci [3] ?

Enay. C'est à moi, pour vostre service.

Fæneste. A bous! (*à part*) J'ay failli à faire une grande cagade, car, le boyant sans fraise et sans pennache, je lui allois demander le chemin.

Enay. Mais, Monsieur, où allez-vous ainsi? Vous vous enfermez de demie lieuë de rivières.

Fæneste. Nous nous sommes esgarez dans un bilage il y a une hure : car, pour bous dire, il m'est faschux de demander le chemin, et mes beilets de pied sont demeurez arrière, horsmis ce couquin, trop gloriux pour parler à un bilen, s'il n'y en a dus [4]. D'aillurs, on

---

[1]. Monceaux, à deux lieues de Meaux, palais bâti par Henri IV pour la duchesse de Beaufort (la belle Gabrielle).

[2]. *Sic*, dans toutes les éditions, conformément à la prononciation gasconne. Le château de Madrid, dans le bois de Boulogne, bâti par François Ier, en 1529, démoli depuis 1777.

[3]. Locution gasconne, pour *à qui ?*

[4]. Passage assez obscur. L'interprétation suivante, que je dois à mon ami M. Francisque Michel, me paroît plausible. — Les valets de Fæneste, arrogants et poltrons comme leur maître, ne voudroient pas parler à un vilain sans le tutoyer, mais il craignent que cette familiarité ne leur attire une querelle. Partagés ainsi entre leur insolence et leur couardise, ils ne s'adressent pas à un paysan seul. S'ils en rencontrent deux, ils peuvent leur dire *vous* sans se compromettre. Il est possible qu'il y ait là une allusion à une historiette sur quelque glorieux du temps. — On peut encore supposer que ces mots : *S'il n'y en a deux*, s'adressent au valet de Fæneste, et que le baron veut dire : un paysan et mon valet font deux vilains.

ne peut faire marcher ce meschant relez... J'ai quitté à Surgères mes roussens, en la compenio de Monsur de Cantelouz, qui m'en aboit accommodé. Ils sont miens et ne sont pas miens ; on nous les garde pour une autre vegade [1].

Enay. S'il vous plaist de venir vous reposer à une petite maison à mille pas d'ici, nous envoyerons pour faire rallier vostre train, et vous me ferez honneur et plaisir.

Fæneste. Monsur, j'absette la courtesie. (*à son valet*) Tien, hau [2] ! Carmagnole : pren en men cette meschante veste ; je m'en irai debisan abec Monsur que beci.

Enay. Tenez, mon ami, vous n'avez guères loin ; suivez ce chemin, il vous menera dans la porte.

Fæneste. Appelez-bous cela un chemin ? c'est une velle allée, vien droite, vien couberte et unie !

Enay. C'est pource que les charrettes y passent en la saison des foins.

Fæneste. Or ça, Monsur, comment allez-bous de cette feçon, sulet, sans espeio ?

---

1. Pour : une autre fois. Il y a dans toutes les paroles de Fæneste un mélange de hâblerie et de naïveté. Il a beau mentir, il se trahit à chaque instant par son étourderie. D'abord, à la façon dont il parle de ses *roussins*, on peut croire qu'il les a achetés à M. de Cantelouz ; mais il ajoute : « Ils sont à moi et ne sont pas à moi. On nous les garde pour une autre fois. » D'où l'on peut soupçonner que ces roussins n'ont été que *prêtés* par ce M. Cantelouz. Le baron, qui n'a jamais d'argent, les a peut-être marchandés, mais a remis à une autre fois à les acheter.

2. Je ponctue comme s'il y avoit : Tiens, ho ! — On peut encore admettre : Tiens haut, c'est-à-dire : tiens la bride de manière que le cheval lève la tête et paroisse à son avantage.

Enay. Je n'ai ni querelle ni procez, et suis bien aimé de mes voisins et tenanciers; d'ailleurs j'ai une petite lame dans ce bourdon [1].

Fæneste. Je boudrois la faire parestre : quant à moi, je n'en suis pas ensi, et c'est pourquoi bous boyez à ce laqué ce grand duel [2] et ce poignard à couquille [3].

Enay. J'eusse plustost pris ce que je voi à vostre homme pour une targue [4] que pour une coquille.

Fæneste. Il faut vien de ces menages à un prauve cabalier qui est exterminé [5] à ne souffrir d'aucun, et qui a eu trente querelles pour un an; car au premier [6], c'estoit à qui en auroit au Varon. Mentenant il n'y a plus presse; ils n'y voyent rien à gagner.

Enay. Je vous plains bien de tant de querelles; je me suis autrefois trouvé bien empesché d'une.

Fæneste. Il n'y a pas ourdre [7] de parestre en cour que par ces vroulleries. — Un mien laqué, nommé Estrade, me rapourta qu'un souldat des gardes lui aboit auté

---

1. Bâton, canne. Ce trait peint l'époque. Alors un homme aimé de ses voisins, sans querelles ni procès, ne pouvoit se promener à mille pas de chez lui sans une canne à épée.

2. Epée de combat.

3. On se battoit alors en duel avec l'épée et le poignard. La coquille du poignard étoit très large et servoit à parer les coups de tranchant. Quelquefois la coquille étoit percée de petits trous pour engager la pointe de l'épée de l'adversaire.

4. Petit bouclier rond, qui n'avoit qu'une poignée pour la main, au lieu d'attaches pour le bras. C'est la *rodela* que portoient les *galants*, du temps de Lope de Vega et de Calderon, en allant, la nuit, courir les aventures.

5. *Exterminé*, déterminé. Elégance de ces mêmes courtisans ignorants, qui disoient aussi *terre de permission*. Voyez H. Etienne, pag. 433 de ses *Dialog. du nouv. lang. Fr. Ital.* L. D.

6. D'abord.

7. Il n'y a pas moyen.

une garce : je m'avesse tant que de lui emboyer le villet ; mais ce galand s'ennuya de m'attendre au pré aux Clercs. — Autre fois [1] : nous faisions à premiere [2], un aboucat de Paris, ou au mens un sollicitur.... [3] Il bit que mon laqué me faisoit quelque grimace par derriere ; il lui donne du chandelier par la teste, et me prit huict libres de mon argent. Nous fusmes appoentez par la compenio ; il me pria d'ouvlier. Pour l'argent, je luy laissai bolontiers. — Autre coup : un fort honeste homme qui suit Monsur de Casteau-bieux [4] se mocquoit de mon pennache. Je le tire par la cappe, je le mene sur le pré. Nous desfismes les voutons, l'egullette, la jartiere et le ruven [5] du soulier ; et là nous y fismes... (à paroles, s'entent). — Tost après, un escoulier me combia de jouër ; j'estois en coulere d'ailleurs pour quelque

---

1. Pour : une autre fois.
2. Nous jouions à la Prime.
3. Procureur ou agent d'affaires.
4. Joachim de Châteauvieux. D'Aubigné, t. 3, liv. 2, de son *Histoire universelle*, le représente comme un catholique ardent. En 1589, à la mort d'Henri III, « D'O, » Manou son frère, Antra- » gues, Chasteauvieux mur- » murent, et, à dix pas du roi, » il leur eschappe de se ren- » dre plutost à toutes sortes » d'ennemis que de souffrir » un roi huguenot. » Chasteauvieux fut capitaine des gardes sous Henri IV.
5. Au lieu de *ruven*, ruban, des éditions de 1619, et de 1617, in-12, on lit dans les éditions in-8º de 1617, *le lien du soulier*. Il faut croire que les rubans de souliers ont commencé à être à la mode en 1617. — On se battoit sans pourpoint. On défaisoit les *jarretières* pour être plus agile à se fendre, et *les rubans du soulier* pour montrer qu'on étoit résolu à ne pas rompre : car, avec des rubans traînant à terre, un pas en arrière pouvoit occasionner une chute. Quant à *l'aiguillette*, c'est-à-dire l'attache du haut de chausses, c'est une des exagérations bouffonnes de Fæneste, à moins qu'il n'y ait là quelque allusion à un des vilains effets de la peur.

pic[1] qu'un ezent des gardes m'aboit donné à son abantaye[2], comme je cuidois entrer au valet de la Marquise[3]. Je respondi donc à l'escoulier que, depuis la querelle de l'aboucat, je ne joüois plus que je n'eusse l'espeio et le poignard nuds à vout de tavle. Le rustre me respond qu'il aboit de coustume de tirer trois coups d'espeio pour saboir à qui auroit le dai. Je replique que je me despouillerois de ma qualité de Gentil-homme [et d'autres grades acquis][4] pour le convattre. Ce fat redouvle : que sans me despouiller il me vatteroit vien tout vestu. — Cap de you ! ce dis-je, il faut que la beuë en descrube[5] lou fait ! — Il me soubint en chemin de la rigur des ordonnances[6], et, partant, boulus adoucir l'affaire en lui disant : — Quand je ne propose point à toi, pourquoi proposes-tu à moi ?... Cela ne serbit pas de rien ; nous en binsmes aux mens. Sur le vord de la ribiere il se troube une grande paillarde qui laboit quauques hardes ; la bilene sauta au coulet du jeune homme, et je ne le boulus pas tuer entre ses vras.

Enay. Cela n'est pas sans exemple : Madame de Bonneval, de Limousin[7], voiant un appel fait chez elle, fit atteler sa littiere pour separer, et arriva tout à temps pour jetter le caducée entre les combattans.

---

1. Bourrade.
2. *A son avantage*, étant dans un lieu où je ne pouvois montrer mon ressentiment.
3. La marquise de Verneuil, maîtresse de Henri IV, ou la marquise d'Ancre, Éléonor Galigaï.
4. Ajouté depuis 1617.
5. Découvre.
6. Contre le duel.
7. Cette Mme de Bonneval est sans doute cette dame d'Auvergne dont Tallemant parle dans son historiette des *Femmes vaillantes* :
« Elle épousa en premières noces un gentilhomme nommé La Douze. Elle étoit fort jeune. Il la battoit quelque-

Fæneste. Je hai Paris de cela. Je fusse [1] mentenant entre les rafinez d'haunur, mais on y est trop soubent separé, et d'aillurs la justice ne respette point les Gentiushomes : un seryent bous executera un carrouce, comme l'on feroit ici une charrette ; et quelque chers que soyent les bibres, un paillard d'hoste, pour trente pistoles, bous fera mettre là dedans, et n'est pas aisé d'en sortir sans aryent. Pour moi, je suis en pene pour obtenir une grace d'un couquin qu'un mien camarade a tué [2].

CHAPITRE II.

Moyens de paroistre. Deffense des bottes et des roses, pennaches et perruques.

Enay.

Voilà bien des affaires ; mais puis que vous me les contez ainsi privément, vous ne trouverez pas mauvais que je vous demande pourquoi vous vous donnez tant de peines ?

Fæneste. Pour parestre [3].

fois ; enfin, il devint goutteux et elle grande et forte : elle le battit à son tour. Il mourut. Elle épousa Bonneval, de Limousin. Elle en vouloit faire de même avec lui, et même elle l'appela en duel. Il lui en voulut faire passer son envie. Les voilà tous les deux dans une chambre dont il avoit bien fermé la porte ; ils se battent, et il lui donne trois ou quatre bons coups d'épée pour la rendre sage. Ce second mari mourut encore, etc. »

1. Gasconisme, pour : je serois.

2. Plaisante confusion de mots, et qui peint le caractère de Fæneste. Il veut dire : la grâce d'un mien camarade qui a tué un coquin.

3. Ce mot étoit déjà à la mode dans le sens que lui

Enay. Comment paroist-on aujourd'hui à la cour?

Fæneste. Premierement, faut estre vien bestu à la mode de trois ou quatre Messurs qui ont l'autourité. Il faut un perpunt de quatre ou cinq tafetas l'un sur l'autre; des chausses comme celles que bous boyez, dans lesquelles, tant frise qu'escarlatte, je bous puis assurer de huict haulnes d'estoffe pour le mens.

Enay. Est-il possible que ce gros lodier[1] qui vous monte autour des reins ne vous fasse point sentir de gravelle?

Fæneste. Qu'appellez-bous loudier? Bous autres abez d'estranges mouts pour francimantiser[2], aux bilayes! Or, grabelle ou non grabelle, si faut-il pourter en etay cette emvourure; puch après, il bous faut des souliers à cricq ou à pont levedis[3], si bous boulez[4], escoulez jusques à la semelle.

---

donne d'Aubigné. M. E. Fournier me communique à ce sujet ce passage curieux d'un pamphlet de 1613. « Un ramoneur lombard entendant les merveilles des bottes.. jura... qu'il se viendroit icy naturaliser, et en achepter deux paires pour se rendre estafier chez quelque honneste homme à bottes, et tascher par ce moyen de *parestre* (c'est le mot qui court) et faire ses affaires s'il pouvoit. » (*La mode qui court à présent et les singularitéz d'icelle, ou l'ut, ré, mi, fa, sol, la, de ce temps.* Paris, chez Fleury Bourriquant (1613), in-12, p. 12).

1. Matelas.

2. Parler françois.

3. Souliers à cricq ou à pont levedis. Selon Vigneul Marville, les premiers, qu'on appeloit aussi souliers au *cric crac*, furent ainsi apelez parce qu'en marchant ils rendoient une espèce d'harmonie; les autres étoient à planchettes. L. D.—Je ne sais ce qu'entend Le Duchat par souliers à planchettes. Je suppose que les souliers à *pont levedis* (pont levis) sont ainsi nommés à cause d'une pièce de cuir ou d'étoffe mobile qui couvroit le coude-pied. On en voit de semblables dans les gravures du temps.

4. Souliers escoulez, d'*exo-*

Enay. Et en hyver?

Fæneste. Sachez que dux ans abant la mort du fu Roy, il lui eschappa de louër S. Michel[1] de ses diligences, et d'estre tousjours votté : deslors les courtisans prindrent la feçon de unes vottes, la chair en dehors [2], le talon fort haussé, abec certaines pantoufles fort haussées encores; le surpied de l'esperon fort large, et les soulettes [3] qui enbeloppent le dessous de la pantoufle. Ces vottes ainsi tirées tout du long [4] bous espargnent toutes sortes de vas de soye. Si bous allez à pied par la bille, on conjetture que le chebal n'est pas loin de bous; mais il faut que l'esperon soit douré. Bous boyez tous ces honestes gens d'entre les Huguenots qui bont à pied et en cet equipage à Charenton [5]. Je sai un de mes camerades et un parent mien qui ont fait le boyage du pays en cet estat, et quant ils trouboient quelques seignurs, ils se jouoient d'une gaule, faisoient sem-

culari, à grands yeux. Il n'y a guères que 50 ans qu'on en portoit encore. L. D. — Je ne garantis pas l'étymologie. Le Duchat entend des souliers découpés et laissant voir le bas par des trous ou des fentes de l'empeigne. Peut-être Fæneste veut-il dire des souliers *éculés*, c'est-à-dire sans quartier.

1. S. Michel, l'un des gentilshommes ordinaires du roy Henri IV, en 1610, le même qui se mit en devoir de tuer Ravaillac. L. D.

2. La partie du cuir qui touche à la chair de l'animal mise en dehors.

3. Les soulettes, cette bande de cuir, *subligaculum*, qui passe du surpié sous la botte. L. D.

4. Ces bottes étoient en cuir mou. Pour monter à cheval, on les tiroit jusqu'au milieu de la cuisse, et elles s'attachoient à la ceinture. Quelquefois on les laissoit retomber sur la jambe. On peut voir des bottes portées de ces deux manières dans les tableaux de Terburg et de Cuyp.

5. Où étoit le temple des Réformés de Paris, qui n'avoient pas permission d'avoir un prêche dans la ville.

vlant de se pourmener au long de leurs heritages. Cela est espargnant. — Toutefois, Pompignan [1] imbenta des descoupures sur le pied de la votte, pour faire parestre un vas de soie incarnadin, et ceux qui n'ont de vas de soie prennent de la decoupure abec le ruven de couleur. Ces vottes bous font chebaucher long [2]. — Et puis les ladrines [3] de l'inbention de Lamvert [4]; et puis les grands capuchons qui prennent de dessus le chapeau, à la portugaise, jusqu'au dessous des essailes... tout cela fait parestre le cabalier, si vien qu'un gros de cabalerie ensi equipé montreroit [5] un tiers dabantaye. Or, ces vottes et ces esperons ne se quittent ni en carrosse, ni en bateau : et quand un galand homme n'est poent votté, faut aboir recours à la vonne fortune pour aller en carrosse, principalement en hyver, de peur d'enfanyer ses roses [6].

Enay. Vous avez des roses en hyver?

Fæneste. Oy vien, nos autres, oy : sur les dux pieds,

---

1. Pompignan. Blaise de Montluc, fils de Fabien, l'un des fils du célèbre maréchal Blaise de Montluc. Il mourut de maladie en Hongrie, où il avoit suivi M. de Nevers. L. D.

2. Obligent de porter les étriers longs.

3. Ladrines, sorte de bottines fort larges, appelées aussi *lazarines*, parceque les *ladres* en portent de telles, à cause de leurs jambes enflées. Bouchet, *Serée* 36. « D'entrée quelqu'un va conter d'un bourgeois et soldat de son escadre, lequel sentant au matin un peu de froid aux jambes, étant en garde, avoit dit : Je suis marry que je n'ay point prins à ce matin mes *lazarines*. L. D.

4. Lamvert. La comtesse de Guiche, maîtresse du roy de Navarre, en 1583, avoit alors à sa suite une fille que d'Aubigné nomme *la petite Lambert*. L. D. — Il est difficile de croire qu'une mode nouvelle en fait de bottes ait été inventée par une femme. Je pense que l'auteur désigne plutôt quelque courtisan.

5. Montreroit, paroîtroit à la *monstre* ou revue.

6. Enfanger, crotter.

trainantes à terre; aux dux jarrets, pendentes à mi jamves; au vusc du perpunt [1]; une au pendant de l'espeio ; une sur l'estomach ; au droit des vrasarts [2] et aux coudes.

Enay. Et quels fruits de tant de fleurs ?

Fæneste. C'est pour parestre. Il y a, après, la diversité des rotondes [3], à douvle rang de dantele, ou vien fraises à confusion [4].

Enay. N'avez-vous point de dispute avec les dames?

Fæneste. Boila de bostres prepaux, à bous autres qui benez, quauque biages [5], en cour abec le cul plat [6] et le coulet ravatu [7], comme les Surs de la Nouë et d'Auvigni [8]; ce n'est pas pour y parestre, et je m'estonne comment l'husier oubre pour telles gens la porte du

---

1. Vusc de perpunt. En ce tems-là les hommes usoient de *busques* à leurs pourpoints, comme les femmes à leurs corps de juppes. Montaigne, liv. 1, ch. 49, de l'édit de Bordeaux, 1585 : « Quand il (le peuple françois) portoit le busc de son pourpoint entre les mamelles, il maintenoit par vives raisons qu'il étoit très bien. Quelques années après, le voilà avalé jusques entre les cuisses. Il se moque de son autre usage, le trouve inepte et insupportable.»L. D.

2. Au pli du bras.

3. Collet empesé que les hommes portoient autrefois, monté sur du carton qui le contenoit en l'air et en état. (*Dict. de Trévoux.*)

4. Fraises à confusion, sans gauderons reguliers ni beaucoup d'empois. L'avanturier Buscon, page 314 des œuvres de Quevedo, Paris, 1644 : « Ils lui firent mettre la main sur la fraise, qui fut gauderonnée à la confusion. » Ci-dessous, l. 2, ch. 17, cette sorte de fraise est appelée simplement confusion. L. D.

5. A quelques voyages.

6. Hauts de chausses collants, lorsque la mode étoit de les porter fort larges.

7. Le col de la chemise.

8. François de la Noue, surnommé *Bras de Fer*, parcequ'il avoit perdu une main à la guerre, un des chefs les plus braves et des plus honnêtes du parti protestant, tué au siége

cavinet. —Et puch, il y a tant de velles feçons de pennaches !

Enay. Accordez-vous bien ces pennaches avec les perruques ?

Fæneste. Oy da... Si bous eussiez bu Monsur [1], l'autre yor, quand il fit son entrée debant la Rouchelle, bous ne demanderiez pas cela ; ou vien si bous abiez bu Monsur de Sulli comander à un vallet [2] à l'Arcenal abec la calotte, qui est vien pis que la perruque, un vrassard de pierrerie à la men gauche, et un gros vaton à la men drette, bous diriez vien que c'est pour parestre.

Enay. Eh bien, voila pour les habillemens. Étant ainsi vestus à la trotte qui mode [3], que faites-vous après pour paroitre ?

---

de Lamballe en 1591.—Agrippa d'Aubigné, l'auteur de cette satyre. On écrivoit indifféremment *d'Aubigné* ou *d'Aubigny*.

1. J. L. de Nogaret de la Valette, duc d'Epernon, un des mignons de Henri III et des favoris de Henri IV. « Il fut, dit Brantôme, un favory du roy le plus grand que jamais roy de France ayst eu, jusques là que je l'oy veu que l'on ne l'apelloit à la cour que *Monsieur* simplement, comme fils ou frère de roy, bien que M. d'Alençon vesquit. » (*Brantôme*, I, p. 653.)

2. « Ce bonhomme Sully, plus de vingt-cinq ans après que tout le monde avoit cessé de porter des chaisnes et des enseignes de diamants, en mettoit tous les jours pour se parer, et se promenoit en cet équipage sous les porches de la place Royale, qui est près de son hôtel. Tous les passans s'amusoient à le regarder. » (*Tallemant, M. de Sully.*)
— Toutes les éditions donnent *bailet*, qui, traduit du gascon de Fæneste, devroit signifier un valet. Ce sens ne paroît pas admissible. Il faut lire, je crois, *vallet*, c'est-à-dire ballet. C'est une épigramme contre le goût connu de Sully pour la danse, à un âge où cet exercice est ridicule.

3. Pour : la mode qui trotte; plaisanterie très fréquente dans Rabelais. « Comment Epistemon eût la coupe testée », etc.

Fæneste. Estans ainsi couberts, abec trois laquais, de vroderies, plustost louez, un videt plustost emprunté, bous boila dans la cour du Loubre.

Enay. Tout à cheval?

Fæneste. Non pas, non; on descend entre les gardes, entendez. Bous commencez à rire au premier que bous rencontrez ; bous saluez l'un, bous dittes le mot à l'autre : « Fraire, que tu es vrave, espanouy comme » une rose ! Tu es vien traitté de ta maistresse ! Cette » cruelle, cette revelle, rent-elle point les armes à ce » veau front, à ceste moustache vien troussée, et puis » ceste velle greve...[1] c'est pour en mourir ! » Il faut dire cela en demenant les vras, vranlant la teste, changeant de pied, peignant d'une men la moustache, et d'aucunes fois les chebus. Abez-bous gagné l'antichamvre, bous accoustez quelque galant home et discourez de la bertu.

Enay. Vraiment, Monsieur, vous me ravissez, et croy qu'il n'y a gueres de courtisans qui en sçachent tant. Mais encore, les vertus desquelles vous discourez sont-elles morales ou intellectuelles ?

Fæneste. J'ay vien ouy dire ces mouts là; bous boulez saboir de quoi sont nos discours : ils sont des duels, où il se faut vien garder de admirer la balur d'aucun, mais dire fredement : il a, ou il aboit, quelque peu de couraye... et puis des vonnes fortunes enbers les dames... et boila le compagnon qui n'en est pas despourbu.

Enay. Et faudroit qu'elles fussent aveugles.

Fæneste. Et puis nous causons de l'abancement en cour ; de ceux qui ont ovtenu pensions ; quand il y aura moyen de boir le Roy ; comvien de pistoles a

---

1. Jambe.

perdu Crequi[1] et S. Luc[2]; ou si bous ne boulez point discourir de chauses si hautes, bous philosophez sur les vas de chausses de la cour; sur un vlu turquoise, un orenzé, fueille morte, isavelle, zizoulin, coulur du Roy, minime, tristamie, vantre de viche (ou de Nonain, si bous boulez)[3], [amarante, nacarade, pensée, fleur de seigle, grisdelin, gris d'esté, orangé, pastel, espagnol malade, celadon, astrée, face grattée, couleur de rat, fleur de pesché, fleur mourante, verd naissant, verd gay, verd brun, verd de mer, verd de pré, verd de gris, merde d'oye, jaune paisle, jaune doré, couleur de Judas, de verollé, d'aurore, de serain[4], escarlatte,

1. Charles, sire de Crequi et de Canaples, depuis duc de Lesdiguières et maréchal de France. Il étoit du gros jeu de la cour, et une perte considérable qu'il y fit en août 1608 lui causa une telle distraction qu'à son retour chez lui, rencontrant M. de Guise qui alloit au Louvre : Mon ami, lui dit-il, mon ami, où sont assises les gardes aujourd'hui? Alors M. de Guise, se retirant deux pas en arrière : Vous m'excuserez, Monsieur, lui répondit-il, je ne suis pas de ce pays-ci. Et, du même pas, il alla trouver le roy, qu'il en fit bien rire.(Journal de *l'Étoile*, col. 1719, t. 2, p. 253 à 256.) L. D. — Tallemant raconte qu'il perdit une fois cent mille écus contre un trésorier de France, mais qu'il ne lui paya que 50,000 fr. V. *Historiette de Lesdiguières*.

2. Apparemment le fils du grand-maître de l'artillerie, François de l'Espinai S. Luc, qui fut tué devant Amiens, en 1597. L. D.

3. Dans l'édition de 1617, l'énumération des couleurs à la mode ne va pas plus loin. Tout ce qui est ajouté dans l'édition de 1630 est mis entre crochets. Dans l'édition de 1619, le catalogue finit à *grisdelin*.

4. *Serain*, éd. de 1630. Couleur de cette vapeur froide qui se fait sentir au coucher du soleil? Je ne pense pas qu'il faille lire *serin*, car je doute que les serins de Canarie fussent connus à cette époque, sous ce nom du moins.

rouge-sang-de-beuf, couleur d'eau, couleur d'ormus, argentin, cinge mourant, couleur d'ardoise, gris de ramier, gris perlé, bleud mourant, bleud de la febve, gris argenté, merde d'enfant, couleur de selle à dos [1], de vefve resjouie, de temps perdu, fiammette, de soulphre, de la faveur, couleur de pain bis, couleur de constipé, couleur de faute de pisser, jus de nature, singe envenimé, ris de guenon, trespassé-revenu, Espagnol mourant, couleur de baize-moi-ma-mignonne, couleur de peché mortel, couleur de crystaline, couleur de bœuf enfumé, de jambons communs, de soulcys, de desirs amoureux, de racleurs de cheminée. J'ay ouy dire à Guedron [2] que toutes ces couleurs s'appellent la science de Cromaticque, et que doresenavant on s'avilleroit de couleur de physicque [3], comme de jambes pourries, de nez chancreux, bouches puantes, yeux chacieux, testes galeuses, perruques de pendus, et le tout à la mode, sans y comprendre les couleurs de Rhétorique, et m'a dit qu'il se falloit garder de la couleur d'amitié.]

Enay. Et par ces discours, à quoi parvenez-vous?

Fæneste. Quelquefois nous entrons dans le grand cavinet, dans la foule de quelque grand; nous sourtons sous celui de Beringand [4], descendons par le petit de-

1. Couleur difficile à deviner. Ce n'est pas la couleur *céladon*, déjà citée, dont le nom auroit été ainsi estropié. Peut-être est-elle empruntée de l'écume qui couvre le dos d'un cheval qu'on vient de desseller? Ou plutôt n'est-ce pas une corruption du mot espagnol *azuleado*, bleuâtre? *Céladon* a, je pense, la même étymologie.

2. Guedron, musicien célèbre à cette époque.

3. Médecine.

4. Par le cabinet de Beringhen, premier écuyer de la grande écurie du roi.

grai, et puis faisons semvlant d'aboir bu le Roy, contons quelques noubelles... et là faut cercher quelqu'un qui aille encore[1] disner.

Enay[2]. [Comment, encore ? Et disne-t'on deux fois, à la cour ?

Fæneste. Ha ! pourquoi demandez bous cela ?

Enay. Pource que dites *encore ?* mais je voi bien, c'est un dialecte du pays, comme le *seulement* des Angevins. Ne disputons point du langage ; mais] trouvez-vous tousjours ce disné à propos ?

Fæneste. Nenni pas, non ; les maistres d'hotel quelquefois grondent, les seigneurs font fermer leurs portes, disent qu'ils ont affaire, ou qu'ils se trouvent mal.

Enay. Et lors, vous ne vous trouvez pas bien ?

Fæneste. Nenni certes ; mais lors, il faut bouter couraye, faire vonne mine, un curedent à la vouche, pour parestre aboir disné.

Enay. Et quel appoinctement avez-vous, ou quel estat ?

Fæneste. Pas estat autrement ; je suis Monsur de Guise[3], quand Monsur n'y est point, qui est un ga-

---

1. Encore disner. Cet *encore* n'a pas toujours été un gasconisme. Mat. Cordier, ch. 2, n. 27, de son *De corr. serm. emendat*, Lyon, 1539 : *Modo introii.* Je viens *encore* d'entrer, je ne fais que d'entrer. L. D. —Il me semble que Le Duchat n'a pas compris ce passage. Les Gascons emploient *encore* conformément à l'étymologie latine de ce mot : *Hâc horâ*, ou *ad hanc horam*, à l'heure qu'il est. *Quelqu'un qui aille encore dîner*, c'est-à-dire qui n'ait *pas encore* dîné, qui aille dîner à l'heure qu'il est.

2. Ce passage a été ajouté dans l'édition de 1619.

3. Charles de Lorraine, 4ᵉ duc de Guise, fils du fameux Henri de Guise, assassiné à Blois, et de Catherine de Clèves.

land prince, de velle humeur, qui a de velles paroles.

Enay. Excusez-moi si je vous demande qui est ce Monsieur.

Fæneste. On ne l'appelle point, Monsur le Duc [1], autrement en l'armée : depuis que la Rouchelle est rendue, je bous laisse à penser s'il le faut appeler autrement... Enfin c'est le vrave des vraves, et le baillant des baillans.

Enay. Vous tenez donc la Rochelle pour rendue?

Fæneste. Non, pas du tout; mais je ne bous donne terme que de Pasques, pour boir que Monsur y a vonne part, et de vons serbiturs, et entr'autres...

Enay. Je vous prie n'aller pas plus avant, et retournons à la cour : je desirerois fort savoir comment vous vous y acheminates.

CHAPITRE III.

Arrivée de Fæneste à la Cour.

Fæneste.

Premierement, il faut que bous sachez que le cadet de Paulastron [2] et moi fismes tant et si vien, que lui eut de son frere deux cens cinquante francs...(Bourdelois [3] s'entend) pour sa legitime, et moi bingt-cinq pistoles de mon cousin

---

1. Le duc d'Espernon.
2. Paulastron, ancienne maison de Gascogne, qui subsiste encore. Paulastron est une paroisse de l'élection de Cominge, dans la généralité de Bordeaux. L. D. —
Paulustron, dans les éditions de 1617.
3. Francs bourdelois. Si je ne me trompe, le franc bourdelois n'est que de 15 sols tournois. L. D.

l'ebesque d'Aire. Nous nous havillasmes doncq assez proprement, et abec des lettres de recommandation et unes memoires [1], nous descendismes par Garonne à Vourdeaux ; là, nous troubasmes au Chapeau rouye un grand gentilhome qui alloit à Paris ; — j'ai estai tant fat que je n'en sai pas le nom. Nous boulumes lui faire compenio ; il nous dit qu'il courroit en poste.— Comment, di-ye, abés bous un rouci [2] qui puisse pouster d'ici à Paris ? — Il nous conta et apprit comment on alloit en poste. — Voilà, di-ye, un veau plaisir ; nous bous prions de nous faire vailler chebaux. Il commande à son bailet de nous en faire venir au vatteau, où nous nous rendismes, aiant vonnes chaussettes [3] de toile vlanche et fine. Ce biel courtisan nous monstra vien dans le vatteau qu'il nous falloit aboir vottes et coussinets [4], de quoi nous nous mouquions entre nous, comme cela n'estoit propre qu'à Francimants [5], lingues peluts [6] et glatayafes [7]. Le cadet et moi fismes cinquante carrieres l'un contre l'autre abant qu'estre arribé au Carvon vlanc : là, ne poubans plus durer sans estriers, il nous

1. Pétition au roi.
2. Roussin, cheval pour le voyage.
3. Culottes ou caleçons.
4. Pour mettre sur la selle.
5. Les Gascons appellent par dédain *Francimants* les François qui ne parlent pas comme eux la langue d'*oc*, c'est-à-dire tous ceux qui, par rapport à la Gascogne, habitant au delà de la Loire, ne disent pas, comme eux, *oc*, mais *oui*. L. D.
6. Lingues peluts. Langues pelūes, mignards dans leur parler. En Lorraine, langue de pelisson est un synonyme de flatteur, cageolleur. L. D.
7. Glatayafes. Personne du pays n'a pû m'expliquer ce mot. Ce doit être un synonyme du précédent. L. D. — Je n'ai pu trouver nulle part la signification de ce mot. Peut-être est-ce une corruption de l'espagnol *gazafaton*, grosse bêtise, dont les contemporains de Fæneste avoient fait un adjectif.

fit acheter à checun un chappelet [1]. Nous commençasmes à la Grosle à nous trouber las; à Sent Sivardeau, je m'apperçeus que ma chaussette estoit en sang : ce qui m'y fit plustost regarder estoit que le postillon et le bailet y regardoient en riant : j'estois si eschauffé que l'ardillon de l'estriere m'aboit entré dans le gras de la jamve sans le sentir. Quant à mon compegnon, il se disoit aboir la fiebre d'un couillon enflé, et ne couroit plus que sur une cuisse. De s'arrester pour repaistre, point de noubeles. Pour fin de conte, nous nous troubasmes à Aigre tous dux en fiebre, et n'ayant plus une vaquette [2], car nous nous en estions fait pour nostre aryent [3]. Nous boutasmes couraye jusqu'à Billefagnen, où nostre grand courier nous mena chez lou Coq [4], nous donnant à tous dux trois pistolles. Ce Coq nous fit bien traiter et ne prit pas un denier de nous : il a plus de vien lui tout seul que six varons de nostre païs, car son rebenu est de quatre à cinq mille escus; le mal est que c'est sans parestre. Nous nous portions un peu vien quand le comte de Merle [4] passa, qui fut vien

---

1. Deux étriers attachés à une même courroie, qui se place sur le pommeau de la selle, et qu'il faut savoir maintenir en équilibre.

2. Une vaquette. Petite monnoie du Béarn, ainsi appelée parcequ'elle porte l'empreinte des armes du pays, qui sont des vaches. L. D.

3. Nous nous étions divertis pour notre argent, ou : nous avions dépensé notre argent.

4. Il est fait mention dans les mémoires de Mathieu Molé d'un sieur Lecoq, conseiller au Parlement, protestant, qui étoit en marché en 1625 pour céder sa charge au prix de 100,000 livres (t. I, p. 343).

5. Le comte de Merle. M. de Thou parle d'un *Merula Montestruecius*, appelé *Merle Montestrue* dans l'*Index Thuani*. L. D. — *Sic* dans toutes les anciennes éditions. Peut-être doit-on lire *Marle*. — Ce personnage pourroit être un cer-

aise, estant amourux, de nous prendre pour parer son tren, et pourtant, il nous fit faire à Poictiers à checun une houpelande fort superve. Entre la Tricherie et Chastelleraut, nous troubasmes, à demi poste, un courier à cinq chebaux; c'estoit un rousseau [1] que j'ai vien depuis rencontré. Le comte boulut quitter la houpelande pour faire parestre [2] son tren; je crus deboir faire aussi come lui; tien, couquin, fis-ye au poustillon, pren la miene... Et les mit encore toutes dux [3] debant lui, en prenant l'équipaye des dux autres courriers; encores ne nous aperceusmes nous d'estre demantelez qu'à la seconde poste [4]. Et comme à chien maigre bont les mousches, nous troubasmes en la Veauce les poustes

tain fou nommé Merle, fils d'un procureur de Castres, avocat huguenot, à qui ses prétentions ridicules valurent quelque célébrité.

« Il laissoit toujours l'enseigne de son logis en grosses lettres : *Demeure de Merle, s^r de la Salle.* Il disoit : Je suis un pauvre gentilhomme, fils d'un procureur. Puis il se mit en teste qu'il estoit de la maison de Marle, la meilleure de la robe, mais qui est faillie. — Mais alors pourquoi vous appelez-vous *Merle?* — C'est qu'en Champagne, d'où vient cette maison, on met un A pour un E, et l'on dit Marle au lieu de Merle. » (*Tallemant*, historiette inédite, que M. P. Paris a bien voulu me communiquer.)

Enfin, il pourroit être question d'un Mathieu Merle, baron de Salavas, dont il existe une biographie publiée par le colonel Gondin, dans la *collection de pièces fugitives*, etc., du marquis d'Aubais.

1. Voir le chapitre suivant.
2. Paroir, éd. de 1617.
3. La houppelande du cadet de Paulastron et celle de Fæneste.
4. Pour comprendre ce passage, il faut se rappeler qu'ils rencontrent ce courrier Rousseau *à demi-poste*. Les postillons, comme c'est encore l'usage aujourd'hui, ont demandé la permission de *changer*, et Fæneste a laissé sa houppelande au postillon qu'il avoit pris à la Tricherie, et qui, après cet échange, y retournoit, sans faire attention qu'il ne le reverroit plus.

tellement rompues par Monsur de la Barène[1], qui couroit lui-mesme en persone, que le comte fut contraint de me laisser à Anyerbile[2], abec quauque aryent pour l'attraper le lendemen. — Le poustillon de Guillerbal[3] et moi eusmes querelle, pource que ye le nommois couquin, comme c'est la feiçon ; il me répliqua : couquin bous-mesmes. — Ye m'approche pour lui donner une platassade[4] ; mon espeio s'estoit prise dans les descoupures[5]. Come lou taquin[6] bit que ye ne la poubois arracher, il me boulut donner de son fouët : toute la courroie s'entourtille à l'entour de mon cou. Pou ! cap de you !... me boilà par terre, si estounai de la cheute, que mon bilen estoit hors de bue, et lou pis est que mon chebal l'aboit suivi. De vone fortune il n'aboit nulles hardes à moi. Ye prins donc mon chapelet, qui estoit tunvé avec moi, et m'en allai, à veau pied s'entend. — Toutes hures me furent velles quand ye fus sur le haut d'Estampes, où ye troubai et le savlon et la baléc ensemble. Le chapelet me fit grand vien, car sans lui ye n'eusse pas seu louyer qu'en quauque cavaret[7]. J'alai donc aux trois Mores ; vien vous dirai-ye qu'il me falut

---

1. Guillaume Fouquet, marquis de la Varenne, fut cuisinier de Madame, sœur de Henri IV, puis porte-manteau du Roi, enfin conseiller d'état et contrôleur général des postes. Voir les notes sur la *Conf. de Sanci*, par Le Duchat.

2. Anyerbile. Angerville, sur la route d'Orléans à Paris. L. D.

3. Guillerbal. En Beausse. L. D.

4. Une platassade. Un coup de plat d'épée. Le Toulousain dit *platissal*. L. D.

5. Les découpures de ses habits, tailladés à la mode du temps, ou peut-être les bandes d'étoffe ou de cuir, au nombre de cinq ou six, qui attachoient le fourreau de l'épée au ceinturon.

6. Le traître.

7. Le chapelet prouvoit qu'il étoit venu à cheval.

hausser la fraise, pource que ye me sentis la gorye fort escourcheio. Après aboir soupai en vone compenio, un home maigre [1] me demanda si ye boulois passer l'après souppeio. Ye ne cerchois autre chause, pour faire baloir tous les traits de cartes que y'abois appris des laqués de Monsur de Roquelaure : y'entendois la carte courte, la longue, la cirée, la pliée, les semences, la poncée, les marques de toute sorte, l'attrappe, la ripousse, le coude, le tour du petit doigt, la manche, lou chappeau, l'ange et lou mirail [2]... Pou! cap de you! abec tout cela, mon homme, qui s'appeloit Montaison, m'empourta les trois pistoles qu'on m'avoit laissai,

[1]. Il est probable que d'Aubigné désigne ainsi quelque chevalier d'industrie bien connu à la cour de son temps.

[2]. Je ne me flatte pas d'interpréter exactement tous ces termes d'ancien argot; cependant il me semble que les cartes *courtes*, *longues*, *pliées*, *poncées*, *cirées*, sont des inventions à l'usage des escrocs, pour connoitre au tact le jeu qu'ils donnent à leurs dupes. *Les semences* sont, je crois, de petits points distribués ou *semés* sur l'envers d'une carte, et qui servent à la faire remarquer. Je présume que le *tour du petit doigt* est l'escamotage par lequel on remet le paquet de cartes dans l'ordre où il se trouvoit avant qu'on eût coupé; c'est ce qu'on appelle aujourd'hui faire *sauter la coupe*. Le *coude*, la *manche*, le *chapeau*, servaient sans doute à cacher des cartes préparées. L'*ange* (éditions de 1619 et 1630; les éditions de 1617 portent *langou*, probablement pour *l'angeò* ou *l'angeou*, selon la pronouciation gasconne) désigne, à ce que je suppose, un enfant ou tout autre complice du filou, qui, debout derrière la dupe et planant (comme un ange) sur son jeu, le fait connoître au moyen de signes convenus. Enfin le *mirail*, miroir, est un morceau de glace ou un corps poli, placé de façon à réfléchir l'image des cartes de la personne qu'on veut tromper. J'ai lu quelque part qu'un joueur se servoit pour tricher de sa tabatière d'or placée devant lui. L'*attrappe* et la *ripousse* m'échappent entièrement.

encores fut-il si honneste homme que, pour ma varbe[1] il paia l'hoste, et me monstra, de courtesie, une façon d'escamouter et de mettre aryent bif dedans lou dai pour faire petit[2]. Comme au matin ye me lebois fort triste, y'abisai lou chapelet et lou fouët qui m'estoit demeurai; ye bous ben l'un vrabement huict bons sous pour me mener yusques dans Paris, et me sers du fouët pour contenance et pour parestre; et cela me faisoit hauneur, car ye disois aux passans qu'ils fissent haster mon poustillon... Ensi lou chapelet me serbit dux fois, et le fouët m'aida à louyer au fauxbourg Sant Yaques, non sans peno. Mais y'en eus vien dabantaye à trouber lou logis de Monsur lou comte, car ces vadaux se rioient quand ye le demandois. Il me soubenoit de l'arvaleste, mais non pas de la ruo[3]... Mon recours fut aux payes et laqués, à qui ye n'eus poent sitost demandai Monsur lou comte, qu'ils se prirent tous à crier: Au renard! il a chié au lict![4] comme s'ils eus-

1. Pour me consoler de la perte de mon argent.
2. Pour obtenir un des petits dés, un as et un deux, par exemple.
3. Fæneste demandoit monsieur le comte, comme s'il n'y en avoit eu qu'un à Paris. Probablement ce comte demeuroit rue de l'Arbalète, et notre baron, arrivant tout bourru de son pays, cherchoit quelque place comme un tir pour l'exercice de l'arbalète.
4. Ce passage montre combien est ancien ce cri des enfants qu'on entend encore aujourd'hui pendant le carnaval. Son origine mériteroit peut-être une dissertation, mais j'en fais grâce à mon lecteur. — Dans quelques universités allemandes, on appelle *renard* un étudiant nouveau venu qui n'est pas encore au fait des usages du pays, et, par extension, un niais qui sert de plastron à tous les mauvais plaisants. Le cri: *Au renard!* peut encore s'entendre d'une autre manière. *Ecorcher le renard*, c'est vomir. Les gamins vou-

sent crié bibe lou Ré... Et boilà mon entrée que bous demandiez.

CHAPITRE IV.

Rencontre du Rousseau, l'accident des fagots et l'ambition de Fæneste.

Enay.

Eh bien, Monsieur, vous voilà arrivé. Vous m'excuserez si je ri : c'est de joie de vous voir hors de ces petits accidens. Et comment vous mistes-vous au monde?

Fæneste. Monsur le comte me fit fort vien aviller... (bran! il faut dire coubrir), si vien qu'ils me trouboient tous trop vonne mine pour estre aux gardes, comme y'abois pensai en partant. Il me laissa à Monsur de Montespan [1]; ye me fis si vone feiçon que y'entrois par tout, hors-mis au petit cavinet [2]. Ye prens connessance abec les maistres d'hostel et certains gentiushomes serbans... Quand ye fus laissé sul, ye fréquentai l'hostel de Monsur de Guise, par la faveur de

loient peut-être dire : il est si sale, qu'il donne envie de vomir. — Enfin c'est peut-être tout simplement un cri d'alarme emprunté aux paysans qui découvrent un renard dans leur basse-cour. *Au renard!* voudroit dire alors : voici un ennemi, ou plutôt une victime que nous tenons.

1. Antoine Armand de Pardaillan, marquis d'Antin et de Montespan, chevalier des ordres du roi, de son conseil privé, gouverneur de Béarn et de la Navarre, etc.; mort en 1624. Il commandoit en 1610 une compagnie des gardes.

2. Du roi.

Monsur de Loux, qui me demandoit soubent si ye n'aiderois pas à tuer quauque duc [1], à quoi ye m'aufrois livrement [2]... Par là me boilà familier, si vien qu'un yor y'escoutois debiser l'Ebesque de Séez, Vertaut [3], Malerve [4] et Mathiu [5] abec un homme de vone feiçon : ces quatre aians parlé de la philosouphie comme de

1. *M. de Loux* m'est absolument inconnu. Je crois qu'en tenant compte de la prononciation de Fæneste, il faut lire le baron de *Lux* ou *Luz*. Le baron de Luz avoit été attaché autrefois à la maison de Guise, puis il étoit devenu un des agents les plus actifs du maréchal d'Ancre. Il passoit pour avoir reçu toutes les confidences des projets ambitieux des princes de Lorraine, et son affiliation à une autre faction pouvoit être dangereuse pour les Guises. Le 3 janvier 1613, le chevalier de Guise, rencontrant le baron de Luz en carrosse, vers la barrière des Sergents, à l'entrée de la rue de Grenelle, le provoqua, et, selon la plupart des mémoires du temps, lui passa son épée au travers du corps, avant que le baron pût se mettre en garde. Quelques semaines après, le chevalier de Guise se battit, mais dans un duel suivant toutes les règles, avec le fils du baron de Luz, et le tua fort bravement.

Les Guises publièrent que le baron de Luz, se trouvant chez la reine Marguerite, s'étoit vanté de la part qu'il auroit prise à l'assassinat du duc Henri de Guise, à Blois, en 1588. Il avoit, disoit-il, empêché le comte de Brissac de prévenir le prince lorrain des sinistres projets de Henri III. Cette version, très suspecte, a été acceptée par d'Aubigné, ami du duc de Guise et du chevalier. Il transforme même le propos attribué au baron de Luz, de manière à donner à entendre qu'il méditoit un nouvel assassinat.

2. Je m'y offrois (édition de 1617).

3. Jean Bertaut, évêque de Séez et premier aumônier de la reine Marie de Médicis, auteur de poésies estimées. Boileau le cite dans son *Art poétique*, et le loue d'avoir évité les défauts qu'il reproche à Ronsard. Il mourut en 1611.

4. Le célèbre poète François de Malherbe.

5. Pierre Matthieu, assez méchant poète, et non moins médiocre historien, historiographe de France, mort vers 1621.

grands sabantas qu'ils sont, lou Rousseau [1] estant demurai sul, ye lui demandis à qui il estoit. Il me respond qu'il estoit de noubeau arribai en Cour, et qu'il n'aboit poent d'accez pour se doner à quauque prince. Ye lui contis come y'abois fait. Lui me respond qu'il n'aboit poent tant de hardiesse ; il mena si vien l'affaire que ye le presentis à Monsur de Guise, en la chamvre duquel il aboit couchai la nuict d'auparabant, come y'ai su depuis. De là à dux yors, ye boi mon home en grande familiaritai abec ce prince : y'eus quauque soupçon, mais lui me remercioit des faburs qu'il receboit pour l'amour de moi. Un soir que Monsur de Guise youoit avec lou roi, ye bis mon Rousseau qui tenoit la bougie du roi, et li diset force biedaseries à l'oureille, dont lou roi se creboit de rire... Ye me pousse, comme estant la cause de son abancement... Que me fit-il? Après lui aboir dit un mout à l'oreille, il me tend le vougeoir et me dit : Serbez lou roi. Me boilà au dessus des nuës, ye vaise la vougie, et estudiois quauques petits moutets pour dire, comme il faisoit, quand lou bailet de la garderove yetta deux fagots dans la chemineio. Lou roi estet vien coubert d'un bon escran de vois. Yamais homme n'ut tant de mal ; y'abois veau trepigner et passer une yanve sur l'autre ; lou roi, qui estet de la partio, me diset : Esclairez vien... Mon vas de saie fumoit, ye n'attendois que l'hure que le vas et la yamve creboyent... O que yeusse vien boulu estre dans les fanyes de Veausse, come l'autre fois ! Enfin, y'entens que les signurs qui bouçoyent lou passaye disoient : Il

---

1. Le même qu'il avoit rencontré entre la Tricherie et Châtellerault.

vrule d'amvition. En mesme temps ye fis rire lou roi... Je m'arronce à bet trabers [1], me fis faire place à peno... A la beritai, ye fis un grand cri au commencement, mais quand ye bis tout lou monde rire, ye m'efforcis de rire, bien aise que tout se passast en raillerio. Cela me serbit d'autant de connessance. Vien bous dirai-ye que ce Rousseau me fit autre coup mettre dans le carousse de la rene, disant que y'y aurois place; mais enfin ye le reconus pour le mesme Rousseau des houpelandes [2].

[1] Je me jette; c'est le sens de l'espagnol *arrancarse*.

[2] Quel est ce mauvais plaisant que d'Aubigné ne désigne que par la couleur de ses cheveux? Probablement, en 1617, ses lecteurs le reconnoissoient sans peine; aujourd'hui, nous en sommes réduits aux conjectures. Le Duchat soupçonne qu'il s'agit d'un certain Brilbaut, héros d'une aventure assez gaillarde qu'on lira tout à l'heure; mais ce Brilbaut a le rôle de dupe, et non celui de mystificateur, et, d'ailleurs, le baron de Fæneste ne reconnoît pas dans Brilbaut son rousseau des houppelandes. Pour moi, je serois tenté de voir dans ce malicieux personnage d'Aubigné lui-même, et voici mes motifs. Premièrement, d'Aubigné avoit les cheveux roux ou d'un blond fort ardent, comme on en peut juger par son portrait conservé dans la bibliothèque publique de Genève; en second lieu, la privauté du Rousseau avec le roi, qui paroît être Henri IV, et M. de Guise, convient parfaitement à d'Aubigné; enfin, cette cruelle plaisanterie me semble tout à fait dans son caractère. En lisant le baron de Fæneste, il est facile de remarquer avec quelle complaisance l'auteur se rappelle le bon temps de sa jeunesse, lorsqu'il étoit un des beaux esprits et des *raffinés* de la cour; et il n'est pas impossible qu'il nous ait raconté un tour qu'il auroit joué à cette époque à quelque intrigant provincial.

CHAPITRE V.

Discours sur la maison d'Enay, et de la chasse.

Enay.

Monsieur, cependant qu'on couvrira[1] pour vous donner un mauvais souper, voulez-vous point faire un tour d'allée?

Fæneste. Oy vien, Monsur; cela nous donnera appetit. Orçà, boilà bostre maison, qui me semvle que vous l'ussiez plus fait parestre si bous eussiez boulu.

Enay. Pour parestre peu, patience; le pis est qu'elle est de peu.

Fæneste. Y'eusse boulu pourter ce pabillon sur la porte de la vasse cour, et là dedans louger mes ouffi-ciers loen de moi.

Enay. J'aime mieux avoir petit train, et près.

Fæneste. Bos escuries sont trop près du chasteau.

Enay. Il fait bon aboir l'estable près de la maison, pour empêcher tant qu'on peut les insolences des valets.

Fæneste. Boilà un praube mout[2]! il y a pour louyer trente chebaux à l'aise, et bous ne l'appellerez pas une escurie, et bous ne l'appellerez pas un chasteau, un dongeon de huict tours abec sa platte fourme, fossez de quarante pieds, et une vasse cour vien flanquée, trois ponts levedis!

Enay. Nous n'appellons cela en ce païs qu'une cour.

Fæneste. Où est bostre chenil?

---

1. *Sic.* La table, pendant qu'on mettra le couvert.

2. Un pauvre mot.

Enay. Dans les paillers[1].

Fæneste. Coment, ye ne boi ni chins courans, ni auseaux !

Enay. Ils m'empêchoient de dormir, me despensoient en fauconniers et en hongres ; ils estoient cause que je tombois en les picquant. Quand j'ai vu qu'ils me cassoient, je les ai cassez ; et puis l'âge en cassoit sa part.

Fæneste. Oy, mais où est la nouvlesse ?

Enay. Je l'ai cerchée ailleurs, après avoir leu l'Utopie de Thomas Morus, qui raconte qu'étant en ce païs-là, il ouit un grand bruit de cors et de trompes, et, voiant passer devant son logis une grande foule de gens de cheval, une meute de chiens, des limiers, des aboieurs, des chiens pour le fauve, chiens pour le noir[2], levriers de compagnon et d'attache, et puis force oiseaux de leurre et de poing, trois charrettes de cordes, autant de toiles[3], il demanda qui étoient ces seigneurs : on lui respondit qu'ils estoient seigneurs vraiement ! que c'étoient les bouchers de la ville, auxquels seuls la chasse étoit permise en ce païs-là.

Fæneste. Fa au diavle lou païs ! Qu'eussent-ils dit du maneschal de Monmoranci, qui, embouié en ambassade en Angleterre, marchoit abec huict bints auseaux ? Bous ne feriez pas comme moi. Ma mère nourrissoit dus vufs gras : ye les trouquai emper lou lebrier de monsur de Roquepine, qui depuis me l'a desrouvai ; mais c'est par familiaritai.

Enay. Non, je ne trouve pas votre change avantageux.

Fæneste. Oy vien, mais c'est pour parestre, et puch

1. Les granges.
2. Pour le sanglier.
3. Filets.

n'est-ce pas une grande commoditai que les auseaux ?
Ye bous puis yurer qu'en la saison, à Fioux (si bous sabez où c'est), nous faisons voucherie de perdigaux.

Enay. J'aurois peur que là où seroit boucherie de perdriaux, le lard y fust venaison.

Fæneste. Quoi ! des paillers en voste vasse cour ?

Enay. C'est le mieux quand elle en est bien empêchée.

Fæneste. Où allons-nous ici ? en une galerie ? O praube ! et boilà duvlai dedans ! Faire de la galerie un grenier !

CHAPITRE VI.

Des Vadepieds [1]

Enay.

onsieur, nous sommes si grossiers, que nous sommes encores plus marris quand nous faisons du grenier une galerie. — Il me semble que voilà vos gens venus.

Fæneste. Oy, boilà mes laqués. — Eh vien, Chervonnière, que diavle a-vous tant demeurai ?

Cherbonnière. Ventre de loup ! Monsieur, sa-vous pas bien comment nous avions desjeuné ?

Fæneste. Boyez-bous, pource qu'il est bieil, et qu'il a estai seryent du queitaine [2] Papefu, y'en endure.

Enay. De vrai, voilà un laquais tout grison, en un

---

1. *Vadepieds.* C'est, je crois, un mot forgé pour désigner les valets.

2. Queitaine, et liv. 4, ch. 2, *Caitaine.* H. Etienne, p. 271 de ses *Dial. du nouv. lang. fr.-tal.*, remarque que du mot *Capitaine*, les courtisans, sous le règne de Henri III, avoient fait plus ou moins ridiculement les uns *Kaitaine*, d'autres *Keitaine*, et d'autres enfin *Kepitaine.* Moi-même j'ai oui en France de vieux officiers d'infanterie affecter de prononcer *Captaine.* L. D.

temps où nous voions tant de conseillers sans barbe !... Holà, qu'on face boire ces bons compagnons, et qu'on apporte la colation pour monsieur leur maître, en hâtant le souper.

Cherbonnière. Ventre de loup ! le maître et les valets aimeroient mieux un morceau de lard qu'une prune.

Enay. Je ne vous ai pas demandé, Monsieur, si vous avez disné, veu l'heure qu'il est.

Fæneste. J'ai si vien desyunai que cela se peut appeler et parestre pour un disnai... Mais ces maraus sont si impudens ! il n'y en a pas un d'us qui ne croit estre cause que la Rouchelle a composai.

Enay. Voici la collation plus à propos que la composition. Vous autres, retournez querir un jambon, et voici un pasté de veau... Monsieur, là, prenez que vous soiez en une trenchée.

Fæneste. Bous dittes vien ; quand nous estions en Saboye, nous troubions de tels rebeillons en la tente de monsur de Bord.

CHAPITRE VII.

Des quatre guerres de Fæneste.

Enay.

Vous avez donc veu la guerre de Savoie ?

Fæneste. Oy, y'y arribai le propre yor que ce malhurus prestre [1] acheba la paix. Nous souffrions veaucoup en ce boyage, mais nous

---

1. Bonaventure de Calatagirone, général de l'ordre de S. François, lequel, en 1600, négocia entre la France et le duc de Savoie une paix dont tout l'honneur demeura à ce duc, quoique déjà reduit aux abois par les armes victorieuses du roy Henri IV. L. D.

n'usmes pas loisir de faire parestre la balur ; quoi que ce soit, lou roi fit parestre sa bictoire, vien qu'elle ne lui demurast pas.

Enay. Nous sommes malades du parestre aussi bien aux affaires generales qu'aux particulières.

Fæneste. Tel que bous me boyiez mentenant, y'ai bu quatre guerres, assaboir : celle de Saboie, celle de Juliers[1], où, si y'eusse etai en la place du maneschal de la Chastre, y'eusse vien empeschai le prince Maurice de faire tout sans nous... Nous coubrions l'armeio du costai des paisans des Ardenes.—La troisiesme guerre est abec lou maneschau de Vois Dauphin[2], que ye bins yoindre au-

---

1. Le duc de Clèves et de Julliers étoit mort sans enfants, et, selon l'expression de Henri IV, « *laissoit tout le monde son héritier* ». L'Empereur se pretendoit arbitre, et avoit fait saisir l'heritage contesté par l'archiduc Léopold, evêque de Strasbourg. Le marquis de Brandebourg et le Palatin de Neubourg, héritiers du feu duc, ayant imploré l'assistance de Henri IV, le roi saisit avec empressement l'occasion d'intervenir dans les affaires de l'Allemagne, en faveur de princes protestants, ennemis de la domination espagnole. Il avoit fait de grands préparatifs pour cette campagne, et se préparoit à prendre le commandement d'une armée de plus de 40,000 hommes, lorsqu'il fut assassiné par Ravaillac. Marie de Médicis n'envoya devant Julliers qu'un petit corps de troupes, et lorsque la place, attaquée par le prince Maurice de Nassau et le prince d'Anhalt, étoit deja reduite à l'extremité. Elle se rendit onze jours après l'arrivée de la division françoise, qui n'eut que peu de part aux travaux du siège. V. Bazin, *Hist. de France sous Louis XIII*, tom. 1er, chap. 1er et 4.

2. Urbain de Montmorency-Laval, seigneur de Bois-Dauphin, créé maréchal de France par le duc de Mayenne pendant la Ligue, et confirmé dans cette dignité par Henri IV, lorsqu'il fit son accommodement avec ce prince. La troisième guerre de Fæneste, sous les ordres de ce maréchal, eut lieu en 1615, lorsque le prince de Condé et les ducs de Bouillon et de Longueville, etc., prirent les armes pour tirer le roi de l'oppression

près de Chastelleraut.—La quatriesme, c'est cette guerre d'Aunix, que y'ai buë du comancement yusques à la fin.

Enay. Vous estes bien heureux, car je ne vous voi point estropié.

Fæneste. Si ai-ye vien bu pluboir les mousquetades plus espesses que la gresle, tic, tac, toc, per aci[1], per entre las zambes, sous les esselles, rasibus les aureilles. Il fait von se saboir remuder.

Enay. Je ne doute point de cela, suivant les belles occasions que vous avez dites.

Fæneste. Ha lou baillant home qu'estoit ce maneschal de Viron[2] ! s'il eust bescu, ye ne serois pas en si praube estat... Quoi qu'il tarde, Lafin[3] en mourra. Que si y'eusse estai de l'entreprise du pont Nostre Dame, ye lui eusse donai cinquante foissades[4]... Il tarde à mourir !

où, disoient-ils, le tenoit le maréchal d'Ancre. Cette guerre se borna à quelques escarmouches insignifiantes, et se termina en mai 1616, par la paix de Loudun.

1. *Per aci*, par ici. L. D.
2. Charles, maréchal de Biron, décapité pour haute trahison en 1602.
3. Jacques de Lafin, agent du duc de Savoie et confident du maréchal de Biron, découvrit au roi la conspiration tramée contre lui par ce seigneur, et, pour prix de sa trahison, obtint une abolition générale pour toute sa vie passée, « où l'on dit qu'il y avoit un horrible catalogue de tous crimes, jusques à la bestialité. » (D'Aubigné, *Hist. univ.*, tom. III, liv. 5, ch. 2.) Menacé d'assassinat par les parents et les amis du maréchal de Biron, Lafin avoit reçu du roi la permission de se faire accompagner toujours par une escorte de quinze ou vingt hommes armés. Le 20 avril 1606, il se relâcha sans doute de ses précautions accoutumées, et fut tué sur le pont Notre-Dame par une douzaine de cavaliers, en plein jour, qui sortirent de Paris l'épée à la main, sans être poursuivis et sans qu'on voulût les reconnoître. V. *Journal de Henri IV*, à la date citée.
4. Foissades, coups d'estoc. Du gascon *fouissa*, piquer, aiguillonner. L. D.

Enay. Il ne tarde plus, il est mort. Vous l'avez donc connu ?

Fæneste. Oy, connu, oy; quant il me trouboit : Et vien, mon vrabe, mon baron ?... ô vien !... Cela est fait !...

Enay. Laissons là ces facheux discours, Monsieur; parlons encores de la cour et des dames.

CHAPITRE VIII.

Amours de Fæneste, querelle du Carrossier.

Fæneste.

Quant on parle de la cour et des dames, ye me troube en mon lustre. [¹ J'abois une amie et une maistresse; la première estet la fame d'un bius dotur qui prenoit pensionnaires. Elle me donoit de l'aryent, pour paier davant son mari, qui grondoit fort quand il boioit chez lui pensionnaires portans varve; il ne bouloit loger que des petits escouliers.

Enay. Dites-vous escouillez ?

Fæneste. Et il seroit encores von ensi !... Bous estes un galant home !

Enay. Ce n'est pas d'aujourd'hui que ce discord est arrivé. Il y avoit à Paris un Loudunois, savant homme, nommé Le Goulu². Il enrageoit quand sa femme pre-

---

1. Tout ce qui est entre crochets a été ajouté depuis l'édition de 1617.
2. Nicolas Goulu, natif des environs de Chartres, et non de Loudun, comme le dit d'Aubigné, professeur royal en langue grecque dans l'université de Paris en 1567, succéda à Jean Daurat, dont il avoit épousé la fille. Madeleine Daurat, que d'Aubigné appelle *la Goulue*, étoit elle-même une helléniste distinguée. V. Bayle, *Dict. hist.* — L'édition de 1619 porte *Du Goulu* au lieu de *Le Goulu*.

noit en pension ceux qui étudioient aux loix ; il ne vouloit que les petits grimauds. Dont il fut fait un quatrain, duquel le sens vaut bien la rime ; le voici :

> Le Goulu, savant, ne prend guères
> Les barbus pour pensionnaires :
> Il choisit les petits enfants ;
> Mais la Goulue les veut grands.

Fæneste. Je bous prie que j'aye cettuy-là. Mais l'autre maistresse estet de plus grande qualitai, et] Diu gard' de mal celle qui m'a dus fois bestu de clic et de clac [1].... Mais aussi y'us une vone querelle pour l'amour d'elle. Nous estions en la place aux Beaux, emvarrassez de sept ou huict carrousses ; il y eut des espeios tirées. Le carroussier [2] de Madame Varat [3] me donna du poumau dans l'estomach... Si ses compegnons ne l'eussent soutenu, ye l'abois difamai. Ye fis consulter abec les amis si ye le debois appeler. Les uns disoent qu'oy, pource qu'il aboit estai seryent d'une compenio.. Enfin, il y eut un avile home qui s'abisa que non, et par une velle imbention. Bous boyez coment sont bestus ces pendarts de carroussiers : il fut dit qu'abec hauneur ye ne le poubois comvattre, pour ce qu'il estoit home de rove longue [4].

Enay. Je voi bien qu'il y a de bons esprits à la Cour.

---

1. De clic et de clac, expression gasconne pour dire : nippé de tout, et même de ce qu'on appelle la petite oie. L. D.
2. Cocher.
3. Madame Barat, fille de Puget de Pommeuse, et femme de ce Barat qui supplanta Arnaud d'Andilly et fut premier commis des finances vers 1625. V. Tallemant, *Hist. d'Arnaud d'Andilly et Hist. des Puget.*
4. Cette houpelande est depuis long-temps particulière aux cochers des fiacres. L. D.

Fæneste. L'haunur ne s'y est yamais oservai come mentenant. Si ye poubois parbenir à estre contai entre les rafinez, ye serois vien contant.

Enay. Aprenez moi que c'est : ce m'est un terme nouveau.

CHAPITRE IX.

Des braves, des rafinez et des duels.

Fæneste.

Ce sont yens qui se vattent pour un clin d'uil, si on ne les saluë que par acquit, pour une fredur, si le manteau d'un autre touche le lur, si on crache à quatre pieds d'ux ; et noutez que sur un rapport, vien qu'il se troube faux, ou si bous prenez un home pour l'autre, il en faut user comme firent dux gentiushomes, dont l'un estet au cardinal de Joyuse. En allant dessus lou prai, l'un demanda à l'autre : N'estes bous pas un tel, d'Aubergne ? — Non, dit l'autre, ye suis un tel, de Dauphiné. Pourtant ils abisèrent que, puis qu'il y aboit appel, il se falloit tuer, come ils firent... Et cela s'appelle rafiné d'haunur [1].

Enay. Y a-t-il quelque etat pour cela ? Vient-il aux parties casuelles ?

Fæneste. Non pas, non : que c'est d'estre reduit aux bilayes ! cela n'est que pour parestre dabantaye.

Enay. Me voudriez-vous bien nommer quelques uns de ces rafinez d'honneur ?

---

1. Rafiné d'haunur, ou simplement raffiné. On appela de la sorte, sous le règne de Henri le Grand, des jeunes gens, la plupart gascons, qui, prenant querelle pour des riens, pretendoient ainsi *raffiner* sur le point d'honneur. L. D.

Fæneste. Bous abez lou vrabe Valany[1], Pompignan[2], Begole[3], lou cabdet de Sus[4], Bazané[5], Mon-

1. Lou vrabe Valani. Balagni, appelé par excellence *le brave de la cour.* Il fut tué dans une querelle environ l'année 1613. (*Vie d'Epernon*, sous cette année-là.) L. D. — « Tout étant prêt pour le bal, chacun à sa place et moi-même auprès de la reine, attendant que les danseurs commençassent, quelqu'un frappa à la porte, plus fort, à mon avis, que la civilité ne le permettoit. Lorsqu'il entra, j'entendis un murmure soudain parmi les dames. On disoit : C'est M. Balagny. Là dessus je vis que les dames et les demoiselles, l'une après l'autre, l'invitoient à s'asseoir auprès d'elles, et, qui plus est, lorsqu'une dame avoit eu sa compagnie pendant quelque temps, une autre lui disoit : Vous en avez joui assez longtemps; c'est à mon tour maintenant. Ces prévenances si hardies me surprirent; mais ce qui ajouta à mon étonnement, ce fut de voir que ce cavalier n'avoit rien que de très ordinaire dans toute sa personne. Il portoit les cheveux très courts, et ils étoient grisonnants. Son pourpoint étoit de bure, taillade, montrant sa chemise (*cut to his shirt*), et ses hauts de chausses de drap gris, sans broderies. M'étant informé auprès d'un des assistants qui étoit ce personnage, on me dit que c'étoit un des plus galants hommes du monde, attendu qu'il avoit tué huit ou neuf hommes en duel, et que, pour cette raison, les dames en faisoient tant de cas ; que c'étoit la façon de toutes les Françoises d'aimer les gens de cœur, persuadées qu'avec des gens de cette sorte seulement, il y avoit sûreté pour leur honneur. Ce cavalier avoit la tête à moitié grise, bien qu'il n'eût pas encore trente ans. » [En 1608 ou 1609.] *Life of lord Herbert of Cherbury, written by Himself*, page 110. — Son père étoit, je crois, le maréchal de Balagny, fils naturel de Jean de Montluc, frère du fameux Blaise de Montluc, et évêque de Valence.

2. Pompignan, petit-fils de Blaise de Montluc.

3. Begolles est nommé, dans l'*Histoire universelle* de d'Aubigné, tome II, livre 3, chap. 7, année 1577, comme un des courtisans du roi de Navarre, qui travailloit auprès de lui dans les intérêts de Henri III. Son nom, écrit Begoles, se trouve dans les Lettres missives du roi de Navarre, tome 2, 26 oct. 1585.

4. Le cadet de Suze, d'une ancienne maison du Dauphiné ; son aîné, François de La Baume, comte de Suze, fut tué en 1587 au siège de Montélimar.

5. Bazané. Je ne sais si c'est

glas [1], Bilemor [2], la Fontaine, le Varon de Montmorin, Petris, et tels autres vrabes que leur couraye a fait parestre.

Enay. Excusez-moi, mais, *empêché* de paroistre; car pas un de ceux-là ne paroist plus.

Fæneste. Bous boulez dire qu'ils sont morts; mais leur renommée est immortelle. C'est un veau mout !

Enay. Vous attendez-vous que les historiens facent mention de telle sorte de valeur?

Fæneste. Je ne donnerois pas un estiflet de Roquemadour, ni un curedent de Monsur lou Maneschal de Roquelaure [3], de toutes bos Histoiregraphes; c'est assez qu'on en parle à la Cour, lors qu'on y ba.

un nom propre ou un sobriquet. Le personnage m'est d'ailleurs tout à fait inconnu. Si l'on suppose le nom défiguré par la prononciation de Fæneste, peut-être designeroit-il ainsi un sieur de Bassignac, assez mauvais garnement, exécuté en effigie en 1605 pour la part qu'il avoit prise aux mouvements excités dans le Limousin. — Begole, le cadet de Suze, Bazané, ne sont pas nommés dans les éditions in-8° de 1617.

1. Robert de Harlay, sieur de Montglas, premier maître d'hôtel de Henri IV, célèbre pour son duel avec le baron de Contenant, ligueur.

2. Bilemor, Villemort, ou peut-être Villemur? Il m'est inconnu ainsi que les suivants.

3. On lit dans toutes les éditions de 1617 : « Je ne donerois pas un denier de M. de Roquemadour de toutes bos histoire graces. » Ce mauvais jeu de mots a été remplacé par *histoiregraphes* dans l'édition de 1619, ainsi que le mot *denier* par *estiflet.* Je crois qu'il faut lire *un denier de monseigneur de Roquemadour* (de saint Amator, qui a une église à Rocamadour), par quoi l'on doit entendre une de ces médailles de pèlerinage en plomb, que les devots rapportoient comme un souvenir de leur voyage.—Un *estiflet* est un sifflet. Probablement il y avoit alors, comme encore aujourd'hui, à Rocamadour, des marchands de toute sorte de bimbeloterie. — Les cure-dents de l'amiral de Coligny étoient célèbres. « Dieu nous garde des patenôtres de M. le connetable et du curedent de l'amiral ! » pro-

Enay. Et qui voiez-vous à la Cour parvenir par là? Y a-t-il un seul gouverneur de province ou mareschal de France qui doive son avancement à un duel?

Fæneste. C'est que les galands et baillans hommes ne sont pas estimez.

Enay. C'est-à-dire qu'ils ne paroissent pas, et cependant tout le but est de parestre.

Fæneste. Si y'en estois creu, il n'y auroit chebalier du Sent Esprit, ni maneschau de France, qui n'ut estai sur lou prai bingt ou trente fois.

Enay. Vous voudriez que tout le monde s'y fust gouverné comme vous; tous ne peuvent pas en eschapper à si bon marché. Mais, si aller sur le pré est un crime pour lequel, par l'ordonnance de ce brave roy Henri le Grand, on estoit pendu par les pieds [1], par les mains du bourreau, il n'est pas raisonnable que les honneurs les plus relevez soient les salaires des crimes les plus abjects. Bon, si vous disiez, comme j'ai oui autrefois, qu'on faisoit mareschal de France celui qui, sans tourner arriere, avoit percé en trois batailles, qui avoit été en trois assauts, qui avoit heureusement commandé en trois sieges, et fait signalement en trois combats à drapeaux desployez. Il y a fort peu de nos mareschaux qui ne soient parvenus à leurs grades par

---

verbe de soldat, cité, je crois, par Brantôme.—Je n'ai rien appris touchant les cure-dents du maréchal de Roquelaure; mais je soupçonne quelque plaisanterie cachée. Le maréchal, peut-être, n'avoit plus de dents.

1. Pendu par les pieds. Ensuite de cet édit, qui étoit du mois de juin 1609, deux braves soldats aux gardes furent passez par les armes, non pas pour s'être battus, mais seulement pour s'être entre-appelez en duel. (Le Grain, *Déc. de Henri le Gr.*, l. 8.) L. D.

telles épreuves, qui sont justes, et non celles que vous voudriez établir.

Fæneste. Faut donc que les guerres soent d'autre feiçon que les quatre que j'ai buës.

Enay. Nous en avons veu en France qui pouvoient donner occasion de toutes ces preuves en dix-huit mois; mais aujourd'hui les esprits sont plus tranquiles. Je dis en dix-huit mois, dans lesquels nous avons veu quatre batailles et deux combats d'armée qui en valloient chacun une, huit sieges de villes, autant d'assauts, et deux fois autant de rencontres.

Fæneste. J'ai leu les histoires, mais je n'ai poent rencontrai cela.

Enay. Si vous avez leu aux troisièmes guerres, depuis la bataille de Jarnac jusques à celle de Luçon [1], vous y trouverez tout ce que je vous dis.

Fæneste. Cela est veau; mais le duel ne s'exerçoit poent comme auyourd'hui.

Enay. Il se faisoit peu de choses comme aujourd'hui, et s'en fait peu comme lors.

[[2] *Fæneste.* Boudriez-bous donc effacer toute la loi du duel?

Enay. Nullement. Il y en a qui sont très justes, à sçavoir, quand le roy les concède, ou pour crime de leze majesté trop caché, ou pour accusation de trahison, ou pour maintenir l'honneur d'une femme de bien oppressée, ou pour supporter l'orphelin contre le meurtrier injuste du père; encore, le combat de deux chefs

---

1. Celle de Luçon. En 1570. Ce fut moins une bataille qu'un combat; les huguenots en eurent l'honneur. L. D.

2. Le passage entre crochets ne se trouve pas dans les éditions in-8º de 1617.

entre leurs deux armées, pour épargner le sang d'une multitude. Je mets à ce rang les duels qui se font pour la gloire du parti : il est vrai qu'il n'y en a qu'un des deux qui soit juste.

Fæneste. Bouiez-bous pas que toutes les cruelles punitions qu'on a ourdonnées là dessus n'on de rien serbi.

Enay. J'ai veu plusieurs jurisconsultes et grands hommes d'état s'étendre sur cet affaire; j'ai appris d'eux que si on eût puni cette vaine et fausse gloire par une pesante et veritable honte, le remède eût été beaucoup meilleur; comme qui eût ordonné et fait executer soigneusement : que tout appelant, comme étant celui qui blesse le droit du roy, fût dégradé de noblesse, mis à la taille, les paroisses où leurs biens sont situez, cruës de leurs taux, obligées de le porter au receveur, leur recours sur le bien, avec les mêmes priviléges qu'ont les executions des amendes; d'ailleurs, ceux-là privez de tous etats et pensions. Ces hommes, survivans à leur honte, eussent prêché le malheur du duel. J'eusse voulu chose beaucoup plus douce pour les appelez. Cela étant ainsi pratiqué, les courages se fussent elevez aux actions par lesquelles nous desirons qu'on parvienne aux offices de la couronne.]

Fæneste. Mais regardons si tous nos maneschaux ont vien passai par lou chemin que bous abez dit. Il n'y en a guères qui aient bu les trois vatailles.

Enay. Il y en a pourtant. Mais, s'il vous plaît, passons le temps ailleurs qu'à examiner ceux à qui nous devons obéissance.

Fæneste. Nous ne sommes poent si sages à la cour; nous parlons de tout le monde.

Enay. Et nous, gens de village, devons être respectueux.

Fæneste. Cap de you! si j'abois vu encore un coup, si bous dirois-ye d'estranges chouses.

CHAPITRE X.

Entrée de table, attaque de religion.

Enay.

Monsieur, vous êtes servi ; nous nous mettrons à table quand il vous plaira.

Fæneste. Monsur, j'ai vien conu à boste prière, et à ce que bous n'abez fait lou signe de la croix, que bous estes de la Religion.

Enay. Oui, Monsieur, et ne suis pas si bon religieux que je devrois.

Fæneste. Il y a eu de vrabes homes de boste parti.

Enay. Il en a été besoin.

Fæneste. Bous plaist-il pas de faire seoir ces honestes hommes [1] ?

Enay. Monsieur, ils prendront bien leur place.

Fæneste. Il me semvle pourtant que lou signe de la croix fait parestre un chrestien.

Enay. Il faut l'être pour le paroistre : Dieu requiert de nous d'autres marques, et reprouve celle-là. Mais, s'il vous plaît, nous ne ferons pas de la theologie un propos de table.

Fæneste. Je bus donc bous conbertir après soupai, et bous faire parestre que yai beu toute la theologie mo-

---

1. Les domestiques d'Enay et du baron, je suppose. La coutume patriarchale d'une seule table pour le seigneur et ses gens existoit encore partout. Lorsqu'un étranger étoit invité, les gens faisoient quelques façons, et ne s'asseyoient que sur sa prière de ne rien déranger aux habitudes de la maison.

derne, et vien escoutai père Couton, qui presche d'une velle feiçon.

Enay. L'estoffe est plus que la façon.

Fæneste. Abez-bous bu ses prières jaculatoires?

Enay. Oui, Monsieur, et joieusement. Nous avons des commentaires dessus [[1] et ils nous ont fait deplaisir de les supprimer[2], quand ce ne seroit qu'en un endroit où il fait trois intercessions, de Dieu le Père, de Notre-Dame, et de Jesus-Christ, chacun à son tour et à la pareille]. Mais ne nous enfonçons point là : il vaut mieux boire, à quoi je vous convie.

Fæneste. C'est vien dit ; mais si bous attaquerai-ye à l'autre pourmenade.

Enay. Et moi je vous rendrai nos simples raisons de village.

CHAPITRE XI.

Du baron de Fayolle et du Dongnon.

Fæneste.

Puis que bous ne boulez pas que nous parlions de la religion, j'ai à bous dire que [3] [nous estions à Surgeres, où nous faisions chière entiero ; estans à tavle bis à bis du Varon de Fayoles, qui est de mes vrabes, y'entendis que lou

---

1. Le passage entre crochets ne se tronve pas dans les éditions in-8° de 1617 ; il existe dans l'édition in-12.

2. Les prières, et non les commentaires. — Il y a dans l'édition in-12 de 1617 et dans celle de 1630 : *et nous ont fait.* J'ai ajouté *ils.*

3. Tout le reste de ce chapitre et le suivant ont été ajoutés dans l'édition de 1619.

prepaux estet d'une certaine vicoque qu'ils appellent Dongnon[1]; les uns disoent qu'elle estet imprenavle, les autres inassiegeavle, les autres qu'elle estet de maubaise apparence. Tous ces queiteines qui estoient là parloient de la surprendre, de l'assieger; comvien il cousteroit à faire un pais noubeau[2] pour louger l'armée debant. Je ne bis jamais une telle confusion d'oupinions; il me faschoit que une place sans parestre fust si malaisée à mettre à raison. Ye me met lou coude sur tavle, l'oureille dans la paume, je me ride lou front, you vranle la teste quatre vones fois, et puch, addressant ma parole au haut vout : Monsur, di-je, c'est un ongnon dequoi bous parlez; ye ne bous demande qu'une libre de burre, et, foi de queiteine, ye le bous ren fricassai. Lou mout fut vien pris, car ye bous puis jurer que toutte la taulade[3] se prit à rire.

Enay. C'est signe que vous ne leur aviez pas fait deplaisir en la peine où ils étoient.

Fæneste. Come je me bis en tren, et quauques uns qui me contredisoient, come ne troubans pas l'affaire tant fassible[4] : Messurs, di-ye, tel que bous me boyez, j'ai des velles memoires, qui sont benues d'un grand queitaine nommai le Lignoux, qui estoit un grand pre-

---

1. Le Doignon, ou le Dongnon, près de Maillé, château fortifié par d'Aubigné dans une île de la Sèvre, et qu'il vendit au duc de Rohan en 1619. Ce château a été entièrement détruit.
2. Je crois que par cette expression *pais nouveau* d'Aubigné veut dire que, les alentours du Dongnon étant extrêmement marécageux, il auroit fallu, pour faire les approches, former un terrain artificiel avec des fascines et de la terre apportée de fort loin.
3. Tous les gens assis à la table.
4. *Sic*, éditions de 1619 et de 1630.

neur de billes, et aboit des inbentions qui ne sont poent du commun. Monsur me commanda d'en dire quauques unes; moi vien aise, car c'estoit lou mouien de parestre en grand' compenie.

CHAPITRE XII.
Entreprise de Du Lignoux[1].

Fæneste.

Monsur, dis-je, ye bous en dirai des plus veaux. Il y aboit une petite bille en Limousin, où un varbé demeuroit à bet près de la pourte; le mouyen de prendre la bille estoit de doner à sept ou huit homes des siens, vien fideles, chacun un coup d'espeio sur la teste, et quaucun d'us, veaucoup vlessai; pource que s'allant faire penser chez lou varbé, ils amusoent lou puble, et sur tout çus de la garde, et durant cela, en dounant à la pourte, on pouboit prendre la bille. — Boilà encores toute la compenie à rire. J'ai vien autre imbention, di-je : y'ai bu conter à çus qui estoient dans Oustande qu'ils aboient des mourtiers desquels il connoissoient si vien la pourtée, qu'ils faisoent tomver les grenades à poent nommai, les assiegez dans la trenchée, et les autres[2] darrere lou

---

1. Capitaine au service de Henri IV, dont le duc d'Angoulême parle en ces termes dans ses mémoires : « De Lignoux, signalé par ses courses du temps des guerres de la religion, plus soldat de grand chemin que lors il n'étoit d'armée, fut blessé au talon, dont il mourut à Dieppe. » Il s'agit d'une escarmouche aux portes de Rouen, le 22 août 1589. V. *Pièces fugitives pour servir à l'histoire de France*, 1759, in-4°, tome II, p. 17.

2. Les assiégeants.

rempart. Or boici ce que ye dis : puch qu'abec pu de poudre on pourte les chauses ensi doucement, aboir quarante ou cinquante mortiers courts come petards, et mettre devant la gule des homes vien à preube per darré[1], et faire qu'abec pu de poudre ils soient empourtez sur lou rempart, come s'ils aboient fait un saut pour plaisir; et puch recharger jusqu'à quatre ou cinq fois. Boilà dux cents homes dedans une bille; aquo és barrat[2]. . Bous ne bistes yamais imbention troubée millure, horsmis de quauque fat qui disoit qu'il faudroit choisir les bossus pour mieux emvoucher lou mortier.

Enay. Pour certain, Monsieur, voilà des inventions du capitaine Lignoux ! les avez-vous apprises de lui-mesme?

Fæneste. Non pas, non certes, que je ne le bis yamais.

Enay. Si ai bien, moi, et fort privément. Chicot[3] l'appeloit Mathelin[4] ; et pour rendre un de ses contes

---

1. Avec des armures à l'épreuve par derrière.

2. Barré, réglé. C'est une affaire bâclée.

3. Chicot, gentilhomme gascon, protestant, brave et spirituel, qui avoit son franc-parler à la cour de Henri III et de Henri IV. On l'appeloit le fou ou le bouffon de la Cour, et, à la faveur de ce titre, il disoit à tout le monde de dures vérités et donnoit aux rois de bons conseils. Il faut lire dans le *Journal de l'Etoile* en quels termes il conseilloit à Henri IV de se faire catholique. « Pendant le siége de Rouen, avril 1592, après avoir tué M. de Chaligny de sa main, fut blessé et en mourust, non de sa blessure, qui n'estoit pas mortelle, mais par son intemperance et son ivrognerie. » (*Mém. de l'Estoile. Collect. des mém. de l'Hist. de Fr.*, t. XLVI, p. 248.) Suivant une autre relation, il mourut de l'effort qu'il fit, tout blessé qu'il étoit, pour battre un prêtre qui refusoit l'absolution à un soldat catholique de l'armée de Henri IV.

4. *Mathurin, Mathelin,* fou malicieux et dangereux. « On in-

aux vôtres, je vous dirai qu'un jour je le menai au cabinet du Roi de Navarre, où il nous conta la premiere de vos inventions, et c'étoit pour St. Junio [1]. En s'échauffant à deviser, nous parlâmes du grand service que feroit à la cause, qui pourroit lui donner Limoges. (Le Roi prenant plaisir à ses inventions :) Vous savez bien, di-je, capitaine Lignoux, que si aujourd'hui vous étiez pris à Limoges, vous seriez pendu le lendemain. Comme il eut avoué cela pour très-vrai : Faisons, dis-je, vous et moi, un bon service : vous avez bien veu une grange au dessous de la porte la Reine, qui n'est qu'à deux cens pas de la muraille? Comme il eut dit qu'oui : Il faut, dis-je, que vous vous laissiez prendre un soir, et que la nuit d'après je me coule avec quatre cent bons hommes dans cette grange, et Monsieur que voilà, en montrant le vicomte de Turenne, sera avec mille hommes choisis en un bois à veuë du fauxbourg. C'est à deux heures après-midi qu'on pend les gens; il ne demeurera petit ni grand qui n'aille voir pendre du Lignoux. J'entendrai le bruit de la ville, et verrai accourir ceux du fauxbourg; j'attendrai le silence, qui sera l'heure où ils seront bien ententifs [2] à ce que dira le patient, et n'y a point danger de leur conter goguettes... Et à l'heure, l'escallade... Qu'en dites-vous? Le Lignoux se mit à jurer que c'étoit l'entreprise la plus infaillible dont il eût jamais ouï parler, et que le tout consistoit à ne prendre le temps ni trop tôt ni trop

voquoit saint Mathurin pour la guérison des fous; de là est aussi venu qu'on appelle par dérision Mathurin un homme qu'on veut taxer de folie. » (Leroux, *Dict. com.*)

1. Saint-Junien en Limousin.
2. *Sic* édit. de 1619 et 1630.

tard ; et de là en avant ne donnoit point de patience pour solliciter l'execution.

Fæneste. Boilà qui est vrabe et vien hazardus. Y'eusse vien boulu estre de l'envuscade du bois.

CHAPITRE XIII.

De la Cour.

Fæneste.

ais changeans perpaux,] ye serai vien empesché à mon arribée à la Cour, car toutes chauses y changent à un biremen. Tel pense s'en appuyer d'un grand, qu'il se boit aussitost renbercé.

Enay. Si la Cour ne changeoit point, elle auroit changé; nous n'en avons jamais veu ni leu autre chose.

Fæneste. Je troube que Monsur de Themines [1] est parbenu à la maréchaussée par un vrabe moyen, et vien noubeau.

Enay. C'est dequoi je ne sai rien que m'en taire.

Fæneste. Ils disent pourtant que toute la France est entre les mains de Varbin et Mangot [2]; ils disent que

---

1. Frère du cardinal de Richelieu. Il avoit arrêté dans le Louvre le prince de Condé le 30 août 1616. Il fut fait, la même année, maréchal de France. L. D.

2. Barbin, contrôleur général des finances en 1616. Il ouvrit la carrière politique à l'évêque de Luçon (le cardinal de Richelieu) en le faisant admettre par la reine au Conseil d'état. — Claude Mangot, maître des requêtes, puis premier président au parlement de Bordeaux, fut nommé en 1616 secretaire d'état, et bientôt après garde des sceaux.

ce sont d'avilles homes, et vien fideles à la Rene et à Madame la Mareschale[1].

Enay. Nous n'en connoissons ni les noms ni les conditions.

Fæneste. Bous estes par trop discrets, bous autres; nous ne somes pas si retenus. — O que boilà de veaux fruicts! Sont-ils du jardin où nous sommes estés tantost pourmené?

Enay. Ouy, Monsieur.

Fæneste. Je bous bus reprendre d'une chause, si bous l'avez pour agreavle.

Enay. Vous m'obligerez, Monsieur.

Fæneste. Je troube maubais que bos pallissades soient toutes de fruictiers; les espailliers de buis ont vien autre apparence. Ma mère a un jardin qui n'est gueres plus grand que le boste: les espailliers de buis y sont hauts d'une picque; il est brai qu'il faut que cela soit de charpenterie; aussi elle s'en faict[2] tous les ans pour mille pistoles[3], [et cela n'est pas le plaisir que bous prenez aux proumenades, quand les signeurs et gentiushomes bous bisitent. D'aillurs nous autres pratiquons tellement l'aunur en toutes chauses, que nous ne faisons rien parestre qui ne soit fort abantajus.

1. La maréchale d'Ancre, Leonor Galigaï. Les éditions de 1617 portent *madame la duchesse*, et, comme il est impossible de supposer que d'Aubigné ait voulu désigner une autre personne que la maréchale d'Ancre, il faut attribuer à sa prudence ou à celle de son imprimeur ce petit déguisement, qui ne trompoit personne. On lit *madame la maréchale* dans l'édition de 1619. On peut en inférer que celle de 1617 est antérieure à la mort du maréchal d'Ancre, assassiné le 24 avril 1617.

2. Cela lui coûte mille pistoles.

3. Ce qui est entre crochets a été ajouté dans l'édition de 1619.

Enay. Je l'ai bien remarqué à votre arrivée, et sur tout à cette grande epée que portoit votre laquais; et de vrai] chacun a quelque raison en son espece : vous autres, qui étes bien fondés [1], donnez vos pensées au paroistre, et nous à l'estre seulement.

Fæneste. Boüs me faictes soubenir d'un sonet que quelqu'home de bilaye a fait contre nous autres courtisans; je bous le done pour voste fruict; je crois l'aboir en ma pouchette; le boici [2] :

Quand le Paon met au vent son pennache pompeux
Il s'admire soi-même et se tient pour estrange :
Le Courtisan, ravi de sa vaine loüange,
Voudroit comme le Paon estre parsemé d'yeux.
Tous deux sont mal fondez; aussi de tous les deux
Quant il faut s'esprouver, la vaine gloire change,
Comme le Paon miré dans son pennache d'Ange
En desdaignant ses pieds devient moins glorieux.
Encore est nostre Paon au Courtisan semblable,
Que de la voix, sans plus, il se monstre effroyable :
Il descouvre l'ami qui le loge chez lui,
Il est jaloux de tout, il est sujet aux rheumes...
Ils different d'un poinct, que l'un monstre ses plumes,
Et que l'autre est paré du pennache d'autrui.

---

1. Bien *fondez*, riches en *fonds*. L. D.
 Je crois que le sens est : *vous qui avez de bonnes raisons pour agir ainsi.* Voyez le même mot, vers 5 du sonnet suivant.

2. Ce sonnet se trouve parmi les *Petites œuvres melées* de d'Aubigné, p. 166. L. D.

LES AVENTURES
DU BARON DE FÆNESTE

LIVRE SECOND

Où l'auteur, en s'acquittant de la promesse
faite au premier, nous donne esperance
du troisième[1].

[1]. Editions de 1617.

AUX LECTEURS.

Messieurs, vous avez fait si bonne chère au baron de Fæneste, qu'il a netoyé sa robbe, s'est adimanché pour retourner à vous, et vous mène avec soy le cadet, aussi folastre que lui, hors mis qu'il lui eschappe quelque trait de Theologie moderne. Ne laissez pas de le voir : il n'enfonce point et ne s'arreste gueres sur ces mattières : car il ne prend rien à cœur. Ce que vous en pouvez attendre, c'est qu'il est du siècle, et qu'aux traits de son visage [1] vous vous ressouviendrés de quelques uns de vostre cognoissance.

---

1. Toutes les éditions de 1617 donnent *village*. Je rétablis *visage*, d'après l'errata de l'édition in-12.

CHAPITRE PREMIER.

Des graces latines et de leur construction.

Fæneste.

Et *beata viscera Mariæ, quæ portaverunt æterni Patris Filium* [1]. Boilà coment je di mes grâces, moi.

Enay. Je croi que vous les entendez bien, puisque vous les dites.

Fæneste. Oy da : j'ai estai de la première au coulege de Guienne, et de la philosouphie à Poictiers, où nous paressions vien escouliers, mais nous vattions lou pabai... Y'estois un lebraut en ce temps-là. Il me soubient un your au ju de paume Sant-Jacques, à des comediens qui jouoient [2], ye me mis à interpreter l'italien à un varbe raze qui s'appeloit Scaliger [3]; ye fis vien ri-

---

1. Cette jolie prière n'étoit point à l'usage des courtisans seuls; si on en croit Sainte-Aldegonde, dans son *Tableau des différends* (tom. I, part. 5, ch. 10; t. II, p. 1, ch. 3, et ailleurs), de grands prélats en usoient aussi. Encore étoit-ce le plus souvent un laquais qui la disoit pour toute la compagnie. L. D.

2. Il n'y avoit pas alors de salles de spectacles. Les comédiens jouoient dans de grandes salles, et souvent dans des jeux de paume.

3. Joseph-Just Scaliger, né à Agen en 1540, mort en 1609,

re ¹ messurs de la Sante-Marthe, qui estoent là... Il faut dire que nous oserbions dés lors le punt d'haunur, come eust faict l'eccellent Castel-Vayard ². ... C'estoit cettui-là qui estet lou maistre des vraberies! Passant à Poictiers, un autre courtisan, qui eut prise abec lui, lui aiant dit à l'oureille : Rendez-bous à la porte de la Trenchée ³, la vrabe repartie qu'il fit! Je n'en ferai rien, dit-il, car je ne me rend jamais. — Mais j'ouvlie de bous expliquer ma prière ; c'est : Et les vien heureuses entrailles de Marie, qui ont pourté le Fils du Père éternel.

Enay. Comment ! vous commencez par un Et?

Fæneste. Pour bous dire, il y a devant : *Laus Deo, pax vivis, requies defunctis. Tu autem, Domine, miserere nobis* ; et puis : *Et beata.* Mais je ne di jamais gueres le premier, pour accourcir ; et puis, pour ne bous mentir

philologue célèbre, et un des premiers et des plus habiles critiques en matière de chronologie. Il avoit embrassé la religion réformée, et fut professeur à Leyde, où il succéda à Juste Lipse. — Scévole et Louis de Sainte-Marthe, frères jumeaux, nés à Loudun en 1571, érudits célèbres, nommés historiographes du roi en 1620. C'est à ces deux frères et aux fils de Scévole que l'on doit les premiers volumes de la *Gallia christiana*.

1. Ce devoit être, en effet, quelque chose de bien réjouissant pour ces Messieurs, qui connoissoient Joseph Scaliger, que de voir notre baron se mettre en devoir d'expliquer quelques mots d'italien à ce personnage, qui parloit treize langues, s'il faut en croire Du Bartas, et duquel d'autres ont dit qu'il auroit pu parcourir tout l'ancien monde sans trucheman. L. D.

2. Est-ce au fameux Bayard que Fæneste attribue cette gasconnade ? Je ne connois personne du nom de Castel-Bayard, mais Castel-Bayard est le château où naquit le chevalier sans peur et sans reproche ; Fæneste se conforme peut-être à la mode du temps, selon laquelle on appeloit les gens par leur nom de terre.

3. Porte de Poitiers sur la route de Niort ; rendez-vous ordinaire des duellistes de la ville.

poent, il y a un mout qui me desplaist en diavle : c'est ce *Defunctis*[1], qui m'a fait la plus grande trahison, qu'il faut que ye bous die :—Nous estions allez, le cabdet de Polastron et moi, passer lou temps chez la Du Moulin ; nous entrasmes sans dire gare, et troubasmes un preschur de S. Marri qui se cachoit : nous lui abions pris lou mantou et quauquommet petit [2] ; la garce aboit aberti... En sourtant de la porte nous troubons un home qui tenoit un autre au coulet, et qui se deffendoit ; cettui-ci nous cria : Messurs, ye bous conte cent escus au Petit Pont, et m'aidez à mener ce pendart yusques-là. — Cap de you, di-je, cent escus sont veaux! — Nous lui aidons... Ce fripon nous donoit des coups de pieds per les yamves. Nous boilà dedans ; on nous prend, et fusmes encrouez. Ce Defunctis nous conta cent escus, mais ils ne furent poent pour nous : l'autre estoit son archer, et n'en aboit qu'un, pource qu'il alloit en lieu secret, et n'ust etai pur de deshonorer lou preschur, on nous eust fait un affront sous la custaude[3]... Me boilà encore hors de mon perpaux ; où estois-ye ?

Enay. Vous étiez sur la conjonction de cet *Et* avec ce qui est au devant.

Fæneste. Je m'en bois bous le dire tout du long en

---

1. Jean Defunctis, lieutenant criminel de robe-courte du prévôt de Paris, encore en 1622. *Histoire chronol. de la chancell. de France*, Par. 1676, p. 316. L. D.

2. Une petite bagatelle. Je rétablis l'orthographe de ce mot d'après l'errata de l'édition in-12. de 1617.

3. C'est-à-dire : en secret, dans l'intérieur de la prison, *sub custodia*, selon le Dictionnaire de Trévoux, ou plutôt sous *les rideaux du lit* : tel étoit alors le sens du mot *custode*. Sans doute il s'agit de quelque correction manuelle infligée à des fripons sans autre forme de procès.

françés : Louange à Diu, paix aux bibans, repos aux morts ; mais toi, Signur, aye pitié de nous, et les vienheureuses entrailles...

Enay. Il faut que ce soit que : Dieu ait pitié des entrailles, ou : qu'elles aient pitié de nous?

Fæneste. On n'ezamine pas ces chauses à boste mode ; nostre theolougie n'a que faire de la gramaire : car aussi vien ce *mais* debroit contredire, et ne le fait pas. Boici coment il faut proufiter : après Defunctis (que lou diavle lou mot !), il faut faire une pauze, et après *nobis* une autre ; à ces pauzes, bous pensez quauque chause de contraire, et puis bous dittes : Mais toi, Signur.... et à l'autre, pensez bous que Diu est vien hurux, et aussi les entrailles.

Enay. Je trouverai bien moien que ce *Defunctis* ne vous scandalisera plus. Disons : Paix aux vivants, — qu'il y ait paix entre vous, qui étes vivant, et les archers, ou que vous viviez en paix ; et puis : *requies Defunctis,* — que Defunctis se repose. Il y en a quatre ou cinq à la Bastille qui diront Amen. Voilà pour ce passage. Mais venons à l'*Et.*

Fæneste. Boyez-bous pas que la Messe commence par un *Et*[1]? disant : Et j'entrerai à l'autel du Seigneur ; l'autre respond : A Dieu qui resjouit ma jeunesse... Il semvle qu'il n'y a pas grand sens à cela, et c'est ce qui faict tant de merbeilles... Il y a de nos docteurs noubeaux qui bulent corriyer l'Introuït ; mais il s'en faut vien garder, car bous autres diriez qu'on auroit falli.

Enay. Il y plusieurs passages de cette sorte ; je suis bien aise d'en apprendre la raison.

---

1. Je ne sais où d'Aubigné a pris cela. C'est le clerc qui, à la troisième réponse, dit : *Et introibo...*

Fæneste. On ne parle pas aux chauses excellentes comme aux communes. Et mesmes aux enchantemens, bous abez force passayes des Psaumes qui commencent par *Et.* J'en sai plusieurs ; je me contenterai d'un exemple : à prendre les serpens, bous abez : *Et conculcavis leonem et draconem* [1]. Ce n'est pas pour dire comme monsur lou Mareschal [2] à père Couton, qu'il estoit enchanteur, parce qu'il faisoit benir Dieu sur le pung ; je suis trop cathoulique... Mais il y a de la magie divine, come dit père Seguirand [3], et puis, j'ai leu en Charon [4] une compareson de la messe et de la transubstantiation abec les sourciers et enchanteurs, qui meslent de leur substance dans les bruvages d'amour [5]. Il dit aussi qu'à la messe, on emploie la substance du Signur pour nous rendre amourux : ye n'en ose dire dabantaye. Il me soubient que Casaubon [6], dans le cavinet duquel nous lisions cela, nous tira le libre, disant : N'achebez pas de lire cette impietai.

[1]. D'Aubigné, qui savoit l'hébreu, à ce qu'il dit, s'expliquoit sans doute parfaitement cette formule orientale ; mais il n'a garde de manquer l'occasion d'une plaisanterie contre l'église catholique. — Il paroît que ce verset étoit employé par les magiciens du temps.

[2]. Le maréchal de Roquelaure, si je ne me trompe.

[3]. Gaspar Seguirand, jésuite, confesseur du roy Louis XIII, en 1617, après la retraite du P. Cotton. L. D.

[4]. Apparemment dans ses *Discours chrétiens*, imprimez en 1600, et dont les huit premiers traitent de l'Eucharistie. L. D.

[5]. Les Bohémiennes vendent encore aujourd'hui des philtres composés d'après cette recette. On m'a raconté l'histoire d'un homme qu'on avoit déterminé à un mariage ridicule en lui faisant manger un gâteau dans la composition duquel entraient quelques gouttes du sang de la personne qui vouloit se faire épouser.

[6]. Erudit célèbre ; professa le grec à Genève et à Paris, où il fut mandé par Henri IV, qui le nomma son bibliothécaire. Il mourut à Londres en 1614.

Enay. J'ai leu ce passage; il commence par : « O amour, que ne fais-tu point » ! et c'est bien fait de ne l'expliquer pas ; mais il valoit mieux confesser une faute en grammaire, que de la couvrir par des blasphèmes.

CHAPITRE II.

Mazilière. L'église invisible, des reliques et bonne intention.

Fæneste.

Pour moi, ye deffendrai tout jusqu'au vatesme des cloches, et bous convertirai, si bous en abez la boulontai. Contentez bous que ma prière parest pour prière, comme l'*Abe Maria.*

Enay. Je voi bien à ce que vous dites que ceux que vous convertissez le veulent déjà être.

Fæneste. Oy da. Y'ai aidai plus que nul autre à combertir lou queitaine Mazilière, du regiment de Nabarre. On lui fit du vien, il alla à la messe, et puch[1] il alloit chez les grands pour faire parestre sa conbersion. Un yor on estoit en perpaux chez monsur de Roquelaure, laquelle des religions estet la meillure : Il faut, dit monsur lou Maneschal, demander à ce queitaine : Bien çà, dit-il ; tu as tastai et trouquai des dux depuis samedi : que t'en semvle, qui est la millure? L'autre respond avec assurance que c'estoit la cathoulique ; lou Maneschal

1. Et puis.

replique : Tu mens, frère, ou tu nous as trompez, car tu as eu de l'aryent de retour.

Enay. Voilà un des bons mots de ce temps : vous me voulez convertir joyeusement.

Fæneste. Il est de retour des bostes, et m'a renboié ce chapelet que je lui abois presté pour parestre cathoulique ; car bos debotions de bous autres sont inbisivles, et voste Eglise inbisivle.

Enay. Que n'achevez-vous de nous reprocher, comme les sauvages, que nostre Dieu est invisible.

Fæneste. Nous autres boulons tout bisivle.

Enay. C'est pourquoi, entre les reliques de saint Front [1], on trouva dans une petite phiole un esternument du Saint-Esprit.

Fæneste. Ce sont des imbentions de bous autres, qui abez fait imprimer un imbentaire des reliques [2], où sainct Paul a dix-huict testes, sainct Pierre seize corps, sainct Antoine quarante vras.

Enay. Vous avez fait paroitre ce que nos gens ont dit ne pouvoir être. Vous pourriez voir la pluspart de ces choses en un livre que j'ai ceans, qui s'appelle : *Le Cose maravigliose de l'alma citta di Roma, ove si tratta de le reliquie de' corpi sancti, per Giovanni Osmarino Gigliotto, con licentia de' superiori.*

Fæneste. Si ces vones gens en disent un peu plus qu'il n'y en a, c'est par debotion, et pour faire parestre l'haunur qu'on porte aux saincts ; non pas bous autres, qui les abez ostez de leur repaux.

Enay. C'est donc leur faire honneur que d'en faire

1. Cathédrale de Périgueux.
2. Calvin est l'auteur de ce petit pamphlet, très spirituellement écrit.

des monstres ? car nous n'avons jamais vu de leurs os, que nous sachions [1] ; mais vous, les croians tels, les avez fait vendre à petits morceaux en toute l'Europe par les porteurs de rogatons.

Fæneste. Je ne m'en done pas de rien [2], car je croi que tout ce qui est fait en vone intention est von.

Enay. Moi aussi.

Fæneste. Pourtant bous autres ne croiez pas cela.

Enay. Nous ne blâmons aucune bonne intention ; mais la difficulté est à montrer qu'elle soit bonne, car nous maintenons que tout ce qui offense Dieu ne peut être appelé bon.

Fæneste. Et coment jugerez-bous que l'intention est vone ?

Enay. Quand elle s'accorde à la règle du bien.

Fæneste. Encore faut-il que cette vone intention paresse.

Enay. C'est ce que nous demandons au jour et au flambeau de la verité.

---

1. Voir, dans les *Actes et gestes de la cité de Genève*, par A. Fromment, publiés par M. G. Revillod, le chap. XXXIII : « Quelles relicques furent trouvées en l'église Saint-Pierre, au lieu du bras de Saint-Anthoine. »

2. Je pense que cela veut dire : Je n'en disconviens pas, ou : Je ne m'en soucie pas.

CHAPITRE III.

La gageure de Canisi; la question du baptême agitée à Rome.

Fæneste.

Ye demoure à cela que l'intention fait tout : c'est là où y'ai bu triompher père Couton, quant il fut pris pour yuge d'une gayure entre lou varon de Courtaumer et le Sur. de Canisi [1].

Enay. J'en ai oui parler ; c'étoit qu'il n'y avoit point de consecration sans la droite intention du prêtre.

Fæneste. Oy. Qui diavle bous a dit cela en ce païs

---

[1]. Deux gentilshommes normands. « Le premier, huguenot, s'avisa de soutenir contre le baron de Canisy, catholique romain, qu'il n'y avoit point de consécration au sacrement de l'autel, à moins que le prêtre n'eût intention formelle de consacrer. Canisy ayant trouvé cette proposition fort choquante, ce fut entre eux deux la matière d'une gageure. Ils parièrent un bon cheval, et Courtomer voulut bien s'en rapporter à Père Coton, qui, ne pouvant disconvenir que le huguenot n'eût dit vrai, voulut pallier cette doctrine en disant que, tout ainsi qu'on n'avoit accoutumé de juger de l'intention de l'homme que par ce qu'il en montroit au dehors, au fait de la messe, il suffisoit que le prêtre témoignât par toutes sortes de démonstrations extérieures qu'il avoit l'intention de consacrer, pour qu'on ne dût point douter qu'il ne l'eut eue. Courtomer ne se paya point de ce détour ; et comme il ne satisfaisoit pas non plus le baron de Canisy, pour partager le jeu en deux, au lieu d'un bon cheval qu'il en devoit coûter au perdant, par accommodement, ce dernier donna au baron de Courtomer un petit cheval que quelques courtisans railleurs appelèrent le *Courtaud de la consécration*, et d'autres le *Courtaud de l'intention.* » L. D., Remarques sur le chap. IX, liv. I, de la *Confession de Sancy.*

perdut? Ye pensois qu'aussi vien que les Vretons, bous ne seussiez noubelle du mariage des rois qu'au vatesme de leurs enfans. La gayure estant donc faite, la cour se trobe en grand envarras. Coment, disoit l'un, nous tenons que les sacremens sont necessaires à salut, et ye ne sai si y'ai communié!

Enay. Cela ne deroge point à votre religion, qui vous ordonne l'incertitude de salut : c'est prudemment fait, car qui seroit bien assuré ne leur porteroit plus rien.

Fæneste. Laissez moi dire. Un autre disoit : Mon père mourut par hier : si un rivaut prestre sonyeoit à sa garce, boilà mon père dannai par la faute d'autrui. Un autre disoit : Nous tenons lou mariage pour un sacrement : si lou prestre sonyoit à desyunai, lou mariage est nul, et par ensi, nous et les nostres serions tous fils de putens.

Enay. Il y a bien pis : car, si toutes les messes du Saint-Esprit qui ont été dites à vous faire des prêtres, des evêques, des archevêques, n'ont été avec l'intention, où sont vos absolutions, vos ordres et vos eglises, et par consequent la succession personnelle, de laquelle vous vous vantez? Il y a eu dans le Consistoire de Rome une pareille question agitée plus de six mois. Un archevêque [1] des plus riches, des plus doctes d'Italie, et un des plus grands hommes d'etat, fut visité par sa nourrice, de laquelle, bien que pauvre vilageoise, il voulut avoir la frequentation deux jours, pour se plaire

---

1. Tous les inconvéniens de la doctrine que suppose cette histoire furent fortement representez au concile de Trente, en 1536, par le fameux Cata-rin, et cependant cette doctrine passa à la pluralité des voix. V. Fra Paolo, liv. 2, de son Hist. de ce concile. L. D.

aux contes de son enfance. Cette pauvre idiotte, le second jour, ravie des splendeurs de son nourrigeon, lui sauta au col, en disant : *V'è qui dunque il bambino ch'io battezzai pensando che traspassasse.*—Comment, dit le prélat, ma chère mère, n'ai-je été baptisé d'autre que de vous?—Non, dit-elle, car nous vous tenions pour mort. —Et il repliqua : En quels termes me baptisastes-vous? — *Mi fiol, disse, io ti battezzo nel nome di nostra Donna.*—L'archeveque adjouste : *Et di più?* — *Non piu, disse la balia, che noi altre non battezavamo d'altra foggia.* Là finit le plaisir de ce personnage, qui emplit tout le collége des cardinaux de cris et lamentations, disant : Je ne suis pas chrétien, n'étant pas baptisé au nom de Dieu. Où sont tous les sacremens administrez par les prêtres que j'ai fait prêtres, et tant d'ecclesiastiques faussement sacrez de ma main, qui en ont tant sacré d'autres? De quelle multitude ai-je rempli l'enfer, si les sacrements sont necessaires à salut, et si Dieu s'attache à ce qui se fait *ex opere operato!*

Fæneste. Je boi vien que bous en sabez veaucoup.

Enay. Pardonnez-moi, ce sont les termes du memoire qu'on nous envoia.

Fæneste. Pere Couton est plus avile que tout ce Consistoire : car il eust demeslé tout cela, comme il fit la gayure, assaboir, que l'home ne poubant juger que de ce qui parest, toutes ces chauses se doibent contenter de parestre. Et boilà pour mon parestre contre boste estre.

CHAPITRE IV.

Le baron Harelais[1]*, le moine*[2] *et autres jeux.*

Enay.

Oui, mais on ne veut pas que la consécration paroisse : car Gabriel Biel[3] dit que l'invention de la *Secrete*, qui est de dire les paroles missifiantes bas, fut que le pain des clercs parut chair, dont il y eut une grande peste... Et cela va un peu loin pour nostre familière proposition... Mais je vous demande si le baron fut content de cette resolution.

Fæneste. Non pas, non ; qu'il le fit tres-vien paier un von courtaut, qu'on appelloit à la Cour les uns le courtaut de la Consecration, les autres de l'Intention, aux enseignes que l'aumounier de monsur de Lucembour me le monstra un yor que nous passions au bois de Jouembal : il estoit là en relez. Nous demandasmes aux payes si c'estoit là le courtaut de la gayure ?— En debisant ils nous empoignent tous dux, nous despouillent, et nous fouëtent en diavle ; mais l'aumosnier le fut plus que moi... Cette quenaille rioit si fort, qu'en sourtant de là je m'effourçai de rire ; car cela s'appelle le relez... Cap de S. Arnaut ! les railleries y paressoient de là à dix jours, à propaus de parestre.

Enay. Vous, qui aimez les ancienes ceremonies, ne

---

1. Il y a ici un jeu de mots, comme il semble, sur lequel j'aurai plus bas à présenter en toute humilité mes conjectures.

2. *Bailler le Moine*, c'est jouer un méchant tour à une personne qui dort.

3. Professeur de théologie et de philosophie à Tubingue, mort en 1495.

devez pas reprouver cela : car ce sont les vieilles usances de la chasse [1].

Fæneste. Un queiteine de Vrouage (pour dire comment ces payes sont meschans) me mena chez Gibaut ou Enyibaut [2]; là dedans estoient restez quauques chebaux de Monsur lou Duc et quauques payes aussi. Ces fripons ne debisoient que vailler le moine; j'en abois oui parler, mais afin qu'ils ne joüassent point à moi, je me bantois en souppant de l'aboir donné à tous les payes de la petite escurie. La nuict, come nous estions couché, ce Queiteine et moi, je sens je ne sai quoi qui me sembloit arracher lou gros ourteil... Lou Queiteine,

---

1. Je ne comprends rien à ces usances, et je ne les ai vu citer nulle part. Le mot de *baron Harelais*, qui se trouve au titre de ce chapitre, est un mauvais calembourg, pour *à relais* ou *harelé*. *Harer, hareler*, est un terme de venerie; c'est exciter les chiens en les fouettant. Fæneste, fouetté par les pages au relais, est le baron *harelé* ou *à relais;* mais qu'est-ce que cette antique usance de fouetter les gens à un relais?

2. Enyibaut. *Engibaut*, et par apherèse *Gibaut*, est un prénom que d'Aubigné donna pour surnom à un fils naturel qu'il avoit eu à Genève d'une demoiselle, et duquel, dit-on, les descendans ont pris le nom d'Aubigné. On sait que d'Aubigné se remaria fort vieux à Genève. (Segraisiana, p. 124 et 125.) Or, comme peut-être ce fut à cette même personne qu'il y avoit débauchée, il se peut aussi que ce soit le subséquent mariage de la mère avec le père d'Engibaut qui aura déterminé la postérité de celui-ci à prendre le nom d'Aubigné. L. D. — Rien n'autorise cette supposition injurieuse pour la seconde femme de d'Aubigné, Renée Burlamachi, veuve de César Balbani. Elle avoit, à l'époque de ce second mariage, 55 ans, et d'Aubigné 71. On raconte que le ministre qui les maria, ouvrant la Bible au hasard pour trouver un texte à son sermon, tomba sur celui-ci : « Seigneur, pardonne-leur, car ils ne savent ce qu'ils font. » D'Aubigné s'en offensa, et l'on eut beaucoup de peine à lui persuader que le ministre n'y avoit pas mis de malice.

autant que je criois, me donnoit de grands coups de coude dans l'estomac, crioit plus haut que moi qu'il bouloit dormir, qu'il n'aboit que faire de mes foulies. Cela dura long temps, qu'au prix¹ que j'abançois lou pied, au prix donnoit la saccade, et moi de crier, et moncamarade encore plus haut, et coups de coude... Je l'abois estranglé², mais je sentois une doulur pour faire renier un fuillant! Enfin, à force d'obéir, cela me tire par les piés hors du lict, et puch j'eus patience.

Cherbonnière. Monsieur, c'étoit le Capitaine, qui avoit passé la corde à la quenouille du lict : il tiroit d'une main et frappoit de l'autre.

Fæneste. Dis-tu brai, Chervonnière? Que ne me le disois-tu? jou l'eus demen fait appeller.

Cherbonnière. Voyez-vous, Monsieur, vous étes si malheureux à prendre querelle! et puis vous en feriez bien autant à un autre.

Fæneste. Oy da, oy; mais ce qui me fachoit le plus, c'est que j'abois desja mau aux ourteils. — Ce Givaut est voufon et mattois. Nous abions joué force jux, entr'autres au sosimet. C'est le plus fat ju de tous les jux ; un autre, lui et moi estions embeloppez la teste d'un tappis... je disoy qu'ils m'emporteroient les ongles des coups, car par mesgarde ils frappoient sur le bout des pieds au lieu du dessous, et moi qui ay force cors, et qui me chausse à cinq puncts³ comme vous voyez, pensez!... encore ne pouvoir deviner pour sortir !

1. *Au prix*, autant que.
2. Gasconisme, pour *je l'aurois*.
3. *Points*. Se dit, chez les cordonniers, des divisions qui sont marquées sur le compas avec lequel ils prennent la mesure pour faire des souliers. Cet homme se chausse à tant de points. *Dict. de Trévoux*, au mot *Point*.

Cherbonnière. J'eusse bien deviné, moi! C'étoit lui qui passoit la main par dessous le tapis et qui coignoit les deux autres.

Fæneste. Ha! j'enten vien, c'est à la fausse compenio... c'est le ju de la paix de Lodun[1]; s'ils me l'eussent nommai ensi, je n'y eusse pas entré. O vien, il m'en soubiendra du sosimet[2], et m'en ressentirai!

Cherbonnière. Et dites-moi, n'avez point senti les deux genoux, où vous alliez les yeux bandez pour empoigner l'escu?

Fæneste. Il y aboit vien à rire, car nous ne le poubions saisir.

Cherbonnière. Ventre de loup! ces deux genoux étoient les fesses d'un lacquais, où vous fistes tant trevirer la pièce avec la langue, et la poussiez en un vilain pertuis.

Fæneste. Habalisque[3]! comme disent les Provençaux de toute la Xentonge, je disois que c'estoient les genoux de ce bilen qui puoient... car, pour bous dire, j'ai le sentiment[4] bon.

Enay. Il y a dequoi s'en ressentir; mais c'est en jeu.

Fæneste. Nous passasmes vien le temps estant là dedans. Tous les dimanches il fait benir tous ses bailets pour jouër abec lui.

Enay. Nous en eussions fait autant ce soir, qui est dimanche, sans la peine que vous preniez pour me con-

---

1. Les huguenots qui avoient pris parti dans le soulèvement des princes n'obtinrent aucun avantage, et assistèrent en dupes à l'arrangement qui eut lieu entre les princes et la reine, à Loudun, en 1616.

2. Sosimet. Sot s'y met, s'entend, sous le tapis, comme avoit fait le baron. L. D.

3. *Ha! balisco.* Ah! coquin.

4. L'odorat.

vertir. Nous y sommes entrez trop avant, mais vous l'avez voulu.

Fæneste. Estrade, dittes là vas que Monsur demande ses yens pour jouër come de coustume. Boyez bous, je m'esvatterai abec mes bailets come les Princes font abec nous autres; et cependant qu'ils biendront, je ne me puis tenir de bous dire que, si bous abiez bu les miracles qui se font en plusieurs liux, et sur tout aux Hardillieres¹, bous seriez comberti.

Enay. Comme quoi, Monsieur?

CHAPITRE V.

De Marthe la demoniaque, et autres miracles.

Fæneste.

Y'y estois quand Marthe la demoniaque y fut amenée; il faisoit furiux de la boir !

Enay. Que lui fit l'Eveque d'Angers?

Fæneste. J'entens vien ce que bous boulez dire; mais le Clergé fut contre l'Ebesque. Estoit-ce vien fait à un prelat, quant le capucin lui dist qu'il touchast Marthe au jarret, de la braye croix, il la toucha de sa clef? Et puis estoit-ce fait en von pasteur; au lieu de lui lire de l'Ebangile, lui dire un épigrame de Martial?

Enay. J'ai oui dire qu'elle fit gambades à ces deux épreuves.

Fæneste. Je croi vien... et je bous payerai de raison :

---

1. A Notre-Dame des Ardilières. Fameux pelerinage près de Saumur. L. D.

Les Diavles de Marthe, qui estoient Velzevut et Ascallot, come ils sceurent vien dire au conseiller Matras, qui les interroguoit en grec, estoent l'un trop praube et l'autre trop jeune pour aboir estudié.

Enay. Je voi bien l'enfer multiplié... Et ils alloient ensemble, un jeune et un vieux, comme font les prescheurs... Avez-vous sceu ce qu'en ordonna la cour? car Rappin, qui la ramena en garde à ses parens, me l'a conté.

Fæneste. Si père Gontier fust esté creu, la cour fust esté excommuniée! Bous abez veau dire, il se fait de grands miracles à Saumur. N'est-ce pas une velle chause du seryent Mayour [1], qui emboya son chebal en boyage pource qu'il perdoit les yeux? Son chebal fut gueri et lui debint abeugle.

Enay. Le conte dit que huit jours après il vid entrer un eveque et lui tourna l'eschine; que Dieu l'abandonna à faire la fausse monnoie quatre ou cinq ans durans, dont il fut pendu à Thouars.

Fæneste. Peut-estre qu'il se combertit et fit le boyage comme son chebal... mais encores, si bous y abez esté, il faut que bous confessiez que les voiteux y ont laissé un amas de vourdes plus haut que le planchai [2] de cette salle.

Enay. Je vous rembourserai du sonnet que vous m'avez donné après disné, par un epigramme qu'un es-

---

1. Mayour ou Majeur est, je crois, un nom propre. Le grade de sergent-major étoit alors inconnu.

2. Pour plafond. Les appartements étoient tous couverts alors avec des solives apparentes, au dessus desquelles il y avoit des planches clouées, d'où le mot de *plancher*.

colier de Saulmur m'a donné pour respondre à vostre question.

> Que dittes-vous, disoit n'agueres
> Le bon curé des Ardilieres,
> Des miracles qu'on fait ceans
> A la barbe des mescreans?
> — Je responds qu'ils sont invisibles.
> — Vous estes, dit l'autre, terribles!
> Si vous ouvrez encor les yeux,
> Si vos oreilles ne sont sourdes,
> Tant de bourdes de ces boiteux,
> Qu'en dites-vous? — Ce sont des bourdes.

CHAPITRE VI.

Miracles de la Rochelle, de sainte Leurine, du saint homme de Billouet, et de la mer rouge.

Fæneste.

Voilà qui est vien meschant. Je bous prie de me le faire escrire.

Enay. Vous l'aurez, et avec lui un qui est en même page; c'est du curé de La Rochelle, qui avoit empli une garce instruite à faire la demoniaque; mais l'incredulité des Rochelois ne lui permit pas de faire miracle, et voici ce qu'ils en disent :

> Nostre curé la bailla belle
> Aux huguenots de La Rochelle;
> Il mit un diable dans un corps
> Et lui-mesme le mit dehors.
> Elle desfiguroit sa face,
> Faisoit grimace sur grimace,

Et, pour miracle plus nouveau,
Trouva bien la fève au gasteau.
Nul ne peut guerir cette garce
Sinon le curé ; c'estoit parce
Que pour chasser tels ennemis,
Il faut celui qui les a mis.

Un Rochelois m'a donné cela ; l'autre me fut donné sur le lieu, comme je m'y pourmenois pour demander un miracle qui fût vrai et vraiement miracle. Je les ai tous trouvez invisibles, et c'est le point où je m'accorde avec vous pour demander le paroistre. Nous avons veu force gens gagez pour contrefaire les aveugles et les boiteux, comme le marechal de Niort, qui alla le cul dans un plateau, trois mois, pour contrefaire le malade, et le guéri à propos, sur la confiance que la perquisition de telle chose est malaisée. L'eveque de Xaintes a fait un trait de bon pasteur : quatre gueux, ayant contrefait les aveugles, allerent prescher leur guerison par une source nouvellement trouvée à Sainte-Lurine, près Archiac. Le miracle print si bien feu que, des paroisses de six lieuës environ, on y porta en deux mois près de deux mille charretées de pierres. L'evêque alla sur le lieu, et, ayant fait enqueste, contraignit chacun de remporter sa pierre. Le cardinal de Lorraine l'eût anathematisé, car il voulut faire mourir Fervaques pour avoir ruiné le prêtre Billouët[1].

---

1. Ce prêtre s'appeloit Bisson, et demeuroit à Belovet, ou Bellouet, près d'Orbec, en Normandie. On trouve, dans l'*Apologie pour Hérodote*, chap. 39, § 56, une longue chanson sur ses prétendus miracles et la vogue extraordinaire qu'ils obtinrent pendant quelque temps. Quant au dessein de faire mourir Fervacques, attribué au cardinal de Lor-

Fæneste. Comment cela?

Enay. Ce prêtre étoit Lorrain, excellent radoubeur [1]; il racoutroit plusieurs estropiez dans le pays ; il faisoit venir des aveugles et des boiteux à sa poste [2]; aux autres qu'il ne connoissoit point, il leur disoit que la volonté d'être gueri, croire l'être et le dire étoient le commencement de guerison. Il dressa une loge auprès d'une chapelle ruinée, qui fust en deux ans et demi accompagnée d'une bourgade de six à sept vingt maisons, où il y avoit quarante bonnes hosteleries. Tous les princes du royaume et plusieurs étrangers y vindrent. Enfin, comme il instruisoit une garce à faire la demoniaque pour la Pentecôte, Fervaque [3] et la Lausière la debau-

raine, c'est une petite exagération comme d'Aubigné s'en permet trop facilement lorsqu'il s'agit de noircir ses ennemis. Il raconte le fait plus simplement dans son *Histoire universelle*. Fervacques, empressé d'annoncer à la cour le succès du combat de Dormans, en 1575, avoit quitté le champ de bataille lorsque l'affaire étoit dejà décidée, mais avant que le duc de Guise fût blessé. « Deux heures après son abord (estant encore environné de seigneurs et de dames, disant des choses avantageuses de lui-mesme, et sans mentir), Pellicar, parti de l'armée depuis la blessure de son maistre (le duc de Guise), entre dans le Louvre, conte comme il le sçavoit, ne sachant rien que par ouïr dire, mais (met?) toute la cour en pleurs pour la blessure du duc. Le roi envoie querir Fervacques, et lui reproche qu'il estoit parti bientost, n'ayant pas attendu le dernier combat, où avoit esté blessé son chef d'armée. Le cardinal de Lorraine et tous ses amis (haïssant Fervacques pour avoir destruit quelques devotions en Normandie) le vont publier partout pour avoir fait un trait d'extrême lâcheté. » *Hist. univ.*, Maillé, 1618, tom. II, liv. 2, chap. 17.

1. Habile à réduire les fractures et les dislocations.
2. Ses affidés.
3. Guillaume de Hautemer, seigneur de Fervacques, maréchal de France en 1595, mort en 1613. Il est souvent question de lui dans les mémoires de d'Aubigné, dont il avoit été le camarade de débauche.

chèrent, et, lui ayant tout fait confesser entre les mains de la justice d'Orbec, la bourgade, que j'avois veuë en sa grandeur, fut rasée en deux jours. Le cardinal disoit qu'il ne falloit pas ruiner les fraudes pies... Ce sont telles impostures qui firent declarer Berne [1], par le mira-

1. En 1509. Il y a de l'année même deux relations de ceci, l'une en latin, l'autre en allemand ; celle-ci avec des figures, et la première sous ce titre : *De quatuor hæresiarchis Ordinis Prædicatorum de Observantia nuncupatorum, apud Switenses in civitate Bernensi combustis: Anno christi M. D. IX. L. D.* Je n'ai pu me procurer le livre cité par Le Duchat, mais l'aventure est racontée tout au long par Daniel de Foe dans son *Histoire des Apparitions*.

Au commencement du XVIe siècle, une vive polémique s'étoit engagée entre les Franciscains et les Dominicains au sujet de l'immaculée Conception. Ces derniers, comme on sait, tenoient alors que la Vierge avoit été conçue *dans* le péché. Le prieur des Dominicains de Berne s'avisa de vouloir décider la querelle par un miracle de sa façon. Il avoit dans son couvent un jeune moine fort pieux et fort crédule, nommé Jetzer, ayant dans la ville une réputation de sainteté. Certaine nuit que Jetzer dormoit tranquillement dans sa cellule, il est réveillé en sursaut par un fantôme blanc, jetant du feu par la bouche. Exorcisé selon les rites voulus, le fantôme déclara qu'il étoit une âme en peine, et qu'il ne sortiroit du purgatoire que si Jetzer avoit la bonté de se soumettre à une rude pénitence, dont il lui fit le détail. Le jeune dominicain, plein de zèle, se donna bravement la discipline, et après de longues macérations il eut la joie de revoir son spectre, qui ne jetoit plus de feu par la bouche, et qui venoit le remercier courtoisement du service qu'il lui avoit rendu. Tout fier de son succès, Jetzer reçut, quelques nuits après, la visite de la sainte Vierge en personne, accompagnée de quelques anges et vêtue d'une robe magnifiquement brodée. Elle félicita d'abord le jeune moine de sa piété touchante, et lui révéla que la doctrine des Dominicains sur l'immaculée Conception étoit la véritable ; qu'il devoit se rendre à Rome pour éclairer le pape sur ce point, et l'assurer qu'il tenoit de la bouche même de la Vierge qu'elle avoit été conçue *dans* le péché originel. Jusque là Jetzer n'avoit pas eu le moindre doute sur la réalité de ses visions ;

cle dès Jacobins; et Genève, par les enfans qu'on faisoit ressusciter sur un fourneau dans l'autel, et des lames qui leur brûloient les nerfs de la nucque [1]... Cela ne

mais les coquins qui le mystifioient, encouragés par sa crédulité, ne gardèrent aucune mesure, et les scènes de fantasmagorie devinrent si fréquentes, qu'il ouvrit les yeux. Suivant de Foe, le prieur, voyant sa fourberie découverte, essaya par deux fois d'empoisonner sa dupe. Heureusement le pauvre Jetzer parvint à s'échapper du couvent, et raconta aux magistrats de Berne les fourberies sacriléges dont il avoit été témoin. Le 31 mai 1509, le prieur des Dominicains et trois de ses moines, ses complices, furent brûlés publiquement en expiation de leur crime. Il est facile de comprendre combien la découverte de cette jonglerie favorisa les progrès de la réforme en Suisse. V. de Foe's *History and reality of Apparitions*, chap. XIV *of sham Apparitions*, etc.

[1]. Je dois à M. Sayous l'indication d'un passage curieux qui éclaircit cette allusion de d'Aubigné à de faux miracles de son temps. Il est tiré des *Actes et gestes merveilleux de la cité de Genève*, par Anthoine Froment.

CHAP. XXXV.
De N.-D. de Grace et de l'abus qui y estoit.

« Il y avoit aussi au couvent des Augustins de Genève une belle image, bien ornée et parée de tous accoutrements, appelée Notre-Dame de Grâce, laquelle avoit très bien engraissé ses moynes, car ils avoient la face rouge comme une coupe de quocquin ou comme ung escrevice cuict, et les yeux comme une quassidoyne (pierre precieuse)...

» Or iceux moynes donnoient entendre que cette image de N.-D. de Grâce faisoit de grands miracles, et qu'elle ressuscitoit et revicoulloit les petits enfants morts, mais pour avoir baptême, car mieux eût valu que deux cités fussent peries qu'ung enfant fût mort sans baptême, disoient-ils, tellement qu'on y courroit de tous côtés...

» Mais l'évangile a descouvert et declaré, dans Genève et dans ces pays circonvoisins, tous ces faux miracles : car on a trouvé certaines femmes vieilles que les prêtres et moynes nourrissoient, qui faisoient ces miracles, non pas l'image, avec certains instruments qu'elles avoient, lesquels souffloient et confloient par le fondement les petits enfants comme des chevreaux, et la plume qu'elles mettoient sur la bouche de l'enfant s'envoloit. Et aucunes fois, selon qu'elles voyoient que le mi-

peut servir que de couverture aux niais qui veulent déjà être convertis, et, au contraire, ces villonneries [1] vous ostent tous les esprits qui ont quelque soin de salut, pource que jamais le mensonge n'édifia la vérité.

Fæneste. Je bous dirai vien qu'il y peut aboir eu quauques tragetaires [2] qui ont fadegé [3] comme cela : ne fust-ce que ces dux merciers qui mirent Nostre-Dame de la mer Rouge, en la Brenne, dans un nid de pie, et firent manger et emporter au peuple, par devotion, un gros chesne jusques à la racine [4]. — Bous serez cause que y'y regarderai de plus près.

racle seroit de plus grande efficace, l'enfant pissoit et suoit par le moyen des pierres qu'elles échaudoient, et alors madame la matronne à crier : Miracle ! miracle ! et bons prestres et moynes à sonner les cloches... Et si estoit de riches parents, falloit faire une neuvaine et faire dire force messes ; mais, quand ils estoient de pauvres parents, le miracle estoit toujours dans un ou deux jours. Jamais ne fut retourné ung au père et à la mère vivant, ains les falloit incontinent ensevelir après ces miracles... De ceux-ci ne s'en est jamais trouvé un vivant, beuvant ne mangeant après les miracles. »

Le 11 mai (1535) les syndics rapportèrent qu'ils avoient été au couvent des Augustins et qu'ils leur avoient defendu, à forme de l'arrêt, de permettre qu'on apportât cy après des enfants morts, ni de les faire veiller par des femmes, ni de tromper les gens de cette manière en disant qu'ils font des miracles de resurrection, à peine d'être chassez hors de la ville, à moins qu'ils ne puissent soutenir une telle chose par les saintes Ecritures. Après qu'on eut fait ce rapport, deux des religieux dudit couvent entrèrent, disans qu'ils estoient commis pour cela et qu'ils vouloient obéir à nos commandemens. (*Registres de Flournois.*)

1. Tours dignes du poëte Villon, fameux vaurien du XVe siècle. L. D.

2. Escamoteurs, emprunté de l'italien *tragittatore*, qui vient de *tragittare*, faire un mouvement rapide, et, par extension, escamoter.

3. Badiné, fait les *fats*. L. D.

4. Il y a dans la crypte de l'église de Deols (Indre) un tombeau de marbre antique que les paysans du voisinage râclent

CHAPITRE VII.

Divers jeux.

Fæneste.

Boilà velle compénie pour youer ; çà, enfans, au roy despouillay ! on aime fort d'y youer, ou vien, au poirier ?

Enay. Quel melange d'affaires en la tête de ce pauvre baron ! Le voilà pris, et son Cherbonnière qui le garde. Vien-ça, Carmagnolle : vois-tu comment ton compagnon frappe ton maistre par le derriere, au lieu de le garder ? C'est ainsi que quelques uns ont gardé l'estat... Ne craint-il point qu'il s'en apperçoive ?

Carmagnolle. Par ma foi, Monsieur, nous avons le plus drosle de maistre ! O ! il n'est pas plus maistre qu'il ne faut... Quand vous estes tous deux ensemble, il y en a un plus fin que l'autre. Le voilà delivré.

Fæneste. Ces pendarts m'ont eschaufai l'eschine, mais ye bus aboir rebanche. Or ça, youons à bis-combis, ou vien à banque banquet[1].

Enay. C'est une figure d'être bien et mal qui se pratique à la cour. Faites comme vous aviserez, je m'en vai voir à votre chambre.

Cherbonnière. Monsieur, revenez voir à la salle, si

pour en avaler la poudre et se guérir ainsi de la fièvre. Le curé, homme instruit, et les autorités locales, ont fait de vains efforts pour s'opposer à cette pratique superstitieuse, qui finira par détruire un monument curieux.

1. Bis-combis... banque banquet. A sauter tour à tour par dessus la tête les uns des autres. L. D. — Il est question de deux jeux différents, qui me sont inconnus l'un et l'autre.

vous voulez avoir du plaisir. Vos gens ont fait jouër nostre baron à Michaut [1]; vostre valet les a laissez voir, Carmagnolle et lui, leur apprenant à frapper un coup à terre entre deux, afin qu'il ne paroisse pas qu'ils voient.

Enay. Ainsi nous voyons tous à nous malfaire, nul à se garder... — Hé là, Monsieur, vous tenez trop long-temps ce jeu debout.

Fæneste. Je ne m'en soucirois pas de rien, mais ce pendart toque tousjours d'un extrem [2].

Carmagnolle. Que ferai-je, quand je ne voi goutte?

CHAPITRE VIII.

Dispute du Limbe.

Fæneste.

r lou diavle lou yeu et les serbiettes, tant elles sont dures! Lou passe-temps est pourtant gaillard... Mais c'est assez. Ye ne pense poent qu'il n'y eust quauque vale de mousquet dans la serbiette : denouez la mienne, il n'y en a poent. Y'aurai demen lou cougot [3] enflai... Y'eusse mius fait de bous conbertir; cela me baudroit une pension, et à bous une autre. A quiconque Père Couton en

---

1. Je ne connois pas ce jeu; mais il semble que celui *qui l'est*, pour parler comme les écoliers, a les yeux bandés et frappe les autres au hasard avec une serviette roulée. Le valet d'Enay et Carmagnolle ont arrangé leur bandeau de façon à voir clair et à faire tomber leurs coups sur le baron.

2. Par le bout. On jouoit à ce jeu avec une serviette nouée, dont les coups font plus de mal quand le bout seul touche en cinglant comme un fouet.

3. La nuque.

proumet, c'est autant de varré [1]... Et comme il dit en preschant de la transubstantiation, dés que les paraules sont dites, c'est *crac! il est dedans.*

Enay. Est-il apôtre de celui qui commence ses harangues par *Dabo tibi* [2] ?

Fæneste. Que pensez-bous le crédit qu'ils ont, lui et ses compegnons... Ils s'en bont aux prisons : si quauque praube condanné de boste religion se but combertir, ils le feront delibrer.

Enay. Et s'il ne le veut?

Fæneste. Ils le laissent passer.

Enay. S'il y a lieu où ils puissent trouver des gens qui ayent la volonté preparée, c'est là. Mais ont-ils bien en si peu de tems instruit un devoié de toute sa creance?

Fæneste. Je leur ai fait une fois compenio pour un de vas Poictou, qui s'appeloit la Combe, mais depuch il s'est descomberti. Ye pris garde à tous les puncts : ils ne s'attachent qu'à la primautai du Pape, et font von marché de tous les autres... Ye me faschois qu'ils ne lui disoient rien du Purgatoire ; ils me respondirent que pourbu qu'on ne touchast point aux Indulgences, toutes les questions de l'estat des ames après la mort estoent trop difficiles per lou commun. Je demandai à Pere Baile comment il entendoit lou passage de plusieurs mansions et du sen d'Avrahan ; il me dit pour tout potaye : Lisez là dessus Sant Augustin.

Enay. Encore qu'il me fache de traiter ces matières

---

1. C'est une affaire faite.
2. C'est-à-dire du diable. S. Luc, 4, 6. Et ait illi : Tibi dabo potestatem hanc universam et gloriam illorum : quia mihi tradita sunt, et cui volo, do illa, etc.

entre des jeux, si ne puis-je me tenir de vous dire qu'il avoit raison ; car ce saint autheur prend à tasche d'exposer ce point, disant : *Puisque ces mansions sont en la maison du Pere, quelle impieté seroit-ce qu'il y eust quelque lieu de tourment?* Il conclud en ces termes contre ceux qui veulent plus de deux lieux, soit pour le Purgatoire ou pour le Limbe : *Cette foi*, dit-il, *n'est point foi catholique, et par deux fois je vous prie qu'avec vous n'habitent point ceux qui habitent en telle erreur.* Et quant au sein d'Abraham : *Quelle brutalité de loger dans ce sein, où est notre espérance, un foyer et un fourneau de tourmens!* Je vous monstrerai mot à mot ce que je vous dis, sans partir de ceans.

Fæneste. Je bous en prie, et aussi l'estranye passaye de Charon [1] ; et cependant, je bous prouteste que ye bus tousjours croire lou Purgatoire et lou Limbe, quoi que ce soit.

Enay. Voiez-vous ce grand masson borgne et l'autre paisan qui est avec lui? ils ont quitté le jeu pour nous écouter. Ils disputent sans cesse l'un contre l'autre, si bien que ma besogne ne s'en fait pas mieux; ils en viennent quelquesfois aux coups, et concluent en *ferio* [2] sans s'entendre, et protestent toujours, comme vous, de ne se *viré ja* [3]. Leurs raisons ne se connoissent point à la Sorbonne, et seroient meilleures pour la soirée que ce que nous disons... Je voi bien à leur mine qu'ils enragent d'en dire leur avis.

---

1. V. liv. 2, chap. 1er.
2. Allusion plaisante à la forme de syllogisme ainsi nommée.
3. De ne changer jamais.

CHAPITRE IX.

Theologie de Clochard et de Mathé.

Fæneste.

Oy, ce vorgne nous escoute vien de près. Qu'en dittes vous, mon compère, du Limbe et du Purgatoire ?

Clochard. Est-to do Picataire et do Zimbre que ve disé? y ve veus foere vittus queme fit netre menestre y quo Crapucin de l'otre semoine. Est-to pa vrez que le ceau est tot d'ine pece? Que disé[1]?

Enay. C'est qu'il vous demande si le ciel n'est pas tout d'une pièce.

Fæneste. Je l'entens vien : bous ai-je pas dit que y'ai demeuré à Poitiers ? Oy, compère, oy, ye bus vien qu'il soit tout d'une pièce.

Clochard. Ve zou vélé ben ! le Moestre n'a que foere que ve li ajué. O ben, est-to pas vrez que gl'est fat en voûte ?[2]

Fæneste. Oi da.

Clochard. Et peu qu'o faut disputré d'ine voute, o l'est mé qui en sé moestre-fasou ; y ai fat toute lez caves de cions, et l'y en at ine qui a tronte brasses ; et si avoure ve

---

1. Est-ce du purgatoire et des limbes que vous parlez? Je veux vous faire victus [vaincu], comme fit notre ministre à ce capucin de l'autre semaine. N'est-il pas vrai que le ciel est tout d'une pièce? qu'en dites-vous ?

2. Vous le voulez bien !... Le maître n'a que faire que vous l'aidiez. Eh bien ! n'est-il pas vrai qu'il est fait en voûte ?

D'Aubigné a figuré par GL le son de L mouillé, comme en italien *aglio*, en espagnol *llama*.

velé veni picqué in piquataire, ou ben y gratté do zimbres, pré ou foere chere et foere treviré la moeson, y ou endurré faere?... Et netre Seigneur, qui é pu graon moestre queme ve, laschera il picqué do caveràz pré foere do piquataire et do zimbres?... disé [1]?

Fæneste. A quin perpaux touttes ces massonneries?

Enay. Monsieur, faisons lui repondre par l'autre. Avancez-vous, Mathé : repondez à Clochard, il fait le savant.

Mathé. Mensieu, agaréz, y n'enten poent toute iquelles vetilles ; Clochard a beâ pirouetté sen bounet dons les eilz do presoune quant gle parle... O me sonvent qu'ine fois ve li demondiez s'gle vou velet virebrequiné la cervelle [2].

Clochard. O l'est ma menere, mez vequi le bounet à bas [3].

Mathé. Agaréz, Messius, o l'y at ine chouse, qu'y serai toutte ma vie de la Messe, et Clochard, qui est in beâ parlou, ne me saret gongni d'iquo cousti. Est-to pa vrez que les nouzillers fleurissant à touttes lez netre Dame [4]?

1. Et puis qu'il faut disputer d'une voûte, c'est moi qui en suis le maître faiseur. J'ai fait toutes les caves de céans, et il y en a une qui a trente brasses ; — et si vous vouliez à cette heure venir percer un purgatoire ou gratter des limbes pour la faire cheoir et faire chavirer la maison, je vous laisserois faire?... Et notre Seigneur, qui est plus grand maître que vous, laissera-t-il percer de petits caveaux pour faire un purgatoire et des limbes, dites-le-moi?

2. — Monsieur, voyez-vous, je n'entends goutte à ces bêtises-là. Clochard a beau faire pirouetter son bonnet devant les yeux des gens quand il parle... Il me souvient qu'une fois, vous lui demandiez s'il vouloit vous *villebrequiner* (percer) la cervelle.

3. C'est ma manière ; mais, voilà, j'ôte mon bonnet.

4. Voyez, Messieurs, il y a

Clochard. Et bien, pre quieu qu'est-to [1]?

Mathé. O l'est que l'Eglese ou a ben ordonni [2].

Clochard. Est-to pas vraiz qu'o l'at deux ons qu'o ne fit poent d'hyvert, et quette onnée encore les nouzillers n'en poent lasché flour? Vedrez-tu dire qu'o l'aret esti feste toute l'onnie [3]?

Mathé. O vretudi! si ne me veuze pas viré : agaréz, Mansieu le Baron, in sot avise ben ine béte : ne viréz ja nen plus que mé [4].

Enay. Et bien, Monsieur, que dites-vous de ces docteurs?

Fæneste. Je dis que l'un est tant fat que l'autre... Ye boi vien que bous y passez boste tems... Je suis d'accord de ne parler plus des religions, mais de la Cour et de l'Estat.

CHAPITRE X.

Amours du baron et enchantemens.

Enay.

Ne faisons point nos risées criminelles. Çà, parlons de Paris.

Fæneste. Qui n'est en Paris n'est pas au monde. Ma praube maitresse m'attend de une chose qui fait que je serai toute ma vie de la messe, et Clochard, qui est un beau parleur, ne sauroit me gagner de ce côté-là. N'est-il pas vrai que les noisetiers fleurissent tous les ans à la Notre-Dame?

1. Eh bien! pourquoi cela?
2. C'est que l'Eglise l'a ordonné.
3. N'est-il pas vrai qu'il y a deux ans, il n'y eut pas d'hiver? et cette année-ci les noisetiers n'ont pas encore eu de fleurs. Voudrois-tu dire qu'il auroit été fête toute l'année?
4. Vertudieu! pour cela, tu ne me feras pas changer. Voyez-vous, monsieur le baron, un sot avise bien une bête. Ne changez jamais, pas plus que moi.

von cœur... Diu sait si elle est en pene, la paubrette ! ye lui ai pourtant escrit.

Enay. Vous avez bien fait ; car, encore que votre guerre ait plus épandu de vin que de sang, si est-ce que la Rochelle est redoutée.

Fæneste. Elle le fut, mais nous l'abons descouverte : les chauses ne demeureront pas comme elles sont : le Roi beut que ses fortifications soient rasées. Y'ai ouï dire à celui qui a fait lou manifeste [1] de Monsur lou Duc [2], que ce qui sort des mens des revelles sera razé ; mais ce que nous tenons demeurera là, en changeant de quelque nom seulement [3].

Enay. Je crains ce que vous dittes... Retournons à Paris. N'avez-vous point la copie de la lettre que vous avez envoiée ?

Fæneste. Oi braiment, ye pense aboir le vroillart [4] en ma pouchette.

Enay. Voyons, Monsieur, des fruits de ce bel esprit.

Fæneste. Attendez, la boici ; vous en rirez, ceci est tout vrouillé.

« Madamiselle, enfin les astres et les elemens m'ont
» tant indisgracié de boste velle absence et douce me-
» moire d'estre separé de bos veaux yeux, semvlavles à
» une aurore plubiuse, que y'abois faim de me priber
» des champs Elisées. Toutesfois, il seroit une grande

---

1. Le manifeste du duc d'Epernon contre les Rochelois, au sujet de la guerre qu'il leur fit en 1617. La suite fit voir, à quelques années de là, que celui de qui le baron tenoit ce discours étoit bien informé. L. D.

2. Le duc d'Epernon.

3. Je suppose qu'il y a là une allusion aux confiscations faites contre les seigneurs huguenots.

4. Le brouillon.

» indiscourtaisie à bous de desouvlier boste praube es-
» clabe. Au reste, nous abons tiré la pistoulade pour
» l'amour boste, ayans esté soixante cabaliers vien ex-
» terminez [1], entre lesquels ye suis estimai pour un
» bius routurier [2] de guerre, à bet prés de Tadon [3], de-
» fier les revelles par dessus leurs murailles. Et croiez
» qu'il sera parlé du baron de Fæneste en vone compe-
» nie. Je vous dirai pour noubelles que bous ne me
» reproucherez plus mes chebaux indomptez [4], pource
» qu'en cette armée nous bibons sayement, n'allant
» poent à la desbauche, priant Dieu, Madamiselle,
» qu'ainsi soit de bous. Du camp d'auprès de la Rou-
» chelle. »

Enay. Voilà d'un haut style, cela! L'amour est un étrange precepteur. Et n'avez-vous fait qu'une maitresse à Paris?

Fæneste. Quauque flongnac [5]! J'en fis une pour espouser, la première... qui me fit plus de maux que quatre Espagnols n'ont de morpions. Y'estois au commencement, de nuict, à la porte, abec violons et auvades; ye faillis à la quitter pour quauques peyrades [6] que les courtaux de voutiques nous yetterent. Il y eut un enchantur et une fame, noumée Lascotte, qui me proumirent de lui amoulir lou couraye [7].

Enay. Et quels enchantemens avez-vous veu de ces gens-là?

---

1. Pour déterminés.
2. Routier. Quelques éditions de 1617 donnent *routier*. Roturier est la leçon établie par l'errata de l'édition in-12.
3. Faubourg de la Rochelle.
4. C'est un euphémisme.
5. *Quauque flongnac*, quelque sot. L. D.
6. Coups de pierres.
7. Le courage, c'est-à-dire le cœur.

Fæneste. Lascotte prenoit un enfant de trois à quatre ans, lui rascloit les onglos et les oignoit de cresme, et là dedans cet enfant bouioit, soit pour larcin ou pour murdre, l'home que l'on cherchoit [1].

Enay. Ne marmottoit-elle pas des oraisons à l'oreille de l'enfant?

Fæneste. Oi vien, abec une estolle sur lou col et un cierge allumai, et lou benestier là près.

Enay. L'enfant ne disoit que ce qu'elle lui grondoit dans l'oreille.

Fæneste. Et que diriez-bous de ce qu'elle me mena dans un jardin, et qu'elle me fit boir ma maistresse?

Enay. Je dis qu'elle étoit de l'autre côté de la muraille, et que vous la vites dans la reflexion de deux miroirs, dont l'un étoit demi spherique, pour empêcher qu'elle n'eût les pieds en haut [2]; je gage qu'elle vous fit un cercle, duquel vous ne deviez point sortir.

Fæneste. Oi vien, mais c'estet pourtant enchantement. Or, ye bous en ai trop dit pour bous pouboir rien celer: sachez que celle que ye boulois espouser me mit à telle rage que ye boulus parler au diavle. Un

---

[1] Ce mode de divination existe encore en Orient. On peut consulter un passage très intéressant du *Commentaire sur l'Exode et les Nombres*, de M. le comte L. de Laborde, p. 22 et suiv.

[2] Je suppose que la maîtresse de Fæneste étoit placée derrière un mur, et que son image, réfléchie par un miroir concave, étoit renvoyée sur un autre miroir que tenoit le baron. Ou bien encore, l'image de la femme cachée derrière un mur étoit renvoyée par un miroir plane dans un miroir concave, qui sembloit projeter l'image au-dessus du mur. Tout le monde a vu une expérience semblable dans les cabinets de physique, seulement on se sert ordinairement d'un bouquet dont l'image semble se placer au-dessus d'un vase derrière lequel il est en effet.

Italien [1] m'en proumit l'experiment, pourbu que je n'eusse poent de pur. — Pur! dis-ye, si lou pont levedis d'enfer estoit vessé, ou si y'entreprens de le petarder, ye bous irai abec un nerf de vuf faire trouter la quanaille d'enfer à mon service ! — Il falut donc benir à la preube. La porte Sant Marceault estoit ouberte toutte nuict, pource que c'estoit l'année de la peste. Nous sourtismes donc pour benir dans une petite plenne qui est à bas de Bissextre, où nous arribons sur les onze hures. Mon home me redemande si y'abois poent pur.—Ventre de Sant Christoli [2], di-ye, ce sont les diavles qui chient de pur de me boir, et te font demander cela... O vien, il se separe de moi et se ba pourmener près d'une hure, et puis me bint prendre par la main pour me mener dans un cercle. Il aboit un coudre

1. Apparemment l'enchanteur Come Ruggeri, Florentin, le même à qui Bayle a donné un article. L. D. Cosimo Rugieri, Florentin, astrologue fameux dans son temps et très protégé par Catherine de Médicis, qui lui avoit donné l'abbaye de Saint-Mahé en Bretagne. Il fut condamné aux galères en 1574 comme complice de La Mole et de Coconas, qui avoient conspiré contre la vie de Charles IX; mais il s'en tira bientôt par le crédit de la reine mère. Il fut encore prévenu en 1598 d'avoir attenté par sortiléges à la vie de Henri IV, fut interrogé par de Thou et renvoyé comme innocent. Il mourut en 1615. Rugieri paroît avoir été un fourbe assez adroit, qui spéculoit sur la crédulité de la bonne compagnie. On lui achetoit fort cher des philtres pour se faire aimer des femmes, ou des statues de cire qui, mises auprès du feu et fondant à une douce chaleur, faisoient mourir de langueur la personne qu'elles représentoient. Il y a des sorciers qui croient pieusement à leur art; mais Rugieri n'étoit pas de ce nombre. Selon Bayle, il auroit dit en mourant: « Il n'y a d'autres diables que nos ennemis en ce monde, qui cherchent à nous faire du mal ; d'autre Dieu que les princes qui nous font du bien. »

2. Saint Christophe.

blanc [1] en men, abec un petit fusil ; il allume de l'encens, et puch aiant dit : *Adeste spiritus benevoli*, et quauques moutets, il me fait tourner bers l'ourient. N'aiant rien fait de ce costé, il me tourne au midi, où il comença par : *Et ecce ego totus vester*. Et n'aiant encores rien fait de ce costé, il me dit : Ce sont les Septentrionaux à qui ceci appartient... Nous faisons demi tour, et come il començoit : *Agla Varcan*, ye bois come sourtir de terre un home aussi grand que nous dus l'un sur l'autre, boussu debant et derriere... De bous dire son bisage, pou! cap Sant Mamoulin [2]!... Il me prend si grande frayur, — regardez come mes chebux en dressent encore, — ye me mets à hutte [3] plus biste que lou bent. Je tumvai dans des espines, et devout... Courant donc sans regarder, je me precipite dans une caberne, sur quauque chose qui n'estet poent trop dur, si vien que ye ne me rompis rien. A un demi clair de lune, ye m'abise que y'estois dans lou charnier des pestiferez. Lors ye commençai à sentir les corps... Ye fis un vrabe trait pour sourtir, c'est que ye fis eschelle de dix ou douze corps, et gagne lou lougis sans me banter de rien, horsmis au curé à qui ye fis dire une messe de S. Roch [4]. Il me bouloit faire seigner, de pur de la peste, mais l'autre pur douminoit. Et vien, ordonnas aqui dessus [5] ?

Enay. Je dis qu'il y avoit quelque fosse ou petite muraille demi ruinée, derriere laquelle étoit couché vostre demon, et qui eut loisir de prendre ses eschasses,

---

1. Une baguette de coudrier blanc.
2. Saint Mommolein, *Mummolenus*. L. D.
3. A fuir.
4. Qui préserve et guérit de la peste.
5. Expliquez ce que je viens de dire.

cependant que l'enchanteur vous tenoit la veuë devers le midi.

Fæneste. Il aboit des yamves vien gresles, bous me faittes penser... Ye boudrois tenir mes douze pistoles que y'abois consinées auparabant.

CHAPITRE XI.

Autres amours.

Enay.

Et bien, après tant de maux, eûtes vous la maitresse?

Fæneste. Sachez que je continuai encore de lui doner des auvades. Y'abois trois honestes fils de bille [1], et un soir, come nous achebions de chanter, il y aboit tout plain de loüanges, entr'autres qu'elle estoit la source de ma bie, fontaine de toutes bertus, fontaine de grace... tout par fontaine... comme nous finissions ces deux vers :

> Sois de douceur la fontaine
> Comme tu l'es de beauté...

me boilà une terrace [2] pleine de pissat, abec quauque bilanie parmi, qui me tira du sang de la teste. Mes compagnons se mirent à injures : l'un l'appela fontaine de merde, l'autre fontaine de pissat, et nous en allons.

Enay. Et voilà la cadence de l'amour.

Fæneste. Depuis, ye boulus l'aller vraber. Ces couquins

---

1. Je crois qu'il faut entendre cette expression, *fils de ville*, comme vagabonds, gamins. Ce sont des garçons qui n'ont pas de famille et que la ville entretient, leur industrie aidant.

2. Grande terrine.

sortent abec alevardes, si vien qu'il se falut retirer fort biste. Le guet nous prit, y'en fus pour mes trois jours au Chastelet. Avec quauques patas[1], lou Maneschal de Ferbaques, nous tira de là... —Ye fis encores un autre amour pour mariage, et depuis ye n'y ai pas pensai. Les yens du Maneschal m'accompagnoient, m'appeloient lou marquis de Franciscas, force honnestes homes de la cour me prestoient carrosse pour y aller. Ce n'estoit que la fille d'un plumacier, mais elle aboit dix mille escus petits[2] au mens, disoit sa mère, qui pour faire sa fille marquise, me la fiança... Lou malheur boulut que lou Maneschal me desvaucha pour aller au vordeau chez un maistre Thomas; il monta lou premier en la chamvre haute, et puis me fit place pour aboir ma part... Cap Sant Philebert! ye troubis qué c'estet ma fiancée! You m'en alli fort penaut, et depuis n'ai pensai en mariage, encor que monsur Cayer[3] m'eust

---

[1] Quelques *patards*, avec quelque argent.

[2] Ecus de trois francs de Bordeaux, ou quarante-cinq sols tournois pièce. L. D.

[3] Pierre-Victor Palma Cayet, ex-ministre, homme plus fou qu'il n'étoit ou méchant ou magicien. D'Aubigné parle souvent de lui ailleurs (dans la *Conf. de Sanci*), et Bayle lui a donné un ample article. L. D. — Pierre-Victor Palma Cayet (ou Cayer), né en 1525, à Montrichard, personnage bizarre, un peu fou et très savant pour le temps où il vivoit, fut disciple de Ramus et converti par lui au protestantisme. Après avoir voyagé en Allemagne et en Suisse, il fut nommé pasteur à Montreuil-Bonnin, près de Saumur. Attaché ensuite à la personne de Catherine de Bourbon, avec le titre de son prédicateur, il vint avec elle à Paris et occupa la chaire de professeur d'hébreu et des langues orientales. En 1595, il avoit été déclaré incapable d'exercer le ministère, à la suite d'une accusation de magie et d'immoralité portée devant un synode, où il refusa de comparoître. Peu après, il abjura le calvinisme. Il est fort

promis de m'en amener une au montouer [1] par enchantement.

CHAPITRE XII.

Histoire de Cayer.

Enay.

Et croyez-vous que Cayer en sceust plus que les autres?

Fæneste. Ha, monsur! il m'a monstré des libres de magie compousez par lui, de dus pieds de haut; il m'a fait boir dans une couque d'uf [2] où il

difficile de savoir si sa conversion fut sincère, ou si, comme le prétendent les écrivains protestants, il n'entra au giron de l'église romaine que lorsque les réformés l'eurent rejeté de leur communion. Cayet recherchoit la pierre philosophale et s'occupoit de chimie. Il n'en falloit pas davantage alors pour passer pour magicien. D'Aubigné, Bayle et Le Duchat lui attribuent un écrit, qu'aucun d'eux ne cite et n'a lu, qui n'a même jamais été imprimé, et que Cayet auroit confié à Robert Estienne pour le publier. C'étoit un *Discours contenant le remède contre la dissolution publique :* or ce remède auroit été l'établissement ou l'autorisation de maisons de tolérance. Cayet a nié qu'il fût l'auteur de ce discours, mais, pour presque tous ses contemporains, il passa pour l'avoir au moins annoté et approuvé. Quoi qu'il en soit, les protestants se sont déchaînés contre lui avec tout l'acharnement dont les partis politiques et religieux poursuivent les transfuges. Ils lui ont imputé fort gratuitement tous les vices et tous les crimes. Cayet mourut à Paris en 1610, après avoir été ordonné prêtre et reçu docteur en théologie. Il est auteur d'un grand nombre d'ouvrages de polémique et d'histoire, ainsi que de plusieurs traductions du latin, de l'espagnol et de l'allemand.

1 Métaphore empruntée à l'équitation. Le *montoir* est une borne d'où l'on monte facilement à cheval. On dit d'un cheval docile, qu'il se laisse bien amener au montoir.

2. Gabriel Naudé, dans son *Apologie des grands hommes ac-*

faiset lou petit home abec des germes, des mandragores, de la soie cramausie et un fu lent, pour parbenir à des choses que je ne bus pas dire. Il m'a monstrai les images de cire qu'il faisoit fondre tout vellement pour eschauffer le cur de la galande, et celles qu'il blessoit d'une petite flèche pour faire perir un prince à cent lieues de là... Qu'en poubez-bous dire?

Enay. Je croi qu'il étoit enchanteur comme les autres.

Fæneste. Et quoi! bous autres ne croiez-bous ni Anges, ni Demons?

Enay. Nous serions Sadducéens, comme un heretique de ce païs, que je ne vous nommerai pas, pource qu'il a fait semblant de se repentir[1]. L'Ecriture nous apprend qu'il y a des enchanteurs et des sorciers : les premiers rares, tesmoin qu'un duc de Savoye a despendu cent mille écus à en chercher ; les autres trop frequens, au nombre desquels je mets Cayer, qui s'étoit donné au diable par cédule signée de sa main, stipulée de la main de l'acquéreur... Vous avez ouy dire son horrible mort ; mais j'ai veu entre les mains de monsieur Gilot la pièce originaire[2], lors que la cour deliberoit pour faire brûler son corps ou le pendre à Monfaucon les pieds en haut ; mais on trouva des seigneurs et des dames de si haute estoffe qui participoient à ces horreurs, qu'on etouffa cette ordure, comme on fait aujourd'hui d'autres, qu'on estime être plus seur de

cusez de magie, ch. 14, parle d'Arnauld de Villeneuve, accusé par quelques uns [dans Mariana, *Rer. Hispanic.*, liv. 4, ch. 9], d'avoir le premier essayé la génération d'un homme dans une courge. Seroit-ce quelque chose d'approchant qu'on imputeroit à Cayet? L. D.

1. Je soupçonne que d'Aubigné veut parler de lui-même.

2. *Sic*, éditions de 1617.

100 LES AVENTURES

faire pourrir en nostre sein, que de les mettre hors, en evidence ; et là, le paroitre n'est pas à propros.

Fæneste. Est-il brai qu'il aboit aussi bendu au diavle son beilet et son mulet[1] ?

Enay. C'est ce que je ne sai pas bien.

Fæneste. Il bous fit pourtant grand mal quand il bous quitta.

Enay. Il ne nous quitta pas, il fut chassé, et nous ne tenons pas à desavantage que telles gens ne peuvent durer parmi nous.

Fæneste. Le chassastes-bous pour la magie?

Enay. Il ne fut au commencement accusé que de deux livres, l'un par lequel il soustenoit que la fornication ni l'adultère n'étoient point le peché deffendu par le septième commandement, mais qu'il deffend seulement τὸ μοίχον χεύειν, voulant toucher le peché d'Onan, et là dessus eut la sacrée société pour ennemie[2]. L'autre livre estoit de restablir les bourdeaux ; mais sur son procès intervint l'accusation de la magie, et nous eusmes les livres qu'il avoit escrits au Teil Chauvin de tout cela. Il n'est pas que vous n'aiez veu un sonnet à sa louange, qui a fort couru?

Fæneste. Je ne l'ai poent beu, ye bous prie de me le donner.

---

1. On fait le même conte du docteur Faust, dont, pour le dire en passant, Palma Cayet a traduit l'histoire d'après la légende allemande.

2. « M. du Moulin, préface des *Eaux de Siloe*, nous apprend que Cayet, ayant fait approuver par la Sorbonne un livre qu'il publia peu après contre lui, cela n'empêcha point que les jésuites ne le fissent vespériser et traiter rudement, et ne le décriassent par les prônes, en sorte qu'il fut flétri pour jamais. » L. D. Notes sur le chap. 2 du livre I, de la *Confess. de Sancy.*

Enay. Je le sai par cœur ; il y a ainsi :

Huguenots, vous croiez qu'au doux sein de l'Eglise
Sont nourris et sauvez les fideles sans plus :
Nous disons que parmi les agneaux, les eleus,
Elle embrasse les boucs et les loups favorise.
Cayer voulut loger les putains en franchise,
Canoniser pour saints les verolez perclus.
Nostre Eglise l'a pris quand vous n'en vouliez plus.
Catholique, il poursuit encor son entreprise.
La paillarde le veid martyr pour les bordeaux,
L'avocat des putains, sindic des macquereaux ;
Elle ouvre ses genoux, l'accolle, très humaine,
Honteux, banni, puant, verolé, ladre vert.
Huguenots, confessez que l'Eglise romaine
Tient son giron paillard à tous venans ouvert.

Fæneste. Cet home aboit proumis au maneschal de Ferbaques plus velles chauses du monde, et debois en estre.

CHAPITRE XIII.

Du marechal de Fervaques et des clercs du Palais.

Enay.

Comment est-ce que le marechal, avec qui vous avez eu tant de privauté, ne vous a avancé ?

Fæneste. Oi vien, privauté, oi !... si vien qu'un embius, comme ye contois que lui et moi abions fait quauque chause, me respond : *Etiam nos poma natamus.*

Enay. C'est un emblême d'une maison tombée dans l'eau, là où les estrons allant à nage avec les pommes disent ce mot ; et les ruines des grandes maisons font nager les excremens les plus vils avec les meilleurs fruits. Cela seroit bon pour les champignons de ce temps, et non pas pour vous.

Fæneste. Si lors ye l'eusse entendu, il y eusse eu de l'asne [1]... Ye recevois tousjours quauque affront abec ces Nourmans. Un yor ye les ouis rire par une fenestre qu'ils me regardoient marcher par la ruë. Pour bous dire, ye ne marche pas en bourgeois ni en Recoulé [2] ; ye bai un pu de grabitai, trainant une yamve à la cadence de la teste, come font tous les galands homes... Ces paillards, en donant l'escu, depeschent dus tambours, qui prenent leur marche de ma mesure. Je pensois au comencement qu'ils vatissent la garde, et ne bous mentirai pas, que, come ils prenoient la pene de s'assujettir à ma desmarche, aussi abec quelque plaisir ye m'adonnois à lur cadence... Je m'apperceus enfin qu'autant de ruës que ye changeois, ils en changeoient aussi. Ye m'arrestai et eux aussi ; ye repars, ils vattent aux champs...Quand ye fus vien las, ye fai ferme, et lur demande : Pourquoi benez-bous par tout où ye bai ? Eux respondent : Pourquoi allez-bous par tout où nous benons ?—Pourquoi sonnez-bous quand je marche ?— Eux : Pourquoi marchez-bous quand nous sonnons?—Pourquoi ne sonnez-bous pas quand je m'arreste ? — Eux : Pourquoi bous arrestez-bous quand nous ne sonnons plus ?

1. Il y auroit eu de l'âne. Il y auroit eu quelqu'un qui se seroit trouvé un âne.

2. Avec l'air humble d'un Recollet.

De mesme sur la marche à l'accord et sur l'accord à la marche. — Enfin, di-ye, ye boi vien que bous estes des vouffons : pou ! cap de you ! you bous fendrai lou parchemin. — Nous bous mettrons la caisse dans la teste [1], come au curé de Sant-Eustache [2]. Ye mis la men sur la poignée de l'espée, eux sur les lurs... Enfin, le plus veau que ye puisse faire, c'est d'entrer chez un fourvissur.

Enay. Vraiment, cette champisserie [3] n'estoit que gaillarde ; j'en vis faire autant sous la halle de Nyort à un gentilhomme qui avoit un de ses bas de chausses bandé au haut de la cuisse et l'autre en courcaillet [4].

Fæneste. J'estois vien de même, mais cela ne me separa poent [5] ; et mesmes quelques vadineries que ye

---

1. Pour : la tête dans la caisse.

2. Un prêtre, importuné pendant son sermon par le tambour d'un bateleur célèbre (maître Jean de Pont-Alais, chef de la bande des *Enfants Sans-Souci*) qui attiroit la foule autour de lui, sort de l'église et fend le parchemin du tambour ; le bateleur le lui jette sur la tête et l'en coiffe. En cet état, le curé remonte en chaire pour demander vengeance à ses ouailles, qui le reçoivent en éclatant de rire. — V. Contes de Bonaventure Des Periers, p. 140, éd. de Ch. Nodier et du bibliophile Jacob. — Il faut noter que Desperiers ne nomme pas le curé. Probablement quelque tradition huguenote attribuoit l'aventure à celui de Saint-Eustache.

3. On appelle de la sorte, en Poitou, une querelle entre gens de néant, *terræ filii*, tels que les champignons, qui viennent sans semer. L. D.

4. Petit sifflet qui imite le cri des cailles, et sert d'appeau pour les attirer. Il est fait de cuir qui se plisse en rond, s'étend, et qui se resserre pour former ce bruit. On a porté autrefois des habits, des chausses faites en courcaillet, parcequ'elles étoient plissées de la même manière que cet appeau.
(*Dict. de Trévoux.*)

5. J'étois bien, d'ailleurs, auprès du maréchal, et ce n'est pas pour cela que je l'ai quitté.

receusse chez lou maneschal, si la guerre à la huguenotte eust començai, ye lui abois promis une petite brigade du païs. Ye lui eusse mené quauque huict mille harquebusiers et dux mille chebaux, force cabdets... Mais ye fus irritai par d'autres biedaseries : come un yor ils firent partie en disnant, une bintaine, sans les beilets, de s'aller praumener dans la salle du palais tous esperonnez [1] à quatre hures. Ye me mis de la partie. La taquanerie [2] fut qu'en montant lou degrai, les laquais outerent les esperons de leurs maistres, et les miens me demurent. Quand nous fusmes dans la sale, eux-mesmes m'accusèrent. Beci aussi-tost à mes yamves de petits vasochiens ; et moi à trucs [3], pensant qu'us [4] en fissent de mesme... Les boilà tous à rire, et moi offensé des pugnades que firent ces maraux. Ils m'enlebirent sur lurs testes, bous eussiez dit qu'ils me bouloient faire leur roi... Et patience pour cela, n'eust esté que les petits me donnoient par dessous quauques foissades d'espingles. Quand ye fus eschapai, ye dis tout haut que quiconque aboit fait cela avoit fait le sot, ce qu'ils avouèrent. N'estant pas satisfait, y'appelai traitre un qui monstroit à escrimer aux payes. Il me print par la men et me dit à l'oureille : Allons au Prai-aux-

1. Peut-être y a-t-il là une allusion à une aventure arrivée au fameux Concini, en 1610. « Il étoit entré, par mégarde, dans une Chambre des Enquêtes, sans songer qu'il avoit des éperons d'or à ses bottes. Suivant l'usage du palais, c'étoit là une grosse inconvenance ; et les jeunes clercs, milice turbulente de la justice, avoient voulu venger la dignité de son sanctuaire en déchirant les habits du cavalier, qui s'étoit tiré de leurs mains avec peine. » Bazin, *Hist. de France sous Louis XIII*, I, 71.

2. Trahison.

3. A leur donner des coups.

4. Mes compagnons.

Clercs. Ye lui respondis de vone feiçon : Vous n'abez rien à me commander... C'est pour bous dire que ye n'estois pas sur mes armes [1] : ye n'abois qu'une petite foi de gentilhome [2]; mais après ye lui ai emboié lou villet, et depuch ye bai equipai come bous boüiez.

CHAPITRE XIV.

Conte de Mathé, des quatres Curez.

[*Enay*.

Si vous eussiez mené la brigade promise au marechal en Aunix, pour le jour de l'entrée, vous eussiez été le bien receu.

Fæneste. Ah! diavle, ce n'estet pas la huguenotte, et puch abec cette trouppe y'eusse fait telle poussière que nous n'eussions seu boir la bille, ni elle nous.

Enay. Voilà une belle discretion... Mais, à propos de n'être pas sur ses armes,] [3] il arrive de grands accidens faute d'être preparé. Voiez-vous bien ce faux paisan avec ses nousilles [4]? il lui est arrivé une avanture qui n'est pas excellente comme les vôtres de la cour. Je vous la dirois, mais il me fâche de vous faire un conte de vilage.

Fæneste. Ne laissez pas, Monsur : ils sont par fois les millurs.

---

1. Bien armé.
2. Petite épée moins pour le combat que pour montrer que celui qui la porte est gentilhomme. De là son nom.
3. Le passage entre crochets manque dans l'édition de 1617. Il a été ajouté dans celle de 1619.
4. Noisettes, m. poitevin.

Enay. Ce compagnon est un macquereau de village. Il entreprit tout à la fois quatre curez et leurs quatre chambrieres. A chacun des curez il dit : Que voulez-vous faire de cette vilenne salaude, cette esdentée ? Je vous en veux donner une propre et honeste. Et dit aussi à chacune des garces : Que veux-tu faire avec ce vieux pourri, verolé, qui n'en peut plus ? Je te veux donner un maistre qui fait bonne chère : tu es encores jolie. Tous les huit aiant promis un present, il fit mettre les manches rouges [1] aux quatre chambrieres, et adimancher les quatre curez, et changea tout sans sortir des huit, et en eut un manteau, un chapeau et cinq pistoles ; donnant pourtant ordre que la moins vilenne fust à son propre voisin.—Un soir il lui faisoit l'amour par la fenestre en l'absence du curé, et n'aiant pu faire ouvrir la porte par promesse, enfin il la menaça que, si elle ne lui ouvroit, il emmeneroit le gorret [2], et s'en met en devoir, et Magdeleine de crier aux voleurs... Voilà le compagnon à la fuite. Le curé de retour, la fidelle ne faillit pas de lui dire dans le lict : qu'il y a des personnes qui font bonne mine aux personnes ; que, si les personnes savoient la fidelité d'une pauvre personne, qu'on ne penseroit pas... Il falut enfin qu'elle nommât le ribaut, et qu'elle lui donnât assignation au lendemain soir, que M. le curé fit semblant d'être aux champs : cette entreprise faite sur d'autres de même qu'ils avoient leuës en Bocace. Mathé ne faillit pas à l'assignation sur les onze heures... Le malheur fut que le curé ne se trouva pas sur ses armes, non plus que vous ; il se souvint pourtant d'une arbaleste dont son valet, lors en Limousin, alloit quelquesfois tirer

---

1. L'habit du dimanche.   2. Le cochon du curé.

aux garennes du Fié. Il demande à Magdeleine où est l'arbaleste? — Je l'ai, dit-elle, fait bander après disné. Il la falut aller querir sans chandelle, de peur que Mathé ne vid le feu à travers la porte. C'estoit une arbaleste à rats [1] que cette vieille apporta au penart, lui monstrant comme il la faloit desbander. Là-dessus il fit ouvrir la porte, il met le doigt au pertuis en delaschant [2]... Ce fut à crier à plenne teste, et Mathé à se sauver, et aux voisins, qui accoururent au scandale, à deviner qui tenoit ce pauvre homme.

CHAPITRE XV.

Theologie de Surgères, querelle du baron.

Fæneste.

oilà vōne histoire de bilaye. Toucque la men, crouquant [3], ye suis ton camerade d'abāntures amouruses!—Al'autre biage que ye fis à Surgères, ye me fis traitter de quauque mau de Paris; ye fus esmeu de debotion, et par le conseil de la Dame du liu, qui me fit present de l'argument imbincivle de son paire, y'allai à Sant Rigoumé [4] de Maillezais.

1. Je ne connois pas cette sorte de piége; il faut croire qu'il se compose d'un arc dont la corde étrangle le rat qui saisit un appât, et qu'il a quelque ressemblance avec une arbalète.

2. En lâchant la détente de l'arbalète, il mit le doigt au trou dans lequel l'appât étoit préparé, et son doigt fut pris par le ressort.

3. Touche-moi la main, paysan.

4. Corrompu de *S. Ricomerus* ou *Ricomarus*.

Enay. Ne passons pas sans voir cet argument invincible.

Fæneste. Je le garde cherement, car il a rendu muets tous bos ministres ; toutesfois un yune home de Maillezais y mit au bas quatre mouts en Grecs... Tenez, belà le tout.

Enay Je voi bien : Οὐ διαλεκτέον ταῖς μεταφοραῖς ; il dit vrai, et vostre Sorbonne dit que : *Theologia allegorica non est argumentativa.*

Fæneste. Cap Sant Arnaut! trop en sabez per esta notari! —Après les ceremounies faites, ye m'accoustai de la chamvriere d'un moine, qui me donna assignation dans le cavinet d'un grand jardin ; il me fallut passer sur un pont: ye me troubai cap vas et pés en sus [1] dans lou connibert [2]... Ils disent que Sant Rigoumé guerit de la coulique, mais pour cette hure il m'en vailla la malausie [3].. — Je ne me soubenoi pas de l'escrimur que ye bous ai contai, qui m'aboit appellai [4]... Par lou villet que ye lui enbouiai, ye lui donnai assignation à demie lieuë hors des fauxbourgs, à l'endret du clocher sante Genebiebe; ye n'abois garde de prendre lou costai de Vissestre, de pur de la pur que y'eus de l'enchantement. Ye m'en allai aux pierrières [5] de Baugirard, où quauquefois ye me mettois à coubert de la vize... Ye ne sai

---

1. La tête en bas et les pieds en haut.

2. Fossé.

3. La maladie. Je trouve dans la légende que saint Ricomer guérit une femme de la fièvre, et qu'on en prit occasion pour l'accuser de séduction. Il se justifia en présentant un cierge éteint qui se ralluma miraculeusement sans feu.

4. Le mot de *connivert* rappelle au baron une autre histoire, qu'il commence sans transition, selon son usage.

5. Carrières.

pas si lou galland se pourmena longtems; mais pour se banger, il me donna assignation, comme la Cour estoit à Moulens, pour nous vattre au Grand Jardin. En pensant aller à lui, ye me ronce dans l'autre connibert.

— C'est grand cas quand dux opiniastres sont ensemvle, ils ne bulent rien laisser aller. Lou Maneschal de Viron, y'entens lou dernier, estant à Cheyoutonne, m'accorda une querelle abec un auverean de là près; nous fusmes sur lou pré... Ye m'arrestai sur un petit tuquet[1] plus haut pour boir au loin, de pur de superchérie. Lui, qui estoit au pré, me dit que ye descende; moi lui dis qu'il monte. — Biens à moi, disoit l'un. — Biens à moi, disoit l'autre. Chacun bouloit garder son haunur. Nous fusmes si longtemps sur lou : Monte çà haut, et sur lou : Descends çà bas, que lou mounier et sa femme se mirent entre dux.

Enay. C'est bien fait d'aviser aux superchéries; est-il possible qu'en tant de querelles, il ne vous en soit point arrivé une?

CHAPITRE XVI.

Combat de Corbineau.

Fæneste.

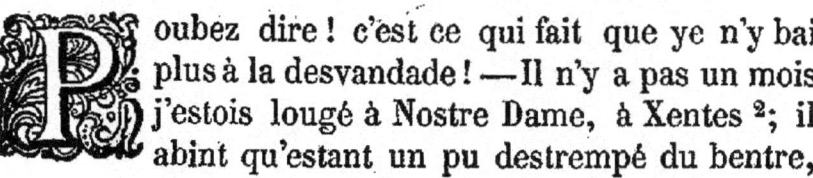

oubez dire! c'est ce qui fait que ye n'y bai plus à la desvandade! — Il n'y a pas un mois j'estois lougé à Nostre Dame, à Xentes[2]; il abint qu'estant un pu destrempé du bentre,

1. Élévation de terrain.
2. Au faubourg de Notre-Dame, à Saintes, sur la rive droite de la Charente.

ye mettois au soir le cul à la fenestre. Un fadas [1] de seryent, nommé Corvineau, dans la porte duquel alloent quauques ourdures, m'aiant menacé auparabant, m'espia si à perpaux, que lui et sa femme me tirerent tout d'un temps, lui, une pistoulade sans valle, et sa femme une seringade qui m'emplit chausses et perpunt de sang. Ye m'escrie à la lumière ! Y'us lou varbier, qui, aiant accomodé son premier appareil, me laba toute la region du darré à veau bin vlanc tiede, et puch, ne troubant rien, me bouluт quereller, me pourta lou pung près lou bisage, me disant qu'il n'estoit poent beilet d'estubes [2], mais chirurgien des vandes [3], et que ye lui ferois raison. C'estoit un grand paillard, havile home, et y'en estois en pene ; mais ye seus par les voisins la veste qui aboit fait lou dommage : c'estet ce Corvineau, dont, pource qu'il estet estropié d'un vras et d'une yambe, ye l'appelai à chebal, au Pré lou Roi [4]. Le courdelier à qui ye me confessai abant aller au comvat me dit gouguetes de ce paillard, et me le despeignit come le fraudeur des ruses que bous boiez en Amadis. Il se troube donc à l'assignation, dit qu'il me bouloit bisiter, de crainte que y'eusse cuirasse. Que fit lou despouderat [5] ? Il mit vas la vride de mon roussi, et de mesme temps lui done de la vourde [6] sur veau nez pour lui faire tourner la teste. Ye mis l'espée à la men,

---

1. Un grand fat.
2. Valet de bain.
3 Des bandes, c'est-à dire, je crois, chirurgien militaire.
4. On appelle Pré-le-Roi, à Saintes, le terrain compris entre l'abbaye Sainte-Marie-des-Dames et la Charente.
5. L'impotent, l'estropié. L. D.
6. De la bequille. L. D.

pensant lui donner un pic[1] par dessus l'espaule ; il pare de la vourde et tourne à pics sur moi ; et boilà mon chebal dans lou fauxbourg des Dames : noutez que c'est un yor de marché, où il y aboit force cabales. Boilà mon diavle après ; le bilen me suiboit tousjours à pics et foissades[2] avec sa vourde. En chemin se troube lou praube chanoine Roi, qui alloit à Thérac ; cette meschante veste lui mit les jamves sur les espaules et embesse[3] sa yument. Boilà lou puble à rire, et mon Corvineau, me boiant assez envesongné, me dit : Faittes, faittes, et bous en benez. [Encor lou pis fut des pitaux qui à velles peyrades, et vastons bolants, vouloyent separer le chebal et la yument, dont y'eus par l'eschine force trucs et vastonades, ce que je ne pris pas au poent d'haunur, car ce n'estoit pas à bon escient ; d'aillurs force canailles qui chantoient au tour de moi *Jehan Foutaquin*[4]... Que boulez-vous, ye ne peux pas tous les appeller en duel.][5] J'ouvlie à dire, comme il me poursuiboit, qu'il crioit bictoire ! Ye n'eus patience de tout le monde que ye ne fusse appoenté. Lou maire, qui faiset l'accord, havile home, m'alègue son estropiement, que j'estois demuré lou dernier sur le lieu, et qu'enfin s'il estoit moi, il se contenteroit ; ye fus donc prié d'ouvlier.

Enay. Je croi que si eust-il fait, s'il eust été vousmêmes ; mais pour le conte, je vous prie, ne me

---

1. Coup.
2. Coups de pointe.
3. Couvre.
4. *Jean foutaquin turelurelure* est le refrain d'une chanson, au feuillet 111 b. de la 2ᵉ partie de la traduction françoise du livre de la Lesine. Par., 1604. L. D.
5. Passage ajouté dans l'édition de 1630.

priez pas de l'oublier. En tout, je dis que voilà une notable supercherie, et si n'est point faite à la cour.

CHAPITRE XVII.

Enchantemens à la Cour sur les amours du baron.

Fæneste.

Je bis raconter dans la chamvre du roi une querelle semvlavle et un beau prouceder. Ye boudrois aboir donné cent pistoles de la coupie. C'est l'excellence de la cour : ostez-en les dames, les duels et les balets, ye ne voudrois pas bibre. Là et aux champs y'ai tousjours troubé force embius à ma fortune. Mais, pour laisser là lou bilage, ye bous dirai que ye m'accoustai d'un courtisan qui s'appelloit Sant Phelis[1], home vien benu chez tous les princes et princesses. Cettui-ci, m'ayant ouï faire cas des enchantemens, me dit qu'il en saboit plus que Cosme[2], Cæsar[3], lou petit prestre, lou curé Sant-Satur-

---

1. Probablement Saint-Félix ; il y avoit une maison de Languedoc de ce nom.
2. Cosimo Rugieri. Voir L. II, chap. X.
3. Cæsar. Nom de guerre de Jean du Chastel, fameux affronteur. Voyez le *Merc. franç.*, t. 4, sous l'année 1615. L. D. — Jean du Chastel, connu sous le nom de César, « renommé affronteur, qui a tiré de l'argent de tous les curieux de son temps, pour leur faire voir des diables ou pour leur faire trouver des thrésors, et puis s'est moqué d'eux. » (*Merc. franç.*, an. 1615, t. 4, p. 47.) Il mourut en 1615, et l'on publia qu'il avoit été emporté par le diable.

nin¹, que messire Loüys de Marseille², qui aboit tant consacré de crapaux, couché abec six bingts bierges par enchantement, mangé tant d'housties de nabeaux; qu'il en saboit encores plus que ces dux prestres de qui bous boyez les procès imprimez, et que, sans tant de mysteres, si ye boulois, il me meneroit en une vonne compenie, ou il passoit les soirées, sans que ye fusse bù... Pour m'assurer davantage, il me gagna un laqués qui s'appeloit Vulpin. Il me fit mettre mon manteau à l'embers et mon chappeau la gule³ en sus⁴, prendre de chaque men de la cendre, yetter de l'une en vas, de l'autre en haut en disant: *Tafsius ei*⁵. Cela dit, y'entre dans la chamvre où estoient ses beilets et le mien; un d'ux me tocque bentre contre bentre; mon laqués me done d'un tros per los de la yamve⁶. Ainsi assuré, ye m'en bois abec mon home chez une duchesse, là où une fille de chamvre qui empesoit, me vrida lou nas d'une confusion⁷ par mesgarde, et moi de sous-rire. Le yor d'après, il m'y mena en chebal; toutes les dames fuioient et se cachoent sous les licts, parcequ'il me faisoit ruer;

---

1. Je n'ai pu découvrir quels étoient ces deux personnages, mais, à cette époque, le nombre des magiciens pratiquant à Paris étoit très considérable.

2. Louis Gaufridi, prêtre brûlé comme magicien par arrêt du parlement d'Aix, en avril 1611. Son procès, imprimé, fait un gros in-octavo, où on voit des démons déposer contre l'accusé. L. D.

3. La gueule, c'est-à-dire le fond du chapeau.

4. Le chapeau retourné, ce qui étoit facile avec les feutres mous dont on faisoit usage alors.

5. Plus bas: *tevo fel saruaut*, et plus bas encore: *te uof el jar vai*. Lisant de la droite à la gauche, on aura la clé de tout ce beau grimoire. L. D.

6. Me heurte à l'os de la jambe. L. D.

7. Confusion. Fraise à la confusion. L. D.

mais quant Sant Phelis bit que les beilets benoient à l'alarme avec fourches, chamvrières abec nerfs de vuf, il me mene entre dux portes, me remet lou mantel et lou chapeau : boilà la paix faite. Un autre your il me mene en lion, et un autre en asne, et me menoit par l'oureille ; et puch, quand ye fus debenu amourux de la dame, il me changea un yor en un escaveau, surquoi Ferbaques s'assioit près d'elle ; le rivaut me fit ploier les rens en se laissant choir sur moi. Ye pris plaisir d'entendre de lurs amours ; par fois il disoent mal du praube varon de Fæneste... Enfin, mon goubernur s'abisant que les yamves de l'escabeau plioient, et suoit à grosses gouttes, il s'en bint dire au Maneschal : Si bous boulez estre au coucher du roi, il est temps ; ensi il me delibra d'un pesant fardeau. Quand nous eusmes ensi plusieurs fois fait de les nostres, il s'abisa d'un veau plaisir : un soir il me mena vien bestu, et, quand ye fus dans la salle, tout lou monde me prenoit pour nud, et me changea les mots, me faisant dire au lieu des premiers : *te vo fel saruaut*. Les yunes dames s'estonoient, se cachoient ; les bieilles et les beilets prenoient des centures[1]... Alors il me saube dans la garderove, et monstra que c'estoit par enchantement. En nous retirant, au soir, je m'abise d'un vrabe trait : — Cette dame, dis-ye, me met la men sur les chausses en debisant : ne me sauriez-bous mener là dedans tout nud, et que ye semvlasse bien bestu ? — Autant fassible l'un comme l'autre, dit mon home. Le soir du lendemain benu, il me mene dans une petite garderove, et là m'aida à despouiller. Quand y'eus osté la chemise, y'eus quauque appre-

1. Pour le fouetter.

hension, me soubenant le soir auparabant que les dames m'aboient dit : Ne benez plus ensi tout nud, on bous descouplera des fouëtteurs. Je dis à Sant Phelis à l'oreille : — Ye me troube moi-mesme tout nud... Lui me replique en coulere :— Et où est l'haunur? Hé depuis quand la pur au baron de Fæneste? Ce fut assez dit : ye saute en la salle comme un lion, et dames et filles à gagner la porte du jardin... Noutez que le meschant Sant Phelis bouloit aboir son plaisir de tous, tellement qu'ils n'estoient poent abertis. Tout lou mal que y'eus, fut une belle damoiselle et une fame à chaperon[1] et dux petits payes qui aboient quauques centures et quauque vusc... Après quauques essuyades[2], ye gagne la garderove, où ye m'enfermai. L'excuse de l'architecte[3] fut que nous abions failli aux mouts, qui estoient *te vo fel jar vai.*

Enay. Tous magiciens sont sujets à faire des fautes, car le diable est trompeur.—Je ne m'étonne pas si vous dittes que qui n'est à Paris n'est en nul lieu; vous n'eusiez pas trouvé ce plaisir aux villages. Le profit de vostre histoire est sur ce mot : *Où est l'honneur?* C'est une resolution qui mene les gens aux coups, non pas seulement de ceinture et de busc, mais au gibet et à l'echaffaut. J'en sai qui ont pris la verole par honneur, et à ce propos je vous veux rembourcer d'un conte empour les vôtres, duquel le mot pour rire est cet honneur; seulement, vous veux-je faire souvenir que l'estre et le paroistre tombèrent d'accord en votre accident.

---

1. Le *chaperon* étoit la coiffure des bourgeoises et des marchandes.

2. Quelques coups reçus.

3. L'inventeur de cette mystification.

Fæneste. Tant y a, bouyant qu'on me faiset la guerre au Loubre de ces foulies, ye m'en bins de despit en cette expedition... Mais, ayons donc boste conte.

CHAPITRE XVIII.

Aventure sur Brilbaut, et sur le mot : Où est l'honneur ?

Enay.

Le roi de Navarre, étant lors à Agen, avoit promis à une vieille maquerelle, nommée Maroquin, de lui donner une nuitée de sa Majesté, pourveu qu'elle lui livrât une de ses belles sœurs. (La vilenne avoit quelque verole et la peau grenée, dont elle avoit eu ce nom.) Un soir que ce prince se deroboit par l'ecurie, avec le sieur de Duras[1] et quelques autres, et Peroton qui portoit l'échelle, un jeune rousseau qui s'appeloit Brilbaut[2], toujours brillant, se faisant de fête, quoi que souvent repoussé, se mit de la compagnie, mal venu du commencement ; mais quand l'escalade fut posée à la fenestre, il prit un mal de cœur au roi en pensant aux boutons qui servoient de poinçons[3] à la nymphe : il se repentit donc d'achepter si cher un repenti ; il se tourne à Brilbaut, lui demande s'il étoit son serviteur ? L'autre ayant protesté : Allez,

---

1. Jean de Durfort, vicomte de Duras, chambellan ordinaire du roi de Navarre, mort en 1587.

2. Jean-Baptiste de la Châtre, seigneur de Breuillebaut (on prononçoit Brilbaut), maître d'hôtel de Marguerite de Valois, écuyer du roi de Navarre en 1573. Il mourut en 1615.

3. *Poinçons*, épingles de pier-

dit-il, pour moi, et revenez sans parler.— Jà n'avienne, dit Brilbaut, que je me mette à la place de mon maistre ! Le roi adjoute : C'est manque de courage. Où est l'honneur ? Si vous en avez, vous ferez ce que je commande. Quand le paladin veid qu'il y alloit de la reputation, il saute en l'échelle, comme vous fistes en la salle, trouve la fenestre ouverte, il entre et va au lict, où il fut receu avec harangues basses et baisers. Il voulut bien executer tout habillé ; mais la dame dit que ce n'étoit pas fait en prince. Elle donc le deschausse et lui oste le pourpoint. Entre les linceux, la courtisane voulut du preambule :— Quoi, sire, ne saurai ye aboir une parole d'un prince qui fait tant d'haunur à une praube damiselle ? Tant fut pressé le muet qu'il falut dire à l'oreille : Parlez bas, je ne suis pas le roi. — Que diavble estes bous donc ? lui repond-elle... Il n'eut pas sitost respondu : Brilbaut, que la voilà crier à pleine teste : Bous es Brilbaut ? bous es lou diavle ! Au murdre ! aux bolurs ! Et puis elle court à la fenestre crier à l'arme, arme, arme ! Elle voit que les autres avoient laissé l'échelle : elle avance le bras pour la renverser, et, n'y pouvant toucher, se mit à crier arme plus que jamais. L'amant aventureux entendit en la chambre du dessus remuer deux capitaines, frères de la diablesse. Durant qu'elle travailloit à l'échelle, il gagna la porte de la chambre, puis une galerie, saute dans la bassecourt, passe par dessus un puits et dans le jardin d'un conseiller, où étoit logé le sieur de Frontenac[1], qui lors étoit avec le roi. En esjambant par dessus une treille, le com-

reries. Il y a ici un jeu de mots sur le double sens du mot *bouton*, tumeur, et bijou.

1. Antoine de la Buade, seigneur de Frontenac, de Pontchartrain et de Palluau, écuyer

pagnon tombe entre des branches, la chemise troussée
sous les esselles, les bras enveloppez dedans ; le voilà
pendu sans se pouvoir despetrer... En cette posture, il
entend toute la ville en rumeur, criant aux armes ! dix-
huit ou vingt tambours par les rues, les trompettes et
les cloches. Il ne se debattoit plus pour se depestrer,
quand les valets du sieur de Frontenac courent par dessous la treille porter les armes à leur maistre ; le premier donne du moure[1] de la salade dans une cuisse,
et de la creste dans les genitoires du fantosme, et tombe
en arrière du coup. Celui d'après, voyant cela, blanc, en
l'air, et son compagnon à bas, se met à crier : *Avete,
omnes spiritus*. Mais le pendu repondit : Hé ! mes amis,
ayez pitié de moi ! A cette parole les deux coquins se
resolurent de le prendre ; il ajoute : Ne me montrez
à personne, et je vous ferai un present. Alors ils crurent
que c'étoit un des traitres dont venoit l'alarme ; si, le
menèrent prisonnier sur sa foi dans un coin de l'esta-
table, lui donnant pour le couvrir un caparasson bleu
bandé[2] de blanc et de jaune. Le prisonnier, ne sachant
comment appaiser toutes choses, les prie de ne s'emou-
voir point, les asseure que ce n'étoit rien, qu'il racom-
moderoit tout, que ce n'étoit pas à lui à monter à l'é-
chelle, qu'il avoit été trompé. Aiant oui ces propos, un
valet de chiens picque à la chambre du roi assurer
qu'ils avoient pris un prisonnier qui étoit un des principaux de l'entreprise. Le roi commençoit à soupçon-

du roi de Navarre. En 1607, il
devint le premier maître d'hôtel du roi.

1. La pointe saillante de la visière du casque de cavalier,
nommé salade.

2. Avec des bandes blanc et jaune.

ner qu'au même temps de la folie fust arrivé quelqu'autre chose, quand le cadet de Frontenac, qui avoit porté de la lumière dans l'estable, vint avertir que c'étoit Brilbaut, qu'il avoit connu sans être decouvert. Quand la nuit et l'alarme furent passées, le roi voulut avoir la gloire de delivrer le prisonnier, s'en va avec joyeuse compagnie à l'estable respondre de sa rançon aux vallets, et l'emmenèrent tout boiteux, la tête passée dans la testière du caparaçon, dont Peroton portoit la queue, parce qu'il étoit trop long; et ainsi le menèrent dans la chambre du roi, où il fut receu honorablement, tout le monde criant : Vive l'honneur et l'amour ensemble ! — Rien ne fâcha tant Brilbaut qu'un pennache du mulet de Frontenac, que ces coquins lui avoient attaché par derrière.

Fæneste. Boilà le plus veau conte que y'ai jamais entendu; est-il possivle qu'il soit ainsi arribay ?

CHAPITRE XIV.

Sur l'Estre et Paroistre. Le coucher du Baron.

Enay.

Nous avons au commencement protesté de bourdes vrayes : nous n'avons rien dit en tout notre discours qui ne soit arrivé ; seulement avons-nous attribué à un même ce qui appartient à plusieurs. Le profit de tout nostre discours est qu'il y a six choses desquelles il est dangereux de prendre le paroistre pour l'estre : le gain, la volupté, l'amitié, l'honneur, le service du roi ou de la patrie, et la religion. Vous perdites vostre argent quand vous pensiez gagner ; vos voluptez de Paris vous ont donné des maladies ; vostre ami vous a fait fouëtter; l'honneur, battre et mepriser. Les deux derniers points sont de plus haute consequence, aussi en est la tromperie plus dangereuse; car ceux qui font paroistre desirer le bien public le desirent, mais pour soi. Et à ce propos il fut fait à Loudun[1] quelques couplets sur les zelateurs du bien public; quelqu'un y donna cette conclusion :

> Enfin chacun deteste
> Les guerres, et proteste
> Ne vouloir que le bien :
> Chacun au bien aspire,
> Chacun ce bien desire,
> Et le desire sien.

S'il y a du paroistre sans estre de ce côté-là, il n'y en pas moins de l'autre; mais l'abus du paroistre en la religion, qui est le dernier point, est le plus pernicieux, pource que le terme d'hypocrisie, qui se peut appliquer au jeu, à l'amitié, à la guerre et au service des grands, est plus proprement voué au fait de la religion. La condition de nos discours et l'heure qu'il est n'en permettent pas davantage, et nous convient aller dormir. Prenez ces chandeliers, vous autres... Allons, Monsieur.

Fæneste. Bous me faittes grand despit... Que ne dites-bous ces flambeaux? Ils sont de von aryent, et trop vien faicts pour bilage.

Enay. Allons, Monsieur.—Je ne vous ai pas demandé si vous voulez un mattras[2] : vous estes trop de la cour pour vouloir autre chose.

---

[1]. A l'occasion de la paix de Loudun.

[2]. *Sic* dans toutes les éditions. Il faut lire, je crois,

Fæneste. Cette chamvre ne sent poent trop lou bilage... Boilà tapisserie des Goubelins.

Enay. Bon soir, Monsieur ; usez privement de vostre serviteur.

Fæneste. Monsur, ye suis lou boste.

Enay. Ne faisons point le convoi de Limoges.

Fæneste. Coment?

Enay. Quelques Limousins passèrent une nuit à se convoier.

Fæneste. O vien, Monsur... — Auzits[1], Chervonière, Estrade : il se faut vien garder de frotter les vottes à la tapisserie de ceans, ni de rien desrover. Cap de you ! cet home ne se mouche pas du talon.

Cherbonnière. Encores ne savez-vous pas qu'il est ; je vous le dirai à l'oreille, car il ne veut pas estre nommé : c'est N...

Fæneste. O cap de you ! ye m'en bai dans sa cranbe[2] parler à lui... Ye ne bus poent de perpunt ; vaille lou manté[3]. — Comment, Monsur, bous ne me disiez pas qui bous estes ! Tout lou monde bous conoist : bous avez de si vones places, tant fait de serbices ; on bous a osté bos bieilles et noubelles pensions, bos garnisons n'ont esté paiées il y a dux ans, on bous pille, bous qui sauriez vien piller les autres ; et bous ne boulez pas que nous parlions de l'Estat[4] ! Y'ai appris quauque cause de voste secretari.

---

materas, selon la prononciation de cette époque. On peut conclure de ce passage qu'un matelas étoit alors un meuble de luxe, et qu'on couchoit ordinairement sur une paillasse.

1. Entendez.
2. Chambre.
3. Le manteau, en guise de robe de chambre.
4. D'Aubigné paroît ici se désigner lui-même.

Enay. Je n'ai point de secretaire; celui qui ecrit sous moi en pourroit trop dire, et je ne me veux pas venger par paroles de ceux qui me font tort, sachant bien endurer perte de vie et de biens de mon roi. Mais de ceux qui abusent de son nom, après avoir bien enduré, je me pourrai plaindre avec efficace.

Fæneste. Je bous bus monstrer demen matin que ye sai le secret de l'eschoule, et bous dirai des noubelles que bous ne sauriez bous empescher de repartir [1].

Enay. Bon soir, Monsieur; vous vous morfondez.

Fæneste. A Dieu sias.

1. Répandre.

LES AVENTURES
DU BARON DE FÆNESTE

LIVRE TROISIÈME

L'IMPRIMEUR AU LECTEUR.

Le baron, continuant ses voyages, nous a donné matière pour un troisième[1], lequel (suivant ma promesse), je vous envoie. Et pource que l'impression des deux premiers m'a esté comme arrachée des mains (bien que r'imprimez sur ma copie en plusieurs lieux et diverses fois), j'ai prié l'autheur de les revoir, ce que j'ai obtenu, avec augmentation de plusieurs bons contes et vers sur les sujets. Partant, je fais marcher les trois ensemble, et les deux aisnez les premiers. J'espère qu'avec le temps nous pourrons voir un quatrième, l'humeur du baron n'estant pas d'estre oisif, ni la mienne sans occupation.

I. M.

1. Livre.

CHAPITRE PREMIER.

La vie de Fæneste à Paris.

Enay.

Que cherches-tu, mon fils ?

Cherbonnière. Quelques espoussettes, un miroir, une chaufferette, un manche de cuillère, du bran de froment.

Enay. Mon ami, tu trouveras tout ceans; mais à quoi bon cela ?

Cherbonnière. C'est à trousser la moustache, à nettoier le cuir : nostre homme est propre comme un chandelier de bois aux choses qui paroissent; pour le reste...! Je lui ai vu mettre tout son argent en une fraise à grand' dentelle blanchie en Flandre, que, sa chemise étant pourrie sur lui, il n'en avoit plus du tout. Quelquefois, en passant païs, il empoigne la chemise à l'esparoi [1], et si la vieille le void, c'est en riant [2]. Cependant il est demie heure à se frotter les dents. Un matin estant à Paris au lever de mademoiselle Caboche [3], en fouillant toutes ses hardes de nuit, il arriva à une boëte d'ivoire;

---

1. Etendre le linge se dit en gascon *espara* : de là sans doute *esparoi*, nom de la corde qui sert à cet effet.

2. Il dit que c'est pour rire.

3. Caboche étoit un Mercure célèbre de la fin du XVIe siècle et du commencement du

lui, demandant ce qu'il y avoit dedans, et elle ne voulant pas dire que c'étoit de la fiente d'enfant qu'elle avoit toujours pour remede à la matrice, aima mieux feindre que ce fust pour blanchir les dents : aussi-tôt notre baron l'emporte dans le degré[1] pour s'en frotter à son aise; et elle lui ferma la porte de peur qu'il ne la batist.

Enay. Vraiment, mon ami, vous avez un honnête maître.

Cherbonnière. Il feroit bon avec lui si l'argent ne manquoit point ; mais à tous coups, faute d'or, nous ne pouvons avoir de monnoie.

Enay. Si, a-t-il assez bon equipage, trois valets de pied bien couverts.

Cherbonnière. Quand nous sommes à Paris, chacun pour soi et Dieu pour tous... Nous nous promenons aux soirs avec les compagnons de la Matte[2]; tout le jour nous joüons au brelant, ou, devant le Louvre, avec les petits dez chargez[3], et tous les avantages de cartes dont le baron s'est vanté à vous, et à quoi il ne sait rien du tout, et puis nous lui donnons son droit d'amirauté[4]. Quand nous sommes par païs, si c'est à la guerre, nous plumons la poule sans crier[5], nous brulons le

---

XVIIe. Dans une pièce du *Cabinet satyrique*, Sigongne lui fait rendre un arrêt sur le débat de deux maq..., Perette et Macette. Mlle Caboche étoit ou sa femme ou sa fille, ou toute personne qu'il avoit en pension pour l'exercice de son métier.

1. L'escalier, ou plutôt le pallier d'un escalier, formant une espèce d'antichambre.

2. Matois, filoux.

3. Pipés.

4. Sa part comme chef de la bande.

5. Prendre subtilement et avec adresse sans que personne y prenne garde. (Leroux, *Dict. comique*, au mot *Plumer*.)

village, c'est à dire que nous faisons semblant d'être fourriers. Nous nous mettons de deux ou trois logis tous en un, pour avoir argent des autres ; nous avons toujours quelques hardes perdues que nous leur faisons payer ; nous demandons du lait de truye [1] à l'hotesse ; l'un fait le mauvais, l'autre le Judas [2], et tout vient en partage avec les compagnons. Quand c'est en temps de paix, si nous nous mettons à l'hotellerie (ce qui n'arrive guères souvent), nous emportons toujours quelque serviette, et, s'ils n'y prennent bien garde, le linceul [3] ; mais le plus souvent nous logeons par honneteté en quelque mestairie, et puis aux noblesses [4] par fois, et, si nous avons affaire à gens qui n'ayent pas le courage de fouiller l'equipage, nous faisons sauter [5] ce que nous pouvons ; mais en un lieu comme céans, nous n'avons garde de jouer à ce jeu-là, car c'est moi qui leur ai appris qui vous étiez.

Enay. Vraiment, mon ami, je te remercie. Et comment me connoissois-tu ?

Cherbonnière. J'ai porté la pique à quatre cornes [6] dans la compagnie du capitaine Bourdeaux, votre sergent major [7]. Je me souviens bien quand vous pendistes de vos mains Patavast et ses quatre compagnons auprès de

1. C'est-à-dire toute espèce d'exigence inaccoutumée.
2. L'un fait beaucoup de bruit et menace, l'autre observe tout ce qu'il y a de suspect pour le dénoncer. Ce rôle de Judas devait être lucratif dans les guerres de religion de ce temps.
3. Les draps du lit.
4. *Noblesses*, maisons de gentilhommes, appellées de la sorte en Poitou. L. D.
5. Nous dérobons.
6. La halebarde, en langage de grivois. L. D. — A. Oudin traduit cette expression par le *sac du soldat.*
7. Fonction correspondant à celle de chef de d'état-major.

Barbezieux, parce qu'ils vouloient que l'hotesse leur gressast l'engein de beurre [1]... Mais vous leur fistes couper la corde, pourtant, par le capitaine Fonsalmois, que nous cachâmes plus de dix jours dans le bagage et au logis, pource que vous faisiez semblant de le vouloir tuer.

CHAPITRE II.

Vie de la dame de la Coste [2] et des Bohemiens.

Enay.

Vraiment, mon camarade, tu me donnes des enseignes de connoissance. Touche-moi à la main !

Cherbonnière. Et si, ai-je été nourri chez votre proche voisine, et c'est là où j'ai appris une partie de nostre façon de vivre ; car en Limousin, où elle a du bien, la pauvre noblesse ne s'en cache point, et appelle cela apprendre à gagner. Je sai galand qui a vendu quatre fois un asne, en lui coupant les oreilles à deux fois, la queuë à l'autre, et puis lui fendant les nazeaux. Je vous en dirois bien d'autres, mais il faut que vous sachiez ce qui nous arriva à Massigni. Ma maitresse avoit un coche de clisse [3], qui n'étoit gueres suspendu

---

1. Je ne sais si cette expression doit s'entendre à la lettre, ou si c'est un terme d'argot pour quelque exaction.
2. Ce nom rappelle celui que se donnoient les flibustiers, *Frères de la Côte.* Je doute pourtant qu'ils fussent connus en Europe en 1620, sous ce nom du moins.
3. D'osier. L. D. — Brantôme, dans son testament, parle de ses manuscrits renfermés dans une de ses *malles de clisse.*

que de cordes ; nous avions de coutume d'arriver sur le soir à quelque grosse mestairie comme celle-là [1]; on desnoüoit ou coupoit des cordes : voilà tout renversé. C'étoit à demander un maréchal et un charron pour racoustrer, une hotellerie, que nous savions bien et voulions bien n'y être point ; à faute de cela, il faloit loger avec excuses et grands regrets de l'incommodité de Madame et de son hoste. Le lendemain au partir, on commandoit à la Damoiselle de donner quelque écu : elle en monstroit un, en disant tout haut que le bon homme n'étoit point si mal appris [2]. Or, il advint qu'à jour couchant, ayant fait jouer le trebuchet entre les deux mestairies de Massigni, où il ne paroissoit personne dehors à cause de la pluie, nous les trouvâmes toutes deux pleines de la compagnie de Charle-Antoine [3]; et c'étoit lors qu'il venoit de faire un bon tour de son mestier à S. Cire : car, aiant fait surprendre un des compagnons en larcin, il le falut aller pendre à un demi-quart de lieue du bourg, où tout le peuple courut pour voir le passe-temps. Etant bien confessé et admonesté, aiant baisé sa femme et ses enfans, il s'avisa d'en appeler à la petite Egypte [4], à quoi il falut

1. Il parle de celle d'Enay. On diroit aujourd'hui *celle-ci.*
2. S. e. que de le prendre.
3. Un chef de Bohémiens.
4. On donna le nom d'*Egyptiens* aux premiers de ces vagabonds, au teint noir, qui parurent en Europe, et qu'on appelle aujourd'hui Bohémiens avec aussi peu de raison. Leurs bandes, arrivant en France au XVe siècle, prétendoient venir d'Egypte et accomplir une pénitence en errant par le monde. En Espagne, et je crois dans d'autres pays encore, les Bohémiens appellent *affaires d'Egypte*, les occupations mystérieuses auxquelles ils se livrent. Il paroît certain aujourd'hui qu'ils viennent de l'Inde. Ils se nomment entre eux *Romé, Rommané,* quelquefois *calé, caloré.* Le premier de ces mots

deferer, et cependant le Petit Menage [1] avoit fait un grand menage dans la bourgade, et sur tous visité le curé admonesteur du patient.

Enay. Je connois bien les compagnons : ils firent des leurs à Maillezais, le jour Saint Rigoumé [2]. Le capitaine coupa la bourse du prieur en se confessant à lui, pour commencer la bonne journée. Ils derobèrent quarante cavales aux pelerins, leur remontrant sur le soir qu'un tel voiage se devoit faire à pied, étant le bon

peut se traduire par « gens mariés », le second par « noirs ».

Les chefs ou capitaines de Bohémiens passoient pour avoir une autorité absolue sur leurs bandes, et, de fait, ils donnoient quelquefois des exemples de justice sommaire. Je ne pense pas cependant que jamais condamnation capitale ait été prononcée, et surtout exécutée, par un chef de Bohémiens. Quant à la *Petite-Egypte*, c'est un tribunal d'appel en l'air, que le prétendu condamné invoque lorsque le moment est venu de finir la comédie. La même histoire est racontée dans Tallemant des Réaux, et attribuée à un capitaine de Bohémiens qu'il appelle Jean Charles.

« Jean Charles, fameux capitaine de Bohêmes, fit une fois un plaisant tour à un curé. Ils étoient logés dans un village dont le curé étoit riche et avare, et fort haï de ses paroissiens; il ne bougeoit de chez lui, et les Bohêmes ne lui pouvoient rien attraper. Que firent-ils? ils feignent qu'un d'entre eux a fait un crime et le condamnent à être pendu à un quart de lieue du village, où ils se rendent avec tout leur attirail. Cet homme, à la potence, demande un confesseur; on va quérir le curé. Il n'y vouloit point aller; ses paroissiens l'y obligent. Des Bohémiennes, cependant, entrent chez lui, lui prennent 500 écus et vont vite joindre la troupe. Dès que le pendard les vit, il dit qu'il en appeloit au roi de la Petite-Egypte; aussitôt le capitaine crie : « Ah! le traître! je me doutois bien qu'il en appelleroit. » Incontinent, il trousse bagage. (Tallemant, Hist., *Tours de Bohême.*)

1. Il paroît qu'on nommoit ainsi les Bohémiens. C'est la traduction d'un des noms qu'ils se donnent eux-mêmes.

2. Saint Rigoumé, prononciation poitevine de Rigomer ou Rigomar, *Ricomarus*, célèbre en Poitou.

Saint neveu de Sainte Catherine à la mode de Bretagne, et même leur remontrant l'accident arrivé au medecin Baumier, à une procession de S. Mexent, pour y avoir cheminé sur son mulet.

CHAPITRE III.
Du Theologal de Maillezais.

Enay.

Un theologal qui étoit là, aiant furieusement prêché contre les diseurs de bonne avanture, fut tellement menagé[1] par une vieille bohemienne, qui lui fit croire qu'il étoit ensorcelé, qu'il s'alla cacher avec elle en son logis. Elle fit apporter de l'eau claire, et presenta une bague au docteur, qui, l'ayant mise de sa main dans le verre, et l'eau étant troublée, et depuis par l'épreuve d'une poule et d'un mouton, qui mouroient sur l'estomach du patient, et qu'il faloit jetter par dessus les murailles, où le petit menage attendoit, il fallut venir à une offerte de treize doubles ducats, dont la vieille en donnoit un [qu'il porta vingt-quatre heures cousu au coing de sa chemise. Durant ces affaires, on lui crocheta le buffet, et quatre cent livres dedans[2]. La vieille, pour se sauver déguisée, prit le bât du mulet du moine, mit la croupière dans son cou, le bât sur son ventre, et couvrant le tout d'une grande manteline, passa pour femme

---

1. Endoctriné, persuadé.
2. Les Bohémiens d'aujourd'hui pratiquent encore les mêmes tours, avec de très légères variantes.

prête à accoucher][1]. Le lendemain, le docteur, se trouvant trompé, monte à cheval, ce qu'il n'avoit fait il y avoit longtemps, court après les Sarrasins, les menace. Anthoine Charles lui disoit : Hé! que vous estes bien-hurux, mon bon signur, d'estre si bien gueri! Voiez, Messiurs, comme il se tremousse. Hé! la belle cure que voilà! La bonne femme avoit estudié six ans à Montpellier! Si bien que le monsieur ne fut rembourcé d'autre monnoye. Mais je vous amuse, et vostre train n'est pas logé, car vous estes demeuré entre les deux mestairies. Que fistes-vous? passastes-vous outre?

Cherbonnière. Messire Julien, curé de Boulié [2],

---

1. Les mots entre crochets ont été ajoutés depuis l'édition de 1619.

2. Quel est ce messire Julien, curé de Boulié (paroisse inconnue), qui se trouve en compagnie de Bohémiens et de filous? S'agit-il de quelque prêtre apostat ou d'un coquin auquel le sobriquet de curé auroit été donné par ses camarades? Je trouve qu'il a existé un personnage très peu canonique du nom de Julien, jouissant, à cette époque, d'une certaine célébrité parmi les libertins. En 1599, à l'occasion du mariage de Catherine de Bourbon, sœur de Henri IV, avec le prince de Lorraine, l'archevêque de Rouen (fils naturel d'Antoine de Bourbon), à qui le roi s'étoit adressé pour donner la bénédiction aux époux, fit de grandes difficultés pour y consentir, alléguant la religion de la princesse, qui étoit protestante. Henri IV lui détacha le maréchal de Roquelaure, qui reprocha au prélat son manque de complaisance, en lui rappelant qu'il n'avoit pas le droit de se montrer si scrupuleux. — « Si vous faites plus le fat ou l'acariastre, ajouta-t-il, je le manderai à Jeanneton de Condom, à Bernarde l'Esveillée et à *maître Jullien*. M'entendez-vous bien? Et, partant, ne vous le faites pas dire deux fois. » (Sully, *OEconomies royales*, Amsterd.; in-fol., t. I, p. 519.) Ces arguments convainquirent l'archevêque. L'archevêque, ainsi que Roquelaure, avoit vu fort mauvaise compagnie dans sa jeunesse, et, en trouvant le nom de maître Julien associé à ceux de Jeanneton et Bernarde l'Esveillée, on peut deviner la

nous bailla courage, si bien que, n'ayant pu obtenir qu'ils [1] nous quitassent une des mestairies, nous nous meslasmes dans toutes les deux, le Capitaine aiant fait défense que nul du menage ne touchât aux hardes de la bonne dame, femme du noble chevalier, duquel il montra des passeports en son livre [2]. Au matin nous partismes les premiers, si bien que nous fusmes à S. Remi deux heures après le soleil levé. Le cimetière du lieu fut trouvé propre pour faire revuë, et la marmaille le demanda, pource que madamoiselle de la Vessiere, la mesme qui avoit fait semblant de payer à Massigni, avoit au dernier butin caché une cuillière qu'elle pensoit d'argent, mais elle fut trouvée dans la retraitte [3] de son busc. Là, sur une belle touffe de sauge, messire Julien étendit sa robe. Là dessus, chacun ayant deployé son industrie, nous trouvâmes avoir gagné quatre chandelles de roux [4], un cizeau, un rossignol à crocheter, un grignon [5], un fromage, le reste d'un autre, un canapsa [6], un petit pot cassé demi plein de beurre fort, une bague d'argent de Li-

profession du personnage. — Je suppose qu'une phrase a été omise dans le chapitre précédent, qui devoit expliquer l'arrivée de maître Jullien.

1. Les Bohémiens de Charle-Antoine.

2. Les bandes de Bohémiens se faisoient donner des passeports et des certificats de bonne conduite dans les lieux où ils avoient séjourné.

3. La cachette ; peut-être appeloit-on ainsi la partie du corset qui renferme le busc.

4. De suif non clarifié.

5. Morceau de croûte appétissant, et, plus ordinairement, reste de pain après un repas.
(*Dict. de Trévoux.*)

6. Canapsa. Sac de cuir que portent les compagnons de métier, quand ils vont par pays. De l'allemand *Knappsack*.
L. D.

moge avec une crapaudine¹, une livre et demie de lard fort rance, un peigne de cheval avec un morceau de son éponge, deux tricouses de toile noire² dont l'une avait le pied brulé... (et cela faillit à nous découvrir, car ces vilaines sentoient la mèche...), trois morceaux de vieux rideaux de serge de S. Mexent, jaune et rouge, frangez en quelque endroit, un cruïon³ d'huile de noix, demie vessie d'ouing, une fausse barbe, deux pièces de dix sols qui n'étoient marquées que d'un coté... (la damoiselle les avoit gagnées en tirant la bourse du sein d'une bohemienne à qui elle faisoit tirer une paille de son eschine); et le page de Madame, qui n'avoit qu'un sabot et qu'un soulier, faute d'aller dans les villes, gagna des ladrines⁴ où il pouvoit entrer le corps, et tout cela lui demeura par faveur. La besogne alloit assez bien, mais en reconnoissant le butin, nous vimes ce qu'il y avoit de perte : les Bohèmes avoient donc gagné sur nous un chaussepied, la moitié d'un masque, deux pelotons de fil blanc, et un de fil d'enfer⁵, un vieux tafetas fort percé, quasi trois quarterons d'espingles, deux cueillères jaunes et une

---

1. Argent de Limoges. Argent bas. L. D. L'argent de Limoges est probablement du cuivre émaillé. On sait quelle étoit la réputation des émailleurs de cette ville. La *crapaudine* est une pierre dure à laquelle on attribuoit autrefois des propriétés merveilleuses, et qu'on croyoit formée dans la tête des vieux crapauds. La bague dont il s'agit avoit son chaton en crapaudine.

2. Tricouses, espèces de guêtres de gros drap ou de laine tricotée. (*Dict. de Trévoux.*) Il paroît qu'on donnoit le même nom à des guêtres de toile.

3. Cruchon.

4. Ladrines, larges bottes comme celles qui sont décrites plus haut par le baron de Fæneste, l. I., ch. 2.

5. Fil d'enfer, fil de fer.
L. D.

d'arquemie [1], deux serviettes qui n'avoient été gagnées qu'à la chome [2], un tiers de linceul, un chausson plein de noix, de vieilles heures à l'usage de Chartres, un estui de lunettes, trois gands, un portefraise partie de fer blanc partie d'oisi [3], un tire-fond, une ouillette [4], un virebrequin, et un benestier à brelière [5] que le curé leur pensoit vendre ; et (qui fut plus regretté que tout) la bouteille de cuir de Madame, bien avinée. [Il y avoit [6] lors une gaillarde académie de larrons en Poictou, n'en déplaise à la Gascogne, ni à la Bretagne... Il me souvient du poste [7] de Mesle, qui, enragé de quoi on faisoit l'honneur à Famine, lacquais de Saint-Gelais [8], de le conter entre les larrons, entreprit de lui derober sa chemise vestue, et en vint à bout.]

1. Pour alchimie, c'est-à-dire d'un métal imitant l'argent.

2. En *chômant*, sans travailler, *id est* volées.

3. Oisi. Osier. L. D.

4. Un entonnoir.

5 Bélière.

6. Le passage entre crochets a été ajouté depuis l'édition de 1619.

7. Postillon. Je trouve ce mot dans l'*Epître des dames de Paris aux courtisans de France estans pour lors en Italye*, par Jean Marot, 1515.

Les pauvres sottes
(*Les dames italiennes*)
Ont robbes, cottes
D'or estoffées,
Et chez leurs hostes
N'ont que des crostes
Et mal chauffées.
Ce semblent fées,
Tant sont coyffées
Mignonement et à leur poste
(*de la façon qui leur sied*).
Au reste sont plus esgriffées,
Plus usées et desbiffées
Que les vieilles chausses d'ung
[*poste*.

Œuvres de Clément Marot, La Haye, 1731, t. V, p. 216.

8. Probablement Mellin de Saint-Gelais, fils naturel d'Octavien de Saint-Gelais, évêque d'Angoulême, mort en 1558. Bien qu'il fût d'église, il mena une vie fort mondaine. On a de lui des vers pleins de grâce et de naïveté. Ses contemporains l'avoient surnommé l'Ovide françois.

Enay. Mais que j'aye un peu achevé de rire, je vous monstrerai que le lieu de vostre revuë nous fera encore un présent[1].

CHAPITRE IV.
De l'avocat Chesneverd, et de la vente du Cimetière.

Enay.

Maturin Biraud de la Bithe avoit employé tout son bien en procès, suivant les vaillans conseils de l'avocat Chesneverd de Nyort. Biraud, étant contraint de quitter le païs pour ses debtes, c'est à dire d'aller demeurer en Gastine, arriva un samedi au soir chez l'avocat, tout pleureux, et après avoir jetté son chapeau par terre, il s'assit sur une selle de buée[2] pour faire cette harangue en Poictevin : — O l'è, mon moéstre, que passé inet, voù ne me veiréz jemoez ; y se vengu ve dire adé, et à ma moéstresse que vequi. O me fat graonz'ire de vredé fors le pouiz pre trez chetiz fôz témeinz[3]. Et comme Chesneverd et sa femme l'interrompoient, il poursuit : — Agarez, mon moéstre, y n'avé pû qu'ine ouche de quatorze boicelées, fremée

1. Du récit d'une autre aventure.
2. Trépied ou billot de bois sur lequel on pose le baquet contenant la lessive.
3. Voilà, mon maître, que, passé aujourd'hui, vous ne me verrez plus jamais. Je suis venu pour vous dire adieu, et à madame, que voici. J'ai grand courroux d'être obligé de décamper hors du pays, à cause de trois coquins de faux témoins. — Toutes les éditions portent *vrede*, et non *vredé* ou *vreder*, qui me semble la véritable leçon. En patois poitevin, *vredé* signifie décamper, s'enfuir. On chantoit encore il y a quelques années une vieille chan-

de muraille de sept pé... O fo dire qu'o l'ét ine baronnie d'iquelle terre... A n'a chommé de vivant d'homme ; les vezins y sont treignans et tenuz dou fumi. Agarez m'nami ! y pensé gardé iquieu, et que pre le moens d'iquelle pece y n'arès pû fote de pouen ; méz quand ma moenagère a eŝté ogu morte de maléze, ma fé, y oué tout vendu, et lez besochous en papé sont iqui à L'Estrille qui m'attendant prou achevi[1]. Chesneverd prend Matelin par le bras, lui disant : — He ! tu m'as vendu le reste de ton bien, que je t'ai si bien payé ; pourquoi t'es tu adressé à d'autres ? Matelin répond :—Ma fé, mon moestre, ve me dicisiéz jeudi, quan y vou demaondis quatre fran' à emprunti, que ve n'aveiz pas in dené[2].

son sur le siége de Poitiers par l'*Amirau*, c'est-à-dire l'amiral de Coligny :

> Et vred'ront-ils pas ces Hu-
> [guenaux
> Vred'ront-ils pas ces minœstres
> Et tô ces bêas Huguenaux.

1. « Voyez vous, mon maître, je n'avois plus qu'une ouche de quatorze boisselées, enclose d'un mur de sept pieds. Il faut dire que c'étoit une baronie que cette terre ; elle n'a chômé de vivant d'homme. Les voisins sont tous dépendants et tenus de la fumer. Voyez-vous, mon ami, je pensois la garder, et que, par le moyen de cette pièce, je n'aurois jamais faute de pain. Mais quand ma ménagère a été morte de maladie, ma foi, j'ai tout vendu, et les barbouilleurs de papier sont ici à l'Etrille pour tout achever. » — Une *ouche* est un jardin enclos attenant à une maison.

— *Treignant*, dans le dialecte poitevin, s'employoit dans le sens de contraint, obligé, et s'appliquoit particulièrement à une personne assujettie à un droit féodal. L'obligation de fumer la terre du seigneur se rencontre souvent dans d'anciens contrats.

— Mes amis de Poitiers, qui ont bien voulu expliquer pour moi ce passage difficile, traduisent presque tous l'*estrille* par l'auberge. Mais une vieille servante de Niort, qui est une autorité considérable, prétend qu'il existe un hameau de ce nom, dépendant du village de Sainte-Pexine, aux environs de Niort, où la scène se passe.

2. Ma foi, mon maître, vous

L'avocat, après quelques excuses, s'enquiert si le marché étoit fait de tout point, trouve que non, s'enquiert du prix et des differents, menage si bien son client qu'ils concluent à quatre cent livres contant, et cent que, sur sa foi, il lui devoit envoier à Bressuire; mais de peur que Matelin ne fust battu par ceux qui l'attendoient, il falut faire diligemment, payer et chasser le compagnon, qui montroit avoir grand peur; encores voulut-il toucher à la main, en jurant à son patron que jamais il n'avoit fait un tel marché, et qu'il se souviendroit de lui. Le lendemain l'avocat et sa femme, sans perdre temps, vont à Saint-Remi, descendent devant l'eglise, et puis, se tenans par dessous les bras, vont à la porte du cimetiere, ou étoit la foule des habitans; là ils se vont enquerir de leur acquest, lisent dans le contract les tenans et aboutissans de leur ouche, mettent en grand'peine la compagnie pour deviner cet héritage. Après demie heure de dispute, un vieillard, le pouce sur la ceinture, va s'écrier : Y saiz ben oure ô l'ét avoure, Monsieur le Bailli. Pré la vretudé, Matelin a esté le moestre iquiai quot ; ô l'é be vraiz qu'gl à part en la pece, mai ô n'é grin tou son¹. — Comment ! dit l'avocat, seroit-il bien faux vendeur ? — Ma fé, dit le bonhomme, ô l'é le cemetere qu'gl bous a vendu²! Ce qui

me disiez jeudi, quand je vous demandois quatre francs à emprunter, que vous n'aviez pas un denier. — Toutes les éditions donnent : *Ve me dicicircs*. Il faut lire, je crois, *dicisiez*.!

1. Je sais bien maintenant où c'est, à cette heure. M. le bailli, par la vertudieu, Mathelin a été le maître, à ce coup. Il est bien vrai qu'il a part dans la pièce de terre, mais elle n'est pas toute à lui.

2. C'est le cimetière qu'il vous a vendu.

fut trouvé fort vrai, et vrai le proverbe qui dit que le diable fait des nopces quand on trompe un avocat.

Cherbonnière. Et où peut aller vivre ce pauvre diable?

Enay. Il s'en alla jardinier à la Roche-Boisseau, où les sergens ne font point d'ordure.

Cherbonnière. Comment?

CHAPITRE V.

De la Roche-Boisseau et des Sergens.

Enay.

Là dedans y a bien pis qu'aux nôces de Baché[1]; je vous en pourrois faire force contes : comme quand il[2] frota un sergent de glu, le mit dans de la plume, et puis, les bras étendus liez à baton, avec une mitre et un écriteau portant « *l'Antechrist* », au point du jour le fit lier sur son cheval, et en cet equipage l'arouta dans le grand chemin. Il fit si grand peur à ceux qui le rencontroient, qu'il fut sans secours jusques à la nuit, que, son cheval s'étant mis dans la halle de Maulevrier, passa par les boucheries, et le laissa pendu au crochet des veaux. Je vous dirois bien encore de tels tours, comme d'un autre sergent qu'il apprivoisa par bonne chère, et puis ils jouèrent au soir à *une perdrix, deux perdrix et la*

---

1. *Nôces de Baché.* Dans Rabelais, l. 4, ch. 12 et suiv.

2. Le seigneur de la Roche-Boisseau

caille [1]... Un gentilhomme, ayant fait le mutin, fut lié avec une serviette, la jambe à la quenouille du lit, et fut dit que tous les autres jouëroient ainsi, comme fit la Roche-Boisseau lui-même; mais le sergent, y étant, eut le talon disloqué d'avec le reste du pied, dont il fut boiteux toute sa vie, et pour cela appellé au pays le sergent la Caille. Je ne vous dirai point les conniverts [2] où les exploits et les cedules se perdoient; je me contenterai d'une rude malice, et qui a pourtant quelque proportion [3]. Un sergent de Doué voulant prendre un adjournement à lui porter, ses parens et voisins lui racontèrent comment depuis peu de jours il avoit fait faire tout le poil d'un sergent avec des fusées; mais cettui-ci se mocqua d'eux, disant: Par la mort, s'il me gratigne [4] je le mordrai. Roche-Boisseau ayant sceu ces propos, voit de là à deux jours arriver son homme, le reçoit avec toute honnêteté, le fait diner, bien boire et chanter le beau pinceau [5]. Le tapis mis [6], il se fait donner des cizeaux, commence à s'en faire les ongles, mais, ne s'y prenant pas bien, il prie le sergent d'achever la besogne, et le met à même de si bonne grace qu'il ne l'en put refuser. Cela fait, Roche-Boisseau [7]

1. Je ne sais quel est ce jeu. Il sembleroit que c'est quelque chose comme *les Quatre Coins*.
2. Les fossés.
3. C'est-à-dire qui est adroitement préparée, et, comme on le verra, qui est une réponse à une menace faite contre La Roche-Boisseau.
4. *Sic* édition de 1619. *M'égratigne*, éd. de 1630. Plus bas on trouve *grafigner*, dans toutes les éditions. Je crois qu'on disoit alors l'un et l'autre.
5. Le vin, qui *peint* le nez. C'étoit peut-être le commencement d'une chanson à boire.
6. Après avoir desservi, on couvroit la table d'un tapis, car la grand'salle d'un château servoit de salon comme de salle à manger.
7. *Roche-Boisseau.* J'ai été curieux de rechercher quelques

luy montre ses doigts, en disant : Monsieur le Roy [1], il n'y a plus moyen que je vous puisse grafigner [2]; vous voilà en seureté, il faut que j'y sois aussi... Ce fut à dire qu'il luy arracha les dents, afin que, lui ne pouvant grafigner, ne pût aussi être mordu.

particularitez touchant la vie de ce gentilhomme si fameux par ses tyrannies, et voici ce que j'ai trouvé : Charles de Souvigné, la Roche-Boisseau, avoit été du parti de la ligue. Il se maria trois fois, et sa seconde femme trouva d'abord en lui un mari si commode, que même, si des religieux venoient le voir, il faloit, bon gré, mal gré ces bons pères, qu'ils couchassent avec Madame. Enfin, pourtant, soit par dégoût pour cette femme, soit qu'il crût se débarrasser par là du chapeau dont il s'étoit lui-même coeffé, il avoit fait étrangler cette pauvre créature, et avoit été, en 1600, condamné à mort à ce sujet, et exécuté, mais en effigie seulement, parcequ'on n'avoit pû le tirer de son château, situé dans le Bas-Anjou. La Roche-Boisseau étant mort dans ce château après plus de vingt ans de mariage avec une troisième femme qu'il y avoit épousée, on demande si ce troisième mariage étoit bon, ayant été contracté par un homme mort civilement ? La Cour, par arrêt du 13 février 1625, rapporté par Bouchel et dans le *Journal des Audiences*, le déclara valable *quoad vinculum vel fœdus*, mais non tout à fait *quoad effectus civiles*, et ainsi les conventions matrimoniales ne furent pas suivies. Voiez l'Abr. chronol. du P. de S.-Romuald, sous l'année 1624. L. D.

J'ai vainement recherché aux Archives impériales le procès de la Roche-Boisseau. Aux Archives de la Préfecture de police, dans les registres de la Conciergerie, tome 14, fol. 151 v°, on trouve la note suivante : « Du jeudi 18ᵉ jour de mai 1600 ; ce jourd'huy, les effigies de Charles de Souvigné, escuyer, seigneur de la Roche-Boisseau, et René de Souvigné, escuyer, son fils aisné, ont esté apportées ceans pour, suivant l'arrest de la Cour de Parlement du jourd'hui, estre decapitées, pour raison du meurtre commis en la personne de dame Yolande de Bourré, femme dudit de Souvigné, en la maison de la Roche-Boisseau. »

1. C'étoit le nom du sergent.
2. Griffer, égratigner.

CHAPITRE VI.

Miracles du loup, et de l'huitre, et du Pistolet avalé.

Cherbonnière.

Ventre de loup! je trouve qu'il y avoit de la raison par tout. Mon maistre ne fut pas si heureux à Paris, que deux sergens emmenèrent, lui donnant du pommeau de la dague dans le croupion pour le faire aller. Il fait toujours le brave au commencement, et puis se couëfe de sa chemise[1]. L'autre jour, à Villebois[2], il fut battu par un soldat, pour ce qu'il l'appeloit compagnon trop dédaigneusement. Quand il trouve des gens qui l'écoutent à gueule bée, vous ne sauriez croire ce qu'il dit. Il contoit ces jours devant des dames comment il avoit été prisonnier des Turcs, cent lieues par delà Alep ; qu'ils l'avoient, pour prison, enfoncé dans une pippe, et laissé en cet état sur le bord d'un grand rocher ; et que là, il vint un loup qui se mit à pisser à l'endroit de la bonde, par laquelle, avec ce grand ongle[3] qu'il porte... (et dites que les ongles ne servent de rien) il avoit tiré

---

1. C'est-à-dire il a peur, et se cache la figure pour ne pas voir le danger.

2. Il y avoit un château de Villebois, près d'Agen, appartenant au duc d'Epernon.

3. Cette mode de laisser croître l'ongle du petit doigt subsistoit encore en 1661. Alceste dit :

Est-ce par l'ongle long qu'il porte
    [au petit doigt
Qu'il s'est acquis chez vous l'es-
    [time où l'on le voit?
Misanthrope. Act. 2, sc. 1.

le poil de la queuë et fait un nœud de sa grand'moustache gauche... (et voyez à quoi servent les grands ongles et les moustaches qu'on porte aujourd'hui !) — Le loup se sentant pris, pour se vouloir sauver, entraine la pippe du haut en bas du rocher ; la pippe se mit en canelle, et lui eut la vie sauve, pource qu'il tomba sur le loup, et le tua. — Il maintenoit que les huitres desquelles on rejettoit la coquille en la mer se refaisoient comme auparavant, pour preuve de quoi il disoit qu'en Alexandrie, ayant mis son chiffre, qui est un double Fi [1], sur une coquille, il la trouva en Brouage trois ans après. — Il disoit qu'étant tombé à un certain combat dans l'estang de Congnac, un brochet avoit avalé son pistolet tout bandé ; et depuis, le brochet pris à Cherac sur Charente avec le pistolet dans le ventre, il gagea cent pistoles qu'il tireroit, et n'y manqua pas. — Il a ces gageures de cent pistoles fort à commandement. La dernière fois que nous avons été à Escures [2], il se mit en dispute avec un pauvre forçat qui lui demandoit un hardit [3], pour savoir qui étoit le lieutenant de Beauregard [4]. Je te gage, dit mon maitre, cent pistoles que tu as menti ! — Le pauvre diable s'en alla sans un liard et avec le desmenti. Mais, Monsieur, je ne puis oublier le conte que vous avez failli à faire du medecin qui vouloit paroistre si bon catholique.

---

1. La lettre Φ.
2. Lescure, à ce que je suppose, petite ville fortifiée, près d'Albi, département du Tarn.
3. *Un hardit.* Monnoie de Guienne valant un liard ou trois deniers. L. D.

4. Beauregard étoit sans doute le gouverneur titulaire de Lescure Le forçat qui avoit donné à Fæneste le renseignement qu'il vouloit lui avoit demandé un liard pour la peine.

CHAPITRE VII.

La procession de Baumier.

Enay.

Je vous entend. C'est le médecin Baumier, de Nyort. Il étoit si zélé qu'un autre bigot le priant d'assister sa mère [1], fort huguenotte et malade à la mort, lui disant que c'étoit chose horrible de refuser secours au ventre qui l'avoit porté, Baumier repondit qu'il l'iroit voir comme sa mère, mais qu'il offenseroit sa conscience de guerir une heretique [2]. Un jour il étoit à S.-Mexent, et comme il vouloit paroistre restaurateur de l'antiquité, il lui souvint qu'on avoit autrefois fait une procession solennelle à trois lieues de la ville, à un S. Sylvin des bois, où les mazures ne paroissoient plus. Il avisa avec le curé que le vent, après avoir été long-temps tourné au nord, tournoit au sud, et faisoit un chaud picquant et étouffé, marque de pluie au lendemain, et pourtant, étoit bien à propos de faire une brave procession à la barbe des heretiques pour demander de l'eau. C'étoit en juillet,

---

1. La mère de Baumier.
2. *De guérir une hérétique.* Par un autre scrupule, le duc de Nemours, mort à Annecy, en Savoie, l'an 1595, aima mieux mourir que de devoir la vie à un médecin huguenot. (*Lettr. de Pasq.*, t. 2, p. 424.) Rapin, dans le *Cath. d'Esp.*, introduit la Mothe Serrand, ligueur des plus scélérats, refusant un jour de vendredi un potage de la main des huguenots, craignant qu'il n'y eût de la graisse, et protestant de souffrir plutôt la mort que de manger souppe autre que catholique. L. D.

et la chaleur fut si grande qu'il en évanouit, et d'autres eurent le mal de cousté, mais pauvres gens et qui ne pouvoient faire gagner le medecin, pource que les plus apparens s'étoient retirez. D'ailleurs la populace commença à gronder de ce que Baumier étoit monté sur sa mule sans haut-de-chausses, couvert d'une grande sotane de demie ostade ou serge d'Arras. Les paisans donc devisoient ainsi : M'arme ! ô l'é qu'o n'y a pu de devotion depeu qu'on vet à chevô. — O lé-t ine mule, dit l'autre. Vant-eilz pas ben bestez ô Zardileres, et les curez les beaz premez¹ ? — Un tiers ajoute : O l'é prétan in houme mou fantaziou : gle baillit à sa femme in cotillou pre qu'il ne couchist poent ô lé, et in otre ine robe pre qu'a ne couchist pâs soule. O gliat in an a quiette Chandelour, qu'gl m'avet priz pre le mené à Partenai. Y prangui le semblé pre l'amour dô bouil. Cordi ! gle se faschit à mé et dit qu'y le menguisse pre le gron chemin, le chemin de l'Eglese catholique et dô Père ! — Ma fé, fiz y, ô n'é pas le pû chevochant ni le pû court. Vequi mn'houme qui s'en vet le beâ mitan... M'arme garz ! gle n'aguiran pâz fat ine vrezenne, sa mule et li, qu'gle trevirian dans in tertre où ô ne paresset que lez oreilles de la mule et le chappeâ dô moedecin ; ô foguit aver dô geonz pre lez accroché d'iqui... — Diantre, fiz y aprez, é to quieu le chemin de l'Eglese ? J'ou avez ben oï dire à Guillemard de Chandenez que le grond chemin charria menet tout drèt en preditian² !... Durant ces

1. « Sur mon âme, voilà qu'il n'y a plus de dévotion depuis qu'on va à cheval. — C'est une mule, dit l'autre. Ne vont-ils pas bien sur des bestes (*bestés*) à N.-D. des-Ardillières, et les curés tout les premiers ? »

2. C'est pourtant un homme

discours avint que le porteur de clochettes cria : le costé [1] ! et la procession demeuroit ; adonc Baumier, pour contenter l'infanterie, qu'il voyoit mutinée, demande les clochettes, prit au commencement la bride avec les dents, puis, trouvant cela ennuyeux, la mit dans son col. La musique ne fut pas longue, pource que la mule, née et native de Chorais, *nota*, où ils sont tous hérétiques, et elle n'aimant pas le son des cloches, se mit par haut, à temps et contre-temps On crioit au medecin de tous costez qu'il jettast les eschiles[2] : *Mater Dei*, je n'en ferai rien, disoit-il, car elles sont baptisées. Tout le monde court pour empoigner la bride, et le bruit échauffa si bien la mule, qu'elle passa sur le ventre à la procession, et comme si elle eust eu taon au cul, s'en-

très fantasque. Il donna à sa femme un cotillon pour qu'elle ne couchât pas avec lui, et un autre lui donna une robe pour qu'elle ne couchât pas seule. Il y a un an à cette chandeleur-ci, qu'il m'avoit pris pour le mener à Parthenay. Je pris le sentier, à cause (pour l'amour) de la boue. Cordieu ! il se fâcha contre moi, et dit que je le menasse par le grand chemin, le chemin de l'église catholique et du Père. (Probablement le prêtre desservant de la chapelle où l'on alloit en pèlerinage?) — Ma foi, lui fis-je, ce n'est pas le plus chevauchant ni le plus court. Voilà mon homme qui s'en va dans le beau milieu, et, Dieu garde mon âme ! il n'eut pas fait une *versenne*, sa mule et lui, qu'ils chaviroient dans une fondrière, où il ne paroissoit que les oreilles de la mule et le chapeau du médecin Il fallut avoir des gens pour les décrocher de là. Diantre ! lui fis-je après, est-ce là le chemin de l'église? J'avois bien ouï dire à Guillemard de Champdeniers que le grand chemin des charrettes menoit tout droit en perdition.

Le mot poitevin *versenne* ou *vresenne*, qui vient probablement de *vertere*, désigne la longueur d'un sillon ou le temps qu'il faut à une charrue tirée par des bœufs pour ouvrir ce sillon.

1. Cria qu'il avoit mal au côté.

2. *Les eschiles.* Les clochettes. L. D.

fuit dans les bois. Le cavaleris[1] voulut empoigner une des renes ; le malheur fut qu'il donna d'une des eschiles sur l'œil de la beste, et en gardant la systole et diastole[2] il se donna de l'autre par le front. De ce coup la mule fit deux cents pas toujours le cul en haut, et au bout de cela le médecin mit le nez à terre, le pied passé dans un estrier, et si fit encores quelque chemin trainé à l'escorche-cul, la sotane et la chemise autour de sa tête. Je ne sai s'il appella S. Silvin à son aide, mais bien lui prit que l'estrivière étoit petacée[3] d'éguillettes, dont l'estrier lui demeura dans le pied. Le curé et les plus charitables de la procession se mirent à le chercher jusqu'à deux heures de nuit, et enfin, la lune étant levée, lui virent le cul le premier et le trouvèrent auprès de Pillars, la tête en bas en un fossé, en profonde meditation, et oncques plus ne fit son prou[4]. Quant à la mule (comme les lieux sont fataux), elle s'alla rendre à la croix hosanière[5] du cimetière S. Mexent, au même lieu où fut amassé frère Jean Tappecoué, un grand jubilé auparavant, comme écrit maistre François[6], auther excellent.

---

1. *Sic* dans les éditions de 1619 et 1630. Peut-être est-ce une faute d'impression pour *cavalier*, ou bien un mot de patois poitevin qui a le même sens.

2. *La systole et diastole.* Le branle et le contrebranle. L. D.

3. Rapetassée.

4. Il ne profita, il ne se porta bien.

5. La croix au pied de laquelle on chante *Hosanna* le dimanche des Rameaux.

6. *Rabelais*, liv. 4, ch. 13. L. D.

CHAPITRE VIII.

Le quadran des Ousches ; du cours du Soleil.

Cherbonnière.

onsieur, je vous laisse ici : voici venir nostre homme, qui ne s'est point peigné [1].

Fæneste. Bon yor, Monsur, bon yor.

Enay. Et à vous, Monsieur. Eh bien, vous avez été mal couché ?

Fæneste. Poubez penser ! et toutesfois, vien bous bux-ye dire qu'à ces faschuses guerres ici nous abons si vien accoustumé les armes à dos, que ne poubant dourmir autrement, il m'a falu reprendre la cuirace pour le mens. Que ye sois pribé de la Cour s'il n'est brai !.... Mais ye pense qu'il est vien haute hure.

Enay. Voilà un quadran.

Fæneste. Braiment, ye n'y conois pas de rien ; nous autres gens de guerre ne sommes pas boulontiers astrologues, et ce quadran a trop de feiçons. Il m'en soubient d'un autre qu'un yor, come nous estions à Biron, un bieil gentilhome Poictevin, qu'on appeloit les Ousches [2], nous monstroit, à quinze ou seize gentilhomes, pour saboir l'hure à la chandelle [3].

---

1. Pour faire diligence.
2. Gentilhomme protestant. Il est cité dans l'*Histoire universelle* de d'Aubigné pour son courage au combat de Montbraguet, en 1586 (t. 3, liv. 1, chap. 3).
3. A la *chandelle*. Dans la 13e des *Serées de Bouchet*, un gentilhomme avoit ordonné à

Enay. Et comment se pouvoit cela?

Fæneste. Pensez-le bous; mais il me soubient que monsur lou Maneschal en rioit fort, et n'y aboit que lui qui n'en fust vien esmerbeillé.

Enay. Et vous, qu'en pensez-vous?

Fæneste. Ne bous ai-ye pas dit que ye ne suis poent de ces cherchurs d'Antipodes? aussi ne croi-ye pas qu'il en soit [1].

Enay. Vous voilà compagnon de S. Augustin.

Fæneste. Et n'en croioit-il point?

Enay. Non, et déclaroit heretiques ceux qui en croioient. Mais n'avez-vous jamais veu coucher le soleil, et quel chemin il pouvoit prendre pour venir à son lever?

Fæneste. Oi da, y'ai passé vingt mille nuicts à chebal; mais comment passeroit-il sous la terre?

Enay. Il faut qu'il repasse de l'autre côté pour recommencer les vingt mille journées que vous avez attendues à lever, et cela fait près de soixante ans.

Fæneste. Eh! il rebient par le mesme chemin qu'il estoit allé.

Enay. Et ne le verroit-on pas retourner?

Fæneste. Non, braiment, car il s'en rebient de nuict.

Enay. Vous l'avez mis en grande peine de se cacher vingt mille nuicts... Et pourtant, vous, qui ne voulez

---

son valet de prendre la chandelle pour voir s'il étoit jour, et sur ce qu'il faisoit encore nuit, « Quelle heure est-il au quadran? lui demanda-t-il? — Je ne sai, Monsieur, répond le valet; je ne saurois y voir, parce que le soleil n'est pas levé. — Et bien, réplique le maître, n'y sauriez-vous regarder à la *chandelle.*» L. D.

1. Pour : qu'il y en ait.

point user du quadran, vous avez une monstre à la ceinture.

Fæneste. Pour n'en mentir poent, ce n'est qu'une vouëtte, qui me sert de drageoir, et cela parest autant que si toute la monstre y estet.

Enay. Je voi bien; pour vrai, c'est une monstre.

CHAPITRE IX.

Songe du connestable, adiousias d'Estrade.

Fæneste.

l faut que ye bous conte un songe que y'ai fait cette nuict, et sur le matin, à l'hure qu'ils sont prouphetiques : ye me figurois que y'estois le roy François, et qu'un de mes princes bouloit estre mon connestavle sans mon conget.

Enay. Vous n'avez point les pensées de nuit basses, non plus que les discours du jour Je voudrois être assez bon Joseph pour vous l'expliquer.

Fæneste. Je bous asseure que y'ay debiné de grandes affaires d'Estat quelquesfois, sur tout la prison du prince de Condé [1] ; car y'abois songé que nous estions à la chasse du duc, et que notre pippée s'estoit lui-mesme envrené dans les gluaux...

Cherbonnière. Ventre de loup! voila de sottes nouvelles. Vostre bel Estrade, de qui vous faisiez plus de

---

1. Arrêté par ordre de la reine mère, le 1er septembre 1616.

cas que de nous, s'en est allé avant jour et a emporté votre épée.

Fæneste. Mon duel ! la massacroire ! ô cap sant Crapasi[1] ! l'espase dont ye me suis battu trente-cinq fois, la bictorieuse qui n'a yamais manqué !... La mappemonde...! cerchez une mappemonde...!

Enay. Il y en a une des nouvelles en la galerie.

Fæneste. Cap de you ! cherchez dedans ; bous ne trouberez place en la terre où le bilen se puisse cacher. A moi desrober, à moi !... O vien, patience !

Enay. Je suis bien aise de vous voir resous ainsi, et voilà votre songe arrivé, car celui qui porte l'épée du roi est son connestable, et c'est Estrade qui s'est fait connestable du roy François[2] maugré lui.

Fæneste. Il y a parmi cela quauque bintaines de pistoles, de quoi ne suis pas trop marri, parce que cela fera parestre à ceux qu'il serbira qu'il ne sort pas du serbice d'un quauquin. J'abois abant lui un autre pendart qui s'appelloit Barbacane. Ce maraut, ye lui faisois pourter après moi trois vagues de ces ruvis valets que y'abois eu d'un du Mont[3], pour faire present à ma maistresse ; come y'estois assis au bet près d'elle, ye tendois le doigt par derriere pour qu'il mist dedans les aneaux, et cela paressoit dabantage que si ye les eusse

---

1. Saint-Caprais.
2. Allusion à la trahison du connétable de Bourbon sous François Ier.
3. Est-ce un nom d'homme, ou s'agit-il de quelque employé d'un *Mont-de-Piété* où l'on faisoit des prêts sur gages. Les Mont-de-Piété n'ont été établis en France, par le gouvernement, qu'en 1626, mais probablement il existait des bureaux de prêt particuliers qui portoient le nom de ces établissements, beaucoup plus anciens en Italie.

pourtez moi-mesme : ye troubai que mon bilen aboit escarpinai [1]. Je courus yusque à la ruë sulement, mais quant et quant me boilà resolut.

Enay. Ha! que j'aime ces resolutions ! elles sentent bien le cavalier.

CHAPITRE X.

Des resolutions.

Fæneste.

Dès mon enfance, j'ai esté toujours resolut, et pour cela fouëté en diavle. Monsur, en començant lou desyunai, ye bous en bux dire trois ou quatre qui levent la paille [2], pour monstrer qu'un galant home doit prendre parti, et estre ferme en ses resolutions. Mentenant que nous sommes assis, ye bous dirai qu'à la guerre d'Aunix, comme nous estions lougez dans Mauzai [3], Monsur se permenant lou soir, nous boions benir une vrigade de gens vien coubers ; ye m'abance lou pistolet à la men, et aiant dit furieusement : Qui ba là ? demourez là, cap de you! lou bet premé qu'avancera... çus-ci ne se boulans pas arrester et se mettans à rire : Bous riez ? di-ye.

---

1. *Escarpinai*, joué de l'*escarpin*, gagné au pié. L. D.
2. On dit d'une chose excellente qu'elle lève la paille, par allusion à ce qu'on fait avec l'ambre, qui a la vertu de lever la paille. Leroux, *Dict. com.* Il y a encore une autre étymologie : c'est qu'en certains jeux on donnait au vainqueur une pièce d'étoffe, un *paisle*. *Lever le paisle* serait synonyme de remporter le prix. Je ne garantis ni l'une ni l'autre.
3. Mauzé, à cinq lieues de Niort.

— Oi da, firent-ils. Ye prens ma resolution et dis : Et moi aussi vien que bous.

Enay. Voilà d'excellentes resolutions.

Fæneste. Nous estions à la comédie aux poids pilez [1] : un Parisien bestu de biolet se leboit à tous coups et m'empeschoit la buë des youurs ; ye lui crie rudement : — Hola ! bioulet, biras-bous d'aquiou. Ce fat, tournant la teste, me respond : — Je n'en ferai rien. Et moi resoulut quant et quant, ye redouvle : — Demouras y donc ! Et par ce mouyen il ne fit rien sans mon commandement.

Enay. Que c'est de savoir prendre son avantage !

Fæneste. Au fauxbourg S. Germen, en la ruë du Cœur-Bolant, come y'alois un soir boir ma maistresse, ye fis rencontre d'un taquain [2] qui benoit la teste vessée ; sans respect il jette la male men [3] à mon manteou, et de l'autre me porte une espée courte à la gourge, si vien que, n'estant pas sur mes armes [4], il falut lui

---

1. « *Pois pilés*, on appelle ainsi le marc des pois dont on a fait de la purée. De là on a donné le même nom aux anciennes farces, parceque le style et les pensées en sont depuis long-temps rebutés par les bons poëtes, qui les renvoient au burlesque, comme ne valant plus rien qu'à cela. » Ménage, *Dict. étym.* — *Pois pilez*, une chose de peu de conséquence. A. Oudin, *Cur. françoises.* — Il se pourroit, au reste, que l'enseigne de la maison où se jouoient ces farces fût *Aux Pois pilés.*

2. *Taquain*, traître, comme plus haut *taquainerie*, trahison. L. D.

3. *La male men*, et au ch. 6 du 4ᵉ livre : *lou pistolet à la male men*, la main gauche. Les Poitevins parlent de même dans *Rabelais* (liv. 1, ch. 25), et appellent *bonne main* la main droite. Voyez aussi les *Contes de Bonaventure des Periers*, au chap. intitulé : *Du Poitevin qui enseigne le chemin aux passants*. L. D.

4. N'étant pas en garde, préparé pour le combat.

avandonner lou manteou ; encore fut-il si impudent de s'arrester à dix pas de moi pour me regarder. Lors sans m'estonner ye lui criai : Cabalier, il y ba de boste haunur, car bous serez mon pourte-manteou. Et ainsi soulagé des espaules, ye ne laisse point d'aller boir ma maistresse tout en perpunt, come abec plus de pribauté.

Enay. Ce fut bien dit, car au moins il étoit emporte-manteau. C'est entendre le numero [1] ou je ne m'y connois pas. Il faut pourtant un grand r'envitaillement de patience ou de philosophie pour prendre ces resolutions. Mais, que voulez-vous? quand la chose est faite, il se faut resoudre à ne faire pas pis. Et de cette sorte de resolutions s'arma bien à propos le ministre de Glenai....

Fæneste. Attendez, abant faire boste conte, que ye bous die coment y'en suis sourti une fois mal satisfait, faute de m'estre resoulut come autrefois.

Enay. Et bien, j'attendrai. — Auriez-vous bien manqué une fois à prendre vos bonnes resolutions, et qui ne sont communes qu'à vous?

---

1. *Il entend le numero.* C'est-à-dire il est expert, il n'est pas ignorant. A. Oudin, *Cur. fr.* — E. Pasquier, *Recherches de la France*, livre VIII, ch. 49, explique l'origine de cette expression empruntée aux loteries tenues par des Italiens. *Entendre le numéro*, c'est connoître le numéro gagnant, d'où ce mot s'est employé pour être fin, habile. Pasquier remarque à cette occasion que « de l'Italien introducteur de ce jeu, nous usasmes du mot de *numéro*, au lieu de *nombre*, qui nous est naturel françois. »

CHAPITRE XI.

Querelle avec le Sçavantas ; duel de Valeri.

Fæneste.

De toutes mes querelles, ye n'ai regret qu'à une, et ce qui m'en fasche, c'est que c'estet en presence de ma maistresse. Un certen huguenot, sçabantas, l'entretenoit des idées de Platon et autres farfanteries, à quoi ye ne poubois rien dire à perpaux De là il tomba à se moucquer de son chapelet. Elle respondit : Contentez-bous que je suis fort cathoulique. — Cathoulique? dit l'autre, ye n'ai pas si maubaise oupinion de bous ; mais y'estime que bous n'estes qu'à boste mari, ou pour le plus, à quauque ami, et non pas à tous. Ce paillard se met à philousoupher sur ce qu'elle estoit catolou, et qu'il faloit dire : estre de l'Eglise cathoulique, et non pas : cathoulique[1]. Ye prins la parole, disant qu'elle n'estoit ni cat ni olou : — Bezez[2] bous vien, di-ye, ye ne sai ni grec ni latin et ne suis poent sçabantas, mais ye bous ferai raison sur ce que bous dittes…. Pou ! cap de you ! lou galand me bient dire : — Monsur l'ignorantas, ye ne sai poent tant de grec ni de latin que ye boudrois, mais pour m'accommoder à bous, ye bous dis en francés que bous estes un sot ! et là dessus me hausse lou nas du pung… Là fut grand lou respect de ma maistresse,

---

1. Jeu de mots bien digne d'un pédant. καθολικὸς signi-fie, en grec, général, universel.
2. Voyez-vous.

qui se mit entre dux, et le boyage de la guerre a empesché que nous n'ayons parlé amasse[1], encore qu'il me fasche fort abec un latiniste.

Enay. Vous voiez, il est François quand il veut. Mais cela s'appointera bien encores : peut-être, puisqu'il est si malheureux de savoir du grec et du latin, ne se saura-t-il pas battre en francés.

Fæneste. Cap de you ! il me fasche fort d'une chause qu'on m'a ditte de lui, c'est qu'il n'y a escrimur dans Paris qu'il n'ait pourté par terre.

Enay. En latin ?

Fæneste. Je ne sai pas ; mais Grand Jean, l'Anglois, ni Jean Petit[2], ne bulent plus tirer abec lui.

Enay. Vous êtes deffendeur, le choix des armes est à vous.

Fæneste. J'abois pensai de le faire appeller abec une arvaleste[3] et chacun trois mattras[4], ou vien à chebal... Peut-être qu'il chebauche en latin... mais diavle ! c'est un coureur de vague.

Enay. Il faut trouver quelqu'autre invention. Le prince de Condé en trouva une pour un sommelier et un valet de garderobe, deux bons soldats et qu'il ne vouloit pas perdre. Il leur accorda le combat, à Valeri, leur remonstrant que, comme serviteurs d'un prince du sang, ils devoient se battre à cheval, et que *gent de roi appelle à baron.* Il les fit donc armer avec les hautes pièces[5], élire parrains, se confesser, leur fit tirer les

---

1. *Amassa*, mot gascon, ensemble.
2. Célèbres maîtres d'armes du temps.
3. Arme favorite des Gascons.
4. Traits d'arbalète.
5. Casque à visière, gorgerin et toutes les pièces qui couvrent le haut du corps.

deux meilleurs chevaux, et quant ils furent sur le montouer ¹, ne pouvans regarder qu'à la hauteur de leur visiere ², les palefreniers les montèrent sur deux mulets d'Auvergne bien empanachez; les mulets ne combattirent que du derrière, et les chevaliers, aians fait leur pouvoir, furent appointez.

Fæneste. Je crois que bous ne boudriez pas faire comparaison d'ux à moi, mais pourtant l'imbention estoit gaillarde.

CHAPITRE XII.

Du ministre de Glenai.

Fæneste.

Mais benons à boste ministre.

Enay. C'étoit celui de Glenai³, nommé la Fleur, personnage fort grave, qui ne faisoit rien que meurement et avec moderation. Ce bon homme donc venant d'un synode, de Nyort, prit sa couchée à Lageon, où il ne fut pas plutôt arrivé qu'il void

1. Borne, ou escabeau dont on se servoit pour monter à cheval. Désarmés, les bons cavaliers et les jeunes gens dédaignoient d'en faire usage, mais on conçoit qu'à moins d'une vigueur extraordinaire, le montoir étoit indispensable pour un homme armé de toutes pièces.

2. L'ouverture de la visière étoit pratiquée dans le haut du casque, en sorte que pour voir à l'horizon il falloit baisser la tête presque sur les arçons.

3. Village de l'arrondissement de Bressuire (Deux-Sèvres).

venir en même logis un cordelier, qui avoit le nez plus haut en couleur que lui. L'horreur de cette rencontre lui fit gagner un jardin pour se promener à part; mais il n'y fut pas plutôt que le cordelier y entre, et comme M. de la Fleur, avec une mine fort dedaigneuse, en tournant l'eschine, montroit au Frater toutes sortes de deffaveurs, lui, d'une voix bien moderée, commença ainsi : Monsieur, je voi bien que cet odieux habit et que ce froc de deception vous sont à contre-cœur. Celui qui les porte en est las ; mais au nom du Seigneur et en la charité d'un fidèle qui n'est jamais soupçonneuse, je vous supplie chrestiennement, ne m'abandonnez point ainsi, pource que ce voile d'hypocrisie m'est ennuieux, et ma deliberation est de le changer bien-tôt en l'habit d'un homme de bien comme vous, et ce moiennant la grace celeste, que vous me devez aider à implorer. Depouillez-vous donc de ce qui empêche notre communication. Ce fut assez dit, car le ministre embrasse le cordelier, et avec toutes sortes de congratulations lui promet de faciliter son dessein, et l'hôtesse, qui n'avoit qu'un lict, ne fut plus en peine de les coucher ensemble. Voici ce qui advint : c'est qu'étant jour sur le lict, et le bon homme, trouvant son camarade le premier debout, se voulut lever aussi ; mais, ne voiant rien à ses pieds que le froc et l'habit gris, pensa resver, au commencement, et puis se mit aux exclamations, rememorant que le cauteleux avoit apellé son froc de deception, et avoit dit qu'il vouloit changer son habit pour celui d'un homme de bien. Après plusieurs regrets, le besoin, maistre des resolutions dont nous parlions, fit vestir à la Fleur le mystère d'iniquité. Le pis fut à l'arrivée de Glenai, où le vieillard seigneur du lieu, étant dans la tourette du coin [1], après avoir crié : Bonté de Dieu, quelle facture d'homme est ceci! faillit à lapider son pasteur, qu'il estimoit avoir changé de profession comme d'habit. Mais, comme un morceau tire l'autre, il me vient à la bouche une autre resolution que vous estimerez fort...

CHAPITRE XIII.

Histoire de Pautrot et de la Dame de Noaillé.

[*Fæneste* [2].

Nous abions eu querelle au Marché Neuf, Monroud et moi, et abions esté separez, faisans à paroles, sur un coup qu'il m'aboit touché le collet. Lou Caiteine Frisquet me dit à la ruë de Senio [3] : Varon, je bous beux faire boir ensemble, Monroud et bous. Je respondis : Je l'abcette, cabalier. Incontinent il me mena par la ruë des Maraiz, que nous autres appelons le petit Geneve... Quand je bis qu'il me passoit au Pré aux Clercs, je demande : A quin cabaret me menez-bous voire ?... — A l'enseigne de la bataille, dit Frisquet. — Bous m'abez, di-ye combié à voire ; je ne beux pas qu'on se moucque de moi, et estre ainsi mené par lou naz : je m'entourne. — Et où est l'hauneur ? fit l'autre. — Je donnerai, di-ye, cent pistoles à qui me faira vattre abec ce galand homme, mais

---

1. La tourelle qui servoit de guette pour reconnoître ceux qui se présentoient au château.
2. L'histoire racontée par Fæneste a été intercalée dans l'édition de 1630, sans que d'Aubigné ait changé rien au dialogue pour l'introduire un peu plus naturellement.
3. De Seine.

non pas à fausses enseignes... Et m'entourne resoulut ; car noutez que, quand Frisquet aboit dit *voir* ensemble, j'abois entendu *voire* ensemble : boilà que c'est de francimentaiza.

Enay. Laissons ces resolutions furieuses.] — La coutume de Poictou est que les meilleures maisons du païs retiennent des chambres à Nyort et Fontenay pour se trouver aux foires qui sont en ces deux lieux. Une Dame de Noaillé [1] retenoit à chaque foire de Nyort, chez Barberie, la petite chambre qui est au haut de l'escalier. N'étant point arrivée le premier jour, le sieur de Pautrot, de la maison de S.-Gelais [2], s'y logea. — Le lendemain, à deux heures après midi, arriva la dame, et cependant qu'elle disoit les honnestetez à son hoste, Ysabeau, sa fille de chambre, d'une gentille humeur... (car il faut que je vous die en passant qu'un charpentier, nommé Biraut [3], lui aiant donné des lettres pour sa maistresse, jamais elle ne voulut nommer le porteur par son nom ; étant pressée, elle tendoit la gorge et demandoit un couteau plutôt que de prononcer un si vilain mot ; enfin, la maistresse, qui avoit besoin de savoir le nom, n'aiant rien gagné ni par menaces ni par promesses, lui commanda de le faire connoistre par entreseings [4]. Ha bien cela ! dit Ysabeau : il s'appelle comme

---

1. Jacquette de Parthenay, femme de Sébastien de Barbezières, baron de Nuaillé. Probablement d'Aubigné a écrit ce nom conformément à la prononciation de son temps.

2. Mathurin de Saint-Gelais, seigneur du Pontereau.

3. *Virote*, en espagnol, signifie un trait d'arbalète. Ce mot a de plus une signification obscène qui paroît avoir passé dans le dialecte gascon.

4. Je ne connois pas ce mot, qui paroît avoir ici le sens de *synonyme*.

cela de quoi on vous le fait... Elle prononça un terme de bourdeau.) Elle même donc, étant montée à la chambre, trouve sur sa table pretendue une male rouge, qu'aussi-tôt elle empoigne par les cordons et la fait sauter par la fenestre. La male tombe sur une épaule de Martin, valet de Pautrot. Comme Martin regardoit qui étoit blessé, de la male ou de l'épaule, arrive son maitre, qui la fait apporter après soi, et trouve la dame au haut. Les voilà aux paroles, froides pour le commencement, mais enfin il y fallut faire, et venir aux resolutions, comme vous savez qu'elles ne sont pas toutes pour le duel.

Fæneste. Non pas, elles se remarquent vien au proceder.

Enay. Les voilà sur : Je n'endurerai pas cet affront ; — l'autre : Ni moi, que ma male soit precipitée. — Elle : J'ai cinquante gentilshommes en cette foire, mes serviteurs et parens, pour prendre ma querelle ; j'y ai aussi deux gendres que vous connoissez bien. Cela échauffa Pautrot à dire : — Madame, si vos gendres reçoivent le present de la querelle aussi liberalement que vous leur donnez, ils me trouveront plus roide en leur endroit que je ne saurois être au vôtre, veu votre âge et ce qui en depend. Cette dependance picqua fort la dame, pource qu'on disoit qu'il lui pendoit quelque chose, joint qu'elle ne se sentoit pas encore à l'âge de mépris. Elle donc, troublée de colère, revint au dialogue : — Voilà mon lit, dit-elle, où j'ai accoutumé de coucher, et j'y coucherai cette nuit. — Pautrot replique : Voilà le lit où j'ai couché la nuit passée, et j'y coucherai encore cette-ci. — Je dis que j'y coucherai, repart la dame.

— Pautrot. Et moi aussi.

— La Dame. Je ne di pas que vous n'y couchiez, mais j'y coucherai[1].

— Pautrot. Et moy je ne dis pas que vous n'y couchiez, mais si sçai-je bien que j'y coucherai aussi.

— La Dame. Et pour vous faire parestre mon courage, j'y coucherai dès à present. (Là dessus Fæneste jetta un grand soupir, disant : O couraye, tant tu me couste!) Enay poursuivant son conte : — Pautrot dit qu'il alloit faire comme la dame, qui appelle Isabeau pour la devestir; Pautrot, Martin pour le dechausser. Ce fut à qui feroit paroistre la resolution par la diligence. La dame eut l'avantage, pour être la première prête, et Pautrot eut la ruette. Ysabeau regarde Martin, et lui levant le nez, dit: Eh bien, maitre sot, savois-je pas bien que nous y coucherions? — Et nous? dit Martin… Sans vous amuser plus longtemps, voilà les deux qui prennent le chemin de leur maître et maîtresse, premierement en paroles, mais plus racourcies, et puis au lit; mais pource que Martin ferma la porte, et qu'il disputoit ce point d'honneur, il eut pour partage la place de devant. Pensez charitablement qu'ils ne firent rien que bien à propos. Cette dame a dit depuis à quelques uns qui l'en ont voulu gausser qu'elle n'avoit rien fait par amour, mais pour faire paroistre qu'il ne lui pendoit rien, et faire mentir les medisans.

---

1. *Mais j'y coucherai.* Tiré des *Facéties de Bebelius*, au chap. *De puella et amatore vera historia*. On trouve aussi ce conte sous le même titre, t. 1 des *Sermones convivales*, de Gassius; et dans les contes d'Eutrapel, au chap. *De ceux qui prennent en refusant.* L. D. Il a été imité par Sterne dans le *Voyage sentimental.*

CHAPITRE XIV.

De Bourron[1]; *enigme de Filasse.*

Fæneste.

Or il faut voire sur ce conte, et bibe la resolution! Ye ne bus pourtant poent monter à chebal que ye ne bous aie fait present de quauques pieces rares que me donna lou praube Bourron quauques yours abant sa mort.

Enay. Est-il mort ?

Fæneste. Oi, c'en est fait.

Enay. Les nouvelles le sont aussi.

Fæneste. On a fait des epitaphes pour lui, desquelles ye bous dirai le plus court :

> Ci gist Bourron, qui de nouvelles
> Ne fut jamais chiche ni soul,
> Et qui alloit, en paiant d'elles,
> De Nante à Lion pour un sou.

Enay. Et bien! Monsieur, le tapis est mis [2], donnez-nous donc la piéce que vous nous promettiez.

Fæneste. Ceci n'est plus du rang des railleries, il ne faut pas tousjours fadeger ; c'est une prouphetie, troubée aux ruines de Partenai-lou-Biux, abec une lettre

---

1. *Bourron.* Un N. Sallart sieur de Bourron avoit commandé dans Montargis en 1590. (De Thou, livre 99.) L. D.

2. Après le repas, on ne quittoit pas la salle à manger, mais on desservoit la table, et on la couvroit d'un tapis.

que Nostre-Dame escriboit au maneschal d'Asai. Ye bous puis asseurer que ceci a mis en pene les plus sabans homes de la France. Lisez, s'il bous plaist.

Enay. « Du reste des fleaux et tempestes passées, et d'entre les fers pointus et pressez qui feront voler 40,000,000 de têtes en deux mois, je voi preparer à la discorde des semences qui de soi-même s'echauffent, et ces matieres être bien receues et pratiquées, mêmes par les plus pesantes humeurs. Je voi au premier beau temps qui passera l'equinoxe de mars, les entrepreneurs donner la tête baissée et mettre le fer en besogne, nommement sur le 45e degré de la France occidentale. Je voi quelques vieillards saturniens faire quitter à la jeunesse le repos et les délices, soit pour aller en garde, soit pour attaquer... Le tumulte s'echaufera premierement par bruits, par injures et cris contre les voisins, et même contre quelques domestiques revoltez. Les ennemis sont composez de divers langages, parures et complexions ; les uns sont de bandes noires, larronnesses et odieuses par tout ; les autres sont ames douces et sans fiel, qui ne cherchent que leur vie en paix : c'est une race cherie, et fut de bonne augure au maitre de tout le monde, qui pourtant n'étoit qu'homme, lors qu'il asseura l'Eglise à la plus grande deffaite des mescreans. La querelle sera pource que les occidentaux entreprendront la defense de leur mortelle ennemie ; je di mortelle, pour ce qu'elle recompensera d'une maudite mort ceux qui l'auront conservée, et voici la vicissitude des mignons d'Assuerus. Ces choses arriveront lors que les plus téméraires essayeront de desloger et desplacer les armes de leur roy en la presse et en l'obscurité. Je m'explique davantage en vous disant que les plus outrecuidez, plus par ruses que par effort, entreprendront sur le Soleil et la Lune, couverts d'armes deffensives que Saturne leur fournit, et ayans pour ofensives les plus rares presens de Mars. L'ingrate de qui nous parlons est celle par qui tant de vies perissent ou se conservent, par qui les esperances sont dressées, par qui abattues; c'est celle qui retient ou lasche la bride aux fureurs de l'air et à celles de l'Ocean ; par elle Samson fut dompté, par elle saint Paul fut sauvé : elle est si necessaire pour les exploits martiaux que elle a les effets du feu en sa puissance, et que par faute d'elle toutes les princesses de Carthage se couperent les cheveux. Sa querelle donc viendra des paroles aux coups ; les uns s'aidans des armes des Parthes, les autres de celles qui defirent les Philistins. Oserai-je dire que contre les debonnaires, comme par necromancie, seront emploiées les choses mortes, les spectres, les promptes idoles et la depouille des pauvres, mêmes des reliques qui feront des effets contre nature par les terreurs et épouvantemens. Je reste à vous dire que les forces de l'air y seront emploiées, si que, par un mouvement spherique, les esprits animeront les choses sans voix à des bruits et rumeurs pour reveiller les plus endormis, garde, la nuit, contre les éperviers de la sagesse!... Les deffendeurs penseront avoir vaincu ; mais lors qu'ils s'écrieront :

> O fortunati nimium queis militat æther
> Et conjurati veniunt ad classica venti!

ils se trouveront circonvenus par la multitude, et voici le secours des enfans d'Hercule, qui, fortifians l'espérance des plus bas, mettront l'ingrate defenduë hors de peril. Quelques mois après se feront des embrasemens... O Marmande! ô Tonneins! que peu dureront tes feux de joye! car on y brûlera les os des morts depouillez de leur peau et de leurs nerfs. Les derniers effets de tout ceci, plus familiers aux Anglois et plus redoutables aux Espagnols. »

CHAPITRE XV.

Explication de l'enigme.

Fæneste.

Et vien, les chebus ne bous dressent-ils poent en la teste?

Enay. Je demande loisir de repasser ceci à part moi.

Fæneste. Cependant que bous lirez, ye m'en bai faire un tour aux chebaux. Hola haut, Chervonnière! Carmagnolle! Estrade!... A proupaux, ce couquin n'y est plus. — Et vien, Monsur, vous y abez pensai?

Enay. Oui vraiment, et l'enigme est faite avec ses lois; mais de prophetie, il n'y en a que le paroistre.

Fæneste. Comment, parestre?

Enay. Or, donnez-vous patience, et je vous montrerai à quoi tombent les choses merveilleuses de cet écrit, duquel un seul mot m'a donné connoissance du reste.

Fæneste. Bous me ferez vien estonné et mespriser les sabants homes que y'ai oui là dessus; mais boyons.

Enay. Du reste des *fléaux et tempestes passées.* Les semences, ordinairement, ou viennent de dessous le fleau, ou sont resemées par ce que le mauvais temps fait demeurer dans le champ. *Et d'entre les fers pointus et pressez qui feront tomber quarante millions de testes en deux mois.* C'est le propre de ce que nous appellons ici et vers vous [1] la cherve, d'être egrugée entre des fers serrés et pointus. Et de conter les têtes qui tombent par là, il n'est pas possible ; et pour tant, quarante millions est un nombre certain pour l'incertain. *Je voi preparer des semences qui de soi-même s'echauffent.* Voila le mot qui m'a donné connoissance de tout le reste, pource que le chenevoi s'échauffe soi-même, dont on tire un proverbe assez commun. *Ces matières bien receues par les humeurs plus pesantes.* Celles-là sont les aquatiques, pource qu'en tels lieux se seme ordinairement la grene dont est question. *Je voi au premier beau temps qui passera l'equinoxe de mars donner la tête baissée et mettre le fer en besogne.* C'est la droite saison que les marreux [2] vont aux chenevières mettre les mottes en gueret, et ceux-là n'ont pas la tête haut. *Nommément sur le 45ᵉ degré de l'occident de la France.* C'est en la valée de Garonne que j'ai veu le plus de chenevières, et les plus grandes qui se trouvent ailleurs, et cela est la plupart par le 45ᵉ degré. *Je voi les vieillards Saturniens faire quitter à la jeunesse le repos et les délices.* Ce sont les jeunes enfans que les peres font lever du lit et du sommeil pour aller garder les semences. *Le tumulte s'echauffera premierement par bruits, par injures et cris.* Qui a veu cette garde n'a

---

1. *Vers vous*, pour chez vous, dans votre pays.

2. Ouvrier qui se sert d'une *marre*, espèce de houe.

point besoin d'explication. *Contre les voisins, et mêmes contre quelques domestiques revoltez.* C'est pource que les pigeons de la maison y vont aussi bien que les autres. *Entre lesquels il y a de deux sortes d'esprits, les uns sont bandes noires, larronnesses et odieuses par tout.* Cela sont les grosles [1], corneilles et chucats. *Les autres sont ames douces et sans fiel, qui ne cherchent que leur vie en paix.* Ce sont les pigeons, pour la douceur desquels quelques naturalistes ont écrit qu'eux et les tourtres [2] étoient sans fiel. *C'est une race cherie et de bonne augure à celui qui asseura l'Eglise.* Pource que la colombe apporta l'olive, marque de paix, et asseura Noé, prince des hommes qui restoient, et l'arche, type de l'Eglise, que les eaux se retiroient. *A la plus grande defaite des infidelles.* Toutes les défaites du monde n'ont point égalé celle-là, et ce qui n'étoit point dans l'Eglise se contoit pour infidèle. *La querelle sera pource que les Occidentaux entreprendront la defense de leur mortelle ennemie.* Les Occidentaux de la France sont les habitans de Bretagne, Poitou, Xaintonge et Guienne; mais plus particulièrement la Prophetie semble en vouloir à la Gascogne, plus curieuse que les autres à élever ce qu'on a nommé la *salade de Gascogne*, qui a fait de mauvais tours à plusieurs du païs, comme il paroist par ce qui suit : *Je dis mortelle, pource qu'elle recompensera d'une maudite mort ceux qui l'auront conservée.* — Elle est maudite par l'Ecriture. Tel en est etranglé qui l'a gardée en sa jeunesse. *Les rendant compagnons du mignon d'Assuerus.* C'est-à-

---

1. Corneilles.   2. Tourterelles.

dire leur baillant Aman pour camarade. *Lorsque les plus temeraires essaieront de deloger et desplacer les armes de leur roy d'obscurité en obscurité.* C'est quand les coupeurs de bourses les arrachent de la pochette d'autrui pour les mettre en la leur ; et les armes du roy s'entendent de toute sorte de monnoie marquée des armoiries du royaume. *Je dis davantage que les plus outrecuidez, plus par ruse que par effort, entreprendront de ravir et quelquesfois raviront le soleil et la lune, par la défense de Saturne et par les attaques de Mars.* Ceci depeint plus exprès les coupeurs de bourses : les Alchimistes appellent l'or, le soleil, et l'argent, la lune ; quand ils parlent donc de ravir le soleil et la lune, c'est ravir l'or et l'argent ; et tout de même pour ce que le plomb est entendu par Saturne, et le fer et l'acier par Mars, *défense de Saturne* est sans doute le pouce de plomb qui empêche le galand de se couper, et les *attaques de Mars* sont les coups du petit couteau [1]. *C'est encor elle par qui tant de vies perissent ou se conservent.* Qui a été sur la mer sait combien les cables et funins [2] sont necessaires à garentir les vies, et combien il s'en perd faute d'eux, sans conter ceux que la corde emporte en terre ferme. *Par qui les esperances sont dressées, par qui abatues.* Les esperances sont les voiles, qui sont guindées et ameinées par les cordages. *C'est elle qui retient et lasche la bride aux fureurs de l'air et à*

1. Les bourses se portoient à la ceinture. Pour les couper, les voleurs n'y employoient qu'une main, armée d'un petit couteau fort tranchant, et ils avoient imaginé, pour ne pas se blesser, de se garnir le pouce d'une lame de plomb.

2. *Funins*, cordages, agrès.

celles de l'Ocean. Les ancrages contre les tempestes dependent de la bonté du cable sur tout. *Par elle fut dompté Samson. Quand, étant lié de cordes neuves, il tomba ès mains des Philistins. Par elle saint Paul sauvé.* Quand avec des cordes il fut devalé des murailles de la ville de Damas. *Elle est si necessaire qu'elle a les effets du feu en sa puissance.* C'est de la corde qu'on se sert pour tous les exploits de guerre où les armes à feu sont mises en besogne [1]. *Et pour son absence toutes les princesses de Cartage se coupèrent les cheveux.* C'est qu'à la troisième paix punique, un Cartaginien ayant repondu au Romain qui demandoit s'ils avoient encores quelque autel pour parjurer : — Faites-nous, dit-il, jurer sur l'impuissance de rompre la foi. Les vaincus furent donc tellement desarmez, qu'on ne leur laissa ni cordes ni de quoi en faire ; eux donc, revenant à la guerre, firent des cordages en coupant les cheveux de toutes les femmes du país, sans que les princesses y épargnassent les leurs: *Cette querelle viendra des paroles aux coups, les uns s'aidans des armes des Parthes, et les autres de celles qui defirent les Philistins.* Pour ce que les Parthes ont reputation de vaincre en fuyant, ceci est la fuite d'un des partis, à savoir des oiseaux. Et pour ce que David ayant pris pour armes une fonde et defait les Philistins par la perte de Goliath, ceci est conté pour les fondes desquelles les petits enfans tirent aux oiseaux. *Oserai-je dire que contre les debonnaires, comme par necromantie, seront employées*

---

1. On sait qu'on se servoit de cordes allumées pour faire partir les arquebuses, et il y a peu de temps encore que les *boutefeux* en corde étoient en usage pour l'artillerie.

les choses mortes. Necromantie est une science qui se pratique par les morts : l'Enigme dit donc qu'on n'employe pas seulement les personnes à chasser les oiseaux, mais les choses mortes, qu'on appelle au païs les *Babouins*[1]. *Les spectres, les promptes idoles.* Spectre est ce qui effraye du regard, et ces hommes de paille sont des simulacres faits à la hâte. *Et la ruine des pauvres, et les reliques qui feront plus d'effet que ne doivent pouvoir les terreurs et epouvantemens.* A cela servent les depouilles des plus pauvres ; et quant au mot de reliques, il est fort proprement emploié, car il signifie restes, et nul n'y met rien de quoi il se puisse servir encores. Et quant à la terreur, qui a là plus de force qu'elle ne devroit, c'est pour ce qu'il n'y a point de raison que les choses qui ont vie fuient pour celles qui n'en ont point. *Il reste à vous dire que les forces de l'air y seront employées, si que, par un mouvement spherique, les esprits animeront les choses mortes à des tours violens, puissans à reveiller les plus endormis...* Les forces de l'air sont les vents, et voici les moulinets dans les arbres qui chassent de leur bruit, et auprès desquels on ne dort pas à l'aise ; leur mouvement est spherique et paroist tel, quand ils vont viste principalement. *Garde, la nuit, contre les esperviers de la sagesse.* C'est pour chasser la nuit, qu'il n'y a point de garde, les cheveches et hibous, qui y font aussi du mal ; le titre qu'on leur baille ici est pource que Jupiter va toujours accompagné de l'aigle,

---

[1]. *Babouin*, un marmouset, ou figure ridicule barbouillée sur la muraille d'un corps de garde, pour la faire baiser aux soldats qui ont fait une faute légère. (*Dict. de Trévoux.*) Ce mot désigne ici ces mannequins de paille couverts de vieux habits, et destinés à faire peur aux oiseaux.

ainsi l'oiseau de nuit est l'aigle de Pallas, à qui la sagesse appartient. *Les perturbateurs penseront avoir vaincu ; mais lorsqu'ils crieront :*

>O fortunati [1] nimium queis militat æther
>Et conjurati veniunt ad classica venti!

ils se trouveront circonvenus par la multitude. C'est pour le mal que les mouées [2] font maugré tous ces artifices. Et les deux vers sont pris d'un poëte chrétien, qui, aux guerres de Stilico, s'éjouit de ce qu'au jour du combat les vents donnoient au visage des ennemis ; et le jeu des enigmes est d'approprier les grandes choses aux pueriles, comme cette-ci. *Et voici le secours des enfans d'Hercule, qui fortifians l'esperance des plus bas, mettront l'ingrate defendue hors de peril.* Les enfans d'Hercule sont les Jumeaux, qui durent jusqu'au 22 de may ; dans ce temps la verdure, qui est l'esperance, s'etant élevée, couvre le plus bas, met la semence defendue en herbe... Vous savez bien pourquoi il l'appelle ingrate. *Quelques mois après se feront des embrasemens.* Ce sont les feux que vous voyez tout le long de Garonne, que celles qui teillent font [3]. *O Marmande! o Tonneins! que peu dureront tes chants et tes feux de joie, car on y brulera les os des morts depouillez de leur peau et de leurs nerfs.* Il s'attaque à Marmande et à Tonneins, comme lieux où principalement se void ce

---

1. Parodie des vers de Claudien :

O nimium dilecte Deo, cui fundit
  [ab antris
Æolus armatas hiemes, cui militat
  [æther
Et conjurati veniunt ad classica
  [venti.
(*De III cons. Honor.*, 96 seqq.)

2. Mot poitevin : vol, troupe d'oiseaux.

3. En brûlant les chenevottes.

qui se raconte ici. Les chants sont alleguez pour les chansons continuelles qui s'y disent en veillant ; et pour ce qui est dit des os depouillez de leur peau et de leurs nerfs, c'est une peinture assez expresse de l'état où on laisse la chenevotte avant la donner au feu. *Les accidens de tout ceci seront plus familiers aux Anglois et plus redoutables aux Espagnols.* Ceux qui ont frequenté l'une et l'autre de ces nations savent combien la mort de la corde est familière aux Anglois et horrible aux Espagnols.

Fæneste. Bous me faites faschai et puis yoius : 'ye suis marri de boir de si velles chauses benir à rien, car ye m'en faisois admirer et parestre en vone compagnie, mais aussi l'explication me baudra force vones repues.

CHAPITRE XVI.

De Sourdy[1] et sa femme, du Prince joueur, de Chenevières, du Prêtre de Bougouin, du Moine de Maillezais.

Enay.

Je vous proteste que j'ai choisi votre païs pour y avoir plus de cherves qu'ailleurs, mais non pas plus de larrons : car les coupeurs de bourse viennent plus de Paris que d'autre lieu. Or je reçoi la prophetie de votre main ; mais

---

1. *Sic* dans l'édition de 1630, la première qui contient une division par chapitres. Il est probable que ce nom est écrit selon la prononciation du temps, *Sourdy,* au lieu de Sourdis.

vous avez tiré, quant et quant, de petits papiers, desquels je voudrois bien avoir part, s'il vous plait.

Fæneste. Monsur, ce sont petits sauvriquets [1] que Bourron m'aboit encores donez.

Enay. Vous parlez d'un honnête homme, et que je prenois à autant de contentement de voir mettre pied à terre ceans que de gentilhomme qui me fist cet honneur.

Fæneste. Tenez, en boilà quatre à boste commandement.

Enay. Voyons cettui-ci.

Fæneste. C'est d'un Signur [2] qui aboit à Chartres une praube garce mal bestue; il prit un caprice à sa fame, en passant par là, de la faire aviller tout à nuf; lors lou Monsur, boyant cette vraberie, en dit ce petit mout :

    Oui, ma femme, il est tout certain
    Que c'est vaincre la jalousie,

---

1. Fæneste veut dire sans doute *Saupiquets*, et il appelle ainsi de petites pièces satyriques, *salées et épicées*, comme le ragout qu'on nomme Saupiquet.

2. François Escoubleau de Sourdis, gouverneur de Chartres sous Henri IV. Il laissa prendre assez facilement cette ville par les ligueurs en 1589; cependant, Henri IV l'ayant reprise en 1591, Sourdis fut retabli dans son gouvernement, grâce à la faveur du chancelier de Chiverny, amant de sa femme, si l'on en croit d'Aubigné (*Hist.* *univ.*, t. III, liv. 3, chap. 9).— Il passoit pour un mari fort debonnaire. On lit dans les *Observations sur les amours du grand Alcandre* : « Ce bonhomme (Sourdis), surprenant une fois les amants dans le lit, se plaignoit qu'ils ne fermoient pas leur porte, leur remonstrant la honte qu'ils encourroient si un autre que lui les eust surpris. Et comme à Chartres on portoit au baptême un enfant d'Isabeau (Babou de la Bourdaisière, sa femme, tante de Gabrielle d'Estrées), duquel le chancelier (de Chiverny) étoit

Et un trait de grand courtoisie,
D'avoir revestu ma putain.

parrain, passant entre deux haies des gardes d'Alcandre (Henri IV), les soldats disoient tout haut : Il est père et parrain. — Es-tu sourd? dit-il. Il est constant qu'à l'article de la mort, la dame declara que Henry n'étoit pas le fils de son mari.—Celui qui le portoit au baptème dit que cet enfant étoit bien pesant. On lui repartit : Ne vous en étonnez pas; il porte les sceaux.» (*Journal de Henri III*, t. IV, p. 423.)

« Ne craignez pas qu'il eschappe, dit le roi; il n'a garde, il est bien bridé et bien sellé... » Sa Majesté, deux ou trois jours auparavant, avoit mandé par Lomenie à M. le chancelier qu'il estoit bien aise de ce qu'il avoit fait un si beau fils à M. de Sourdis, et qu'il en vouloit estre le compère. Autres toutefois le donnoient à l'evêque son oncle, qui l'avoit baptizé, et maintenoient qu'il en estoit le vrai père. Sur quoi aussi fut divulgué ce vilain quatrain qui fut trouvé semé ce jour-là dans l'église Saint-Germain avec un autre sixain qui ne valoit pas mieux :

Les dieux ont bien favorisé
Cet enfançon nouveau venu :
Deux adultères l'ont tenu
Et son père l'a baptizé.

L'Estoile, novembre 1594.

Le Duchat, dans ses *Remar-*ques sur la confession de Sancy, après avoir cité l'épigramme du baron de Fæneste, ajoute : « Cependant madame de Sourdis doit avoir été très vertueuse, ou, pour mieux dire, la plus sage personne de sa famille, à juger de cette dame par d'autres vers qui furent faits en 1599 sur une de ses nièces, morte subitement à Paris, dans la semaine sainte de cette année-là. Les voici :

Passant, ci-gît une Vénus
Qui trépassa de mort soudaine;
Elle estoit des putains la reine;
Et son mari roi des cocus.
Elle qui fut putain jadis,
Toutes ses sœurs putains pu-
  [tantes,
Sa grand'mère et toutes ses
  [tantes,
Fors que madame de Sourdis.

Le Duchat n'a pas compris le trait de l'épigramme. Si un poète ancien eût dit : Toutes les femmes de la famille Valeria ont été des coquines, excepté Messaline, Le Duchat auroit-il pris cela pour une réhabilitation de l'impératrice femme de Claude?

Tallemant appelle la famille de la Bourdaisière « la race la plus fertile en femmes galantes qui ayt jamais esté en France. On en compte jusqu'à vingt-cinq ou vingt-six, soit religieuses, soit mariées, qui toutes ont fait l'amour hautement. De là vint qu'on dit que les armes de la Bourdaisière, *c'est une poi-*

Si [1] je veux, comme la merveille
Et l'excellence des maris,
Rendre à vos ribauds la pareille...
Cela ne se peut qu'à Paris.

Enay. Bon, et cettui-ci ?

Fæneste. Les alliances en sont changées [2], car c'est d'un des plus galands princes, et de la plus gentille princesse qui soient à la cour.

Comme l'on a soin de ses proches,
Une tante blasmoit du jeu

gnée de vesses : car il se trouve, par une plaisante rencontre, que, dans leurs armes, il y a une main qui sème de la *vesce*. On fit sur leurs armes ce quatrain :

Nous devons benir cette main
Qui sème avec tant de largesses
Pour le plaisir du genre humain
Quantité de si belles vesses. »
Tallemant, *Hist. de Henri IV*.

On sait que vesse étoit autrefois synonyme de catin.

1. L'absence de ponctuation dans les éditions de 1619 et de 1630 laisse quelque obscurité. On peut entendre : Si je voulois rendre la pareille à vos amants, ce n'est qu'à Paris que je trouverois assez d'étoffe pour les habiller ; ou bien : Si, je veux rendre la pareille à vos amants ; ce n'est qu'à Paris, etc. *Si* seroit, dans ce cas, synonyme de *aussi*, *pour cela*, comme dans cette phrase de Molière :

« J'ai la tête plus grosse que le poing, et si, elle n'est pas enflée. »

2 C'est-à-dire : il ne s'agit pas d'un *neveu* et d'une *tante*, mais de parents à un autre degré. « On dit que comme elle (la princesse de Conty, fille du duc de Guise assassiné à Blois) prioit M. de Guise, son frère, de ne jouer plus, puisqu'il perdoit tant : Ma sœur, lui dit-il, je ne jouerai plus quand vous ne ferez plus l'amour.—Ah ! le meschant ! reprit-elle, il ne s'en tiendra jamais. » Tallemant, *Hist. de la princesse de Conty.* —Est-ce la prudence ou la rime qui oblige ici d'Aubigné à changer *les alliances*, ou bien s'agiroit-il d'autres personnages ? A cette époque, il y avoit tant de joueurs et tant de femmes galantes, qu'on peut être embarrassé pour faire un choix. La prudence, de la part de d'Aubi-

DU BARON DE FÆNESTE.

Son neveu, avec grands reproches.
A la fin, ce dit le neveu :
Ne jouez plus du cul ma tante,
Ni moi aux dez, je le promets.
— Va, traitre, dit la reprenante,
Tu ne t'en chatiras jamais.

Enay. Voici qui va bien; mais en voilà trois que vous cachez.

Fæneste. Ye n'en cache qu'un, qui me feroit pendre s'ils estoit troubé sur moi à Paris; y'aime mius bous doner ces dux ici. Le premier a le nom changé, mais il est de mesme rime.

C'est un drosle que Jehenevières [1],
Sa femme ne lui en doit guères ;

gné, se concevroit mieux si son épigramme s'adressoit à Henri IV et à une de ses tantes, la princesse de Condé par exemple. Tallemant raconte « qu'un jour le roi alla chez madame la princesse de Condé, veuve du prince de Condé le bossu. Il y trouva un luth sur le dos duquel il y avoit ces deux vers :

Absent de ma divinité
Je ne vois rien qui me contente.

Il adjousta :

C'est fort mal connoistre ma
[tante :
Elle aime trop l'humanité. »
Tall., *Hist. de Henri IV.*

1. *Jehenevières.* Lesdiguières, en ce tems-là maréchal de France. On sait les bruits qui couroient de Marie Vignon, qu'il avoit enlevée à son mari, et qu'il épousa depuis. L'édition de 1619 lit *Vanechières*, au lieu de *Jenevières*. Pourquoi ce changement, puisque l'un vaut l'autre pour la rime ? L. D. — Voir dans Tallemant l'historiette du maréchal de Lesdiguières. Je doute un peu qu'il soit ici désigné sous le nom de Jehenevières ou de Vanechières. Il est vrai qu'il n'étoit ni considéré ni aimé par les huguenots, qui lui reprochoient de sacrifier les intérêts de ses coreligionnaires à des considérations de fortune et d'ambition. Cependant il n'avoit pas encore abjuré en 1619,

Ils se pippent en cent façons ;
Mais il perd à ce marché, parce
Que lui n'entretient qu'une garce,
Et elle cinquante garçons.

Enay. Voyons ce que dit l'autre.

Fæneste. Cettui-ci est de Bougouin, où y'espere aller coucher le soir; c'est un biux conte du curé Fraslart, qui en mourut de tristesse, ou autrement. Lisez :

Ci dessous gist un pauvre prêtre,
Plaintif que Bougouin, son maistre,
Lui fit faire plus d'un mestier.
L'esprit revient et lui reproche
Qu'il viroit ¹ en esté la broche,
Et l'hyver il estoit portier.

Enay. Je vous assure que cettui-là n'est pas mauvais; mais puis que vous craignez de porter à Paris tous ces papiers que vous serrez, où pouvez-vous les laisser mieux qu'ici, à nous autres qui ne sommes pas si ombragez des potences comme on l'est à la place aux veaux ².

---

et, comme médiateur, il rendoit encore de grands services à son parti. En 1619, le maréchal avoit 76 ans, et je ne sache pas qu'il entretînt une maîtresse; il n'y avoit que deux ans qu'il avoit épousé Marie Vignon, qui le dominoit absolument. Aussi, cette g.... entretenue par Jehenevières, c'est probablement la maréchale elle-même.

1. *Qu'il viroit.* Les cuisiniers trouvent le feu plus âpre l'hiver que l'été. L. D. — Je conserve cette note sans la comprendre. Pour moi, il me semble que le sens de l'épigramme, c'est que le pauvre prêtre étoit obligé de remplir ses différents offices à contre-temps, l'hiver au froid, l'été devant le feu.

2. *La place aux veaux.* La Grève, à Paris. Sur le port où aboutit cette place se vendent

Fæneste. Il y en a vien qui ne sont pas dangereux aussi : tenez, prenez-les comme ils biendront...... Cettui-ci est d'un moine de Maillezais, qui, se boiant fort vas [1], cachoit entre ses cuisses une petite bourse de pistoles pour en faire son dernier present. Celui qu'il aboit choisi pour le confesser lui pensa arracher un pacquet pour l'autre. Lisez :

> Pour donner l'onction dernière,
> Le frère confessant le frère
> Lui fit mal, non à son escient ;
> Aussi il s'en excuse, pource
> Que ce fut en tirant la bourse
> Qu'il prit la couille au patient.

CHAPITRE XVII.

Du comte de Lorme [2].

Fæneste.

uis que bous estes si opiniastre à boir les autres, gardez-les, et ne les bouiez que quand je serai vien loin, car il est dangerux en diavle d'estre troubé avec quauque cause

---

les veaux, qu'on y débarque toute l'année. L. D. — Sur le plan de Gomboust, 1652, la place *aux veaux* est au débouché de la rue Geoffroy-l'Asnier, entre le quai Saint-Paul et celui de Grève.

1. Très malade.
2. *Du comte de Lorme.* Simon Goulart, dans son *Recueil d'histoires admirables et memorables*, tom. Ier, pag 275 et suiv. de l'édit. de 1610, fait un récit assez pareil de certain Jean Allard, Tourangeau, insigne affronteur sous le règne de Charles IX. L. D.

qui touche Monsur lou Maneschal [1], et y'ai affaire de sa fabur pour une grande entreprise à laquelle ye suis conbié, et pour laquelle il me faudra rebenir en ce païs à un amvarquement.

Enay. Est-il possible que je ne vous y saurois aider, puisque c'est en ce païs ?

Fæneste. Je ne sais pas ; ye m'en bai bous conter que c'est, mais ye bous recommande lou secret.

Enay. Et moi à vous-mesmes.

Fæneste. Je bis à Paris, abant partir, un grand cabalier qui est benu ouffrir de merbeilluses richesses pour releber la couronne d'une grande partie de ses debtes, mettre force princes et signurs à lur aise, et rendre le roi maistre de la mer, en despit des Anglois, Flamans et Espagnols. Cet home bient de la part du general Stincs et huict autres grands pirates [2], qui ont

1. Le maréchal d'Ancre.
2. *Stinks.* Ce nom est hollandois, à ce que je crois, mais le personnage, s'il a existé, m'est tout à fait inconnu.—On peut se demander si ces grands pirates qui projettent la conquête du Pérou sont de l'invention du comte de Lorme, ou si, comme il est plus vraisemblable, il met en avant, pour faciliter ses escroqueries, les noms de corsaires célèbres à cette époque. Mais quels sont ces corsaires si puissants ? Ce ne sont pas les *Gueux de mer*, car les exploits des marins hollandois qui firent sous ce nom la guerre aux Espagnols appartiennent à la seconde moitié du XVIe siècle. D'un autre côté, il est difficile de croire qu'il s'agisse des *Flibustiers*, à peine connus en Europe au commencement du XVIIe siècle, lorsque d'Aubigné publioit la troisième partie de Fæneste. Les prodiges de courage et de férocité de l'Olonois, de Montbars, de Morgan, en un mot la terrible renommée des Flibustiers date de 1666 à 1689. Il est probable pourtant que, dès les premières années du XVIIe siècle, la course dans les Indes occidentales avoit enrichi quelques marins anglois et hollandois, et que dejà l'on contoit des merveilles du butin qu'on pouvoit faire en donnant la chasse aux galions espagnols. Peut-être

boulu vailler au roy d'Angleterre dux millions d'or, et lui conquerir le Perou à leurs despens ; et, leur roy (car ils sont la pluspart Anglois) ne les voulant recevoir à aucun traitté, ils crièrent, en levant l'ancre devant l'isle de Wich [1], qu'il demeurast roy d'Angleterre et ux de la mer. Ils ont fait quelques ouffres semvlavles aux Estats, au roy d'Espagne, aux Benitiens, et au duc de Florence ; mais ces gens-là, trop ceremonius, n'ont pas boulu prendre sur lurs consciences l'aboulition de tant de murdres et rabissemens, et sur tout de cinquante mille ames bendues aux infidèles. Tous les conseillers d'Estat de ces païs se rendoient trop scrupulux. Vien est brai que les plus bius du Conseil d'estat s'y oppousoient au commencement ; mais les plus aviles, come Mangot et Varvin, et plus encor Monsur lou Maneschal et Madame [2], lui ont fait passer sauf-conduits, abolition et contrats honoravles, non seulement pour tous les maux passez, mais encores pour ceux qu'ils feront en se benant rendre à la France, et yusques à ce qu'ils soyent en la ribière de Morbian ou en celle de Marans.

Enay. C'est-à-dire l'Aiguillon [3].

Fæneste. Coment ! Monsur, en sabez-bous quauque cause ?

Enay. Je n'ai que cela pour cet heure. Poursuivez, s'il vous plait, et parlons sobrement de nos superieurs.

Fæneste. Cap de you ! ye ne dis rien que ce qu'il a

---

même, dès cette époque, des corsaires avoient-ils projeté de croiser dans l'océan Pacifique et de piller les côtes du Pérou, comme ils firent environ 60 ans plus tard.

1. L'île de Wight.
2. Le maréchal d'Ancre et sa femme.
3. Petit port près de Marans.

fait boir à mille persones : car il a, par tout où il a peu, engagé ses contracts, quand il trouboit de l'aryent dessus.

Enay. Et que promettoit ce grand personnage ?

Fæneste. Il promettoit au roy un present de deux millions d'or, si mius Sa Majesté ne bouloit conter pour nuf cens mille escus dix-huict navires qu'on n'esquiperoit pas en France pour les deux millions, et puis onze cent mille escus en espèces. Il donnoit à M. lou maneschal [1] trois cent mille escus, et à Madame [2] pour cent mille escus de diamens ; à un prince et à dux ouficiers, chacun cent mille escus ; pour cinq cents mille escus de presents par ci par là... Tout cela ne lui est que fumier, car ils ont trente-six millions d'or en lingots et monnoye, et plus que cela encores en diamans bruts, n'aians daigné empaqueter ceux qui estoient au-dessous de quatre quarrats ; pour seize millions de perles, si grosses qu'elles incommodent à les pourter... Ye me haste de m'en aller là, pour être emplouié à ce grand serbice : car on emvarquera en ce païs pour aller querir ces richesses.

Enay. Et avez-vous connu ce bon seigneur-là ?

Fæneste. Oi braiment : il m'appelle son camarade ; il m'a mené dux fois disner abec les gentius-homes de monsur lou maneschal. C'est un petit home visarre et qui jure en diavle, ne parle que d'estrangler mille homes à la fois, et ne proumet au moendre de nous autres rien moens de vingt mille escus.... C'est pour parestre, cela ! Il dit qu'il a une tour à Vanes, qu'il a fait

1. Le maréchal d'Ancre.
2. Eléonore Galigaï, maréchale d'Ancre.

murer pource qu'elle est plaine d'or; qu'il a laissé quatorze mille pistoles entre les mains d'un sien ami près d'Angers, et en autres divers lieux autant, et dix-sept cent mille escus à la generale Chaü [1], abec une licorne plus velle qu'il y en ait yamais eu en France, un pelican de qui les yeux d'escarvoucle balent un demi-milion d'or, un poignard de qui le pommeau est d'un diamant... Et moi là !

Enay. Ce que vous avez dit du parchemin et de la cire, un de mes voisins en pourroit respondre, parce qu'on a desposé entre ses mains les premiers originaux pour le succez de tout cela. C'est une bizarre pièce. Nous avons veu l'homme. Vous a-t-il jamais donné ou prêté un escu ? A-t-il à Paris payé la comedie ou le bateau pour vous ? Avez-vous disné à ses despens ? Avez-vous eprouvé une verité de tout ce qu'il dit ?

Fæneste. Non pas certes, non.

Enay. Ces jours, étant à Fontenai-le-Comte, il fit un testament [2] par lequel il donnoit quatre cent mille

---

1. Ce nom, évidemment estropié, peut être celui de la femme légitime ou autre de quelque chef de pirates. Je suis tenté de lire *Shaw*, nom anglais assez commun. Je trouve dans les *Lettres missives de Henri IV* qu'il est fait mention d'un vicomte de *Chaus* ou d'Etchau, Navarrois, que le roi envoie en Espagne pour une mission secrète (tom. Ier, p. 521). Je cite ce personnage à cause de la ressemblance des noms ; mais je ne suppose point qu'il s'agisse de sa femme, s'il en avoit une.

2. *Un testament.* Tel que celui que, dans le *Menagiana* de M. de la Monnoye, les Italiens appellent *testament de Lippo Topi*, peut-être de ce Lippo Topo peintre de grotesques dans Bocace. Gueux comme un peintre, fou comme un peintre, dit-on proverbialement. L. D. — Ipse enim (Lipetopus) cum in extremo vitæ venisset, testamentum condidit, in quo multa millia ducatorum in pios usus dimittebat. Cum vero circumstantes interrogarent quis esset executor tantæ pecuniæ distri-

escus à quelques gentilshommes et dames. Le notaire Grignon, un des meilleurs de la province, prit plaisir à coucher cela en termes honorifiques, comme la besogne la plus splendide qu'il eust fait en sa vie ; mais la minute et la grosse lui demeurèrent, pource qu'aucun des donataires ne voulut hasarder vingt sous pour la façon. Et pour la colation qui se fit à cette occasion, demeura le mandil[1] du laquais. Et là il declame contre les Poictevins, les appelle mauvais niais ; et j'ai veu dans le cabinet de mon voisin dix-huit ou vingt pacquets qu'il a receus, et en reçoit tous les jours des plus grands de la cour, qui l'employent à maintenir leur droit à la façon de ce grand partage, pour lequel il y a commissaire entretenu en ce pays, avec beaucoup de particularitez en cet affaire, qui ne doivent point être divulguées, pour le respect que nous devons aux plus elevez... Je me contente de vous avoir dit cela, me sentant obligé par votre joyeuse visitation à vous detourner d'un si pernicieux voyage, comme je fai tous ceux sur qui j'ai créance ou authorité.

buendæ, respondit testator : Hic est punctus. Unde tractatum est vocabulum illud, aut vulgare proverbium : « Qui sta il puncto, disse Lipetopo. » *Menagiana*, t. II, p. 42, éd. 1715.

CHAPITRE XVIII.

Quelque suite de Lorme.

Fæneste.

Cap de buch ! me boilà aussi estonnai que quand bous abez reduit ma prouphetie en filace. Coment diavle seroent trompez tant d'aviles hommes, et qui sont si près du Souleil ?

Enay. Le trop près éblouit au lieu d'éclairer ; nous autres aux villages, à la juste proportion et rencontre des lignes visuelles, voyons quelquesfois plus à clair. C'est que ce galand, qui s'appelle en ce pays tantôt l'Amiral, pour l'esperance de commander une armée navale, tantôt le comte de Marans, pource qu'il le veut acheter, tantôt le marquis de Belle-Isle ou de Ré, comte d'Oleron, Lieutenant du Roy en Bretagne, et ainsi prend le titre d'autres seigneuries et gouvernemens, ainsi qu'il les desire... Ces jours, en un festin de ce pays où il avoit appellé trois ducs, ses cousins, un maçon le voyant à table, et ayant bien catechisé sa memoire pour le reconnoître, le tira par les chausses au sortir du disné, et lui dit : — Mon cousin, j'aurois bien à cette heure affaire des huit livres que vous touchâtes pour moi quand nous travaillions à Brissac. Les ducs qu'il avoit accousinez n'empêchèrent point les premiers coups de poings du cousinage nouveau, et après la separation firent une enqueste sur M. de Lorme, comme pour le faire chevalier du Saint-Esprit, et se trouva que son père et son frère, pleins de vie et bons maçons, travaillent encores près de Cran. Ce mauvais coup fut secondé par un Flamand mal gracieux, qui, dans un logis de Marans, lui maintint, avec le poing au visage, que tous les pirates qu'il alleguoit étoient noms contrefaits, ou personnes qui n'étoient plus. Ces petits accidens, querelles de mauvais succez, coups de pieds et autres rebuffes, que souffrit ce bon seigneur, m'aidèrent à decourager l'embarquement où se vouloient engager quelques jeunes gentilshommes en la perte desquels j'aurois interêt; mais tout cela n'a point empêché que je n'aie perdu l'amitié de quelques uns, et que ce rustre, avec deux ou trois espions de ce pays, au despens de plusieurs faussetez inventées, ne m'aye mis mal avec ceux qui peuvent le mal et le bien. Cela m'a fait dire des espions, avec Tacite : *Genus hominum semper satis odiosum, nunquam satis coercitum.* Je ne vous dirai plus que ce mot, pour cette fois : c'est que le commissaire de cet affaire, après avoir été huit mois en ce pays, voulant retirer de mon voisin les originaux de toutes les depêches, lui fit une remontrance serieuse, sentant la menace, en ces termes : — Monsieur, vous offensez le plus grand et le plus honorable conseil qui soit en l'univers, de vouloir avoir un sentiment contraire au leur, et voyant cet affaire authorisé de si honorables et authentiques depêches, pour paroistre plus habile qu'eux, les decrier, dedaignant de suivre leur exemple, en deployant votre assistance et vos moyens pour un affaire tant desiré; pour moi, je ferai mon rapport de ce que vous me repondrez là-dessus. Mon voisin repondit : — Monsieur, dites donc comment je voudrois que ces pièces, que vous estimez tant honorables, le fussent pour tous; et quant au mepris de l'exemple duquel vous me chargez, tant s'en faut, car je suivrai Messeigneurs de point en point, et, comme ils n'ont point epargné les titres et n'ont rien debourcé, ainsi j'apellerai Jean de Lorme, que voilà, monsieur l'Amiral; mais il n'aura point de mon argent, comme ce conseil n'en donne point.

Fæneste. Ha, Monsur, me boilà deffait! A la beritai, y'abois vien pensai dux chauses: l'une, qu'il ne saboit ni lire ni escrire, et l'autre, qu'il n'aboit pas un villet sulement de la part de çus de qui il se disoit ambassadur.

CHAPITRE XIX.

Du Comte de Manle.

Fæneste.

Or ye m'en bai boir à la cour coment cet affaire est abançai; si ye ne puis rien de ce costai, ye me bai mettre de dux mestiers l'un : ou coyon de mille libres[1], ou espion, car y'en boi qui font lurs affaires et bandent vien cher des biedaseries.

Enay. Vous ferez bien de ne vous attendre plus de ce côté-là: je pense vous en pouvoir dire la fin au premier voyage que vous ferez en ce pays, mais je crains qu'elle ne soit pas comique comme celle du comte de Manle.

Fæneste. Qu'estoit cela?

Enay. C'étoit le greffier du lieu, qui, de dix mille livres que son père lui avoit laissé en mourant, avec l'es-

---

1. Ce mot sera expliqué au chapitre suivant.

tat, en ayant mangé huit mille en friponnerie, hazarda les deux qui lui restoient à faire un train, composé de ses compagnons de debauche. Le plus vieux fit monsieur le Maistre; un autre, qui jargonnoit l'italien, fut seigneur Francisque, escuyer; un autre le secretaire, et le quatrième le vallet de chambre. Le secretaire, solicitant un procès contre la comtesse de More et la maison de Caumont, à cause d'un partage de son maistre, avoit pris connoissance en un logis de la ruë du Temple, à Paris. Il trouva son maistre arrivant fortuitement en poste, et le mena descendre et loger où il y avoit pour lui salle et deux chambres tapissées, en attendant que le train fût venu, pour lequel, la cuisine et les pages, il erra[1] un petit logis auprès, l'hostesse faisant le marché[2]. Monsieur le comte, ayant receu nouvelles que la biche privée étoit morte, se mit au lit de deplaisir, mais sous cette couverture c'étoit pour l'amour sans raison qu'il portoit à madame Avoie, fille unique du logis, à laquelle il ne pouvoit manquer quarante mille écus de succession, outre les immeubles. La mère et la fille, en peu de temps, s'apprivoisèrent fort avec leur hoste, qu'ils[3] louoient de ses bons propos, mais sur tout d'être bien privé pour un grand seigneur. Le secretaire se cachoit avec elles derrière une cloison fendue, d'où ces femmes ecoutoient ce qui se disoit en la chambre de M. le comte. Un soir ils epièrent de plus près, pour un grand contraste[4] qu'ils entendoient entre le maistre d'hostel et l'escuyer, au chevet du seigneur.—Comment,

1. Donna des arrhes.
2. C'est-à-dire, je crois, qu'elle stipula les conditions de ce marché.
3. Les gens du comte pretendu.
4. Discussion.

disoit le seigneur Francisque, pourrez-vous comparoistre devant Messieurs du Lude, de Bourdeille, de Ruffec et des Cars, et leur mener pour proche parente une Parisienne, et pour alliez des sires et des chapperons de drap[1]? — Ha, Francisque, disoit le maistre d'hostel, pense-tu que nostre maistre n'ait pas combattu ces choses par la vehemence d'un amour à quoi toi ni moi ne saurions remedier? Il n'est plus temps de le conseiller, mais de le servir; il est assez grand pour agrandir une femme, de laquelle les enfans ne porteront pas le nom. L'escuyer redoubloit: — C'est toi qui l'as flatté en cette opinion: quand tu seras au pays, ces seigneurs te feront pendre. — Vois-tu, bougre, disoit l'autre, si tu leur fais recit de moi autre qu'il n'appartient, je te ferai manger un pied d'épée. Le comte levoit le bras entre deux, et, après quelques soupirs, disoit: — O, Francisque, que tu juge de ma vie iniquement! (La mère et la fille disoient l'une à l'autre à l'oreille: — Voigé-vou, jamais nous n'avons eu que du mal pour ces caillettes d'Estalians illec[2].) Il faut accourcir que, par de telles menées, M. le comte daigna épouser Avoie, et cassa Francisque pour le premier de son train[3], avec cent

---

1. Des marchands et des bourgeoises. On traite de *sires* les marchands, et la coeffure des bourgeoises d'alors étoit le chaperon de drap. L. D.

2. *Ces caillettes d'Estalians illec.* Ces impertinens d'Italiens-là. Caillette, nom d'un fou du XVe siècle, sur la fin, est depuis longtemps une sorte d'injure chez les Parisiens. Marot, cité par Ménage au mot *Caillette* de ses *Orig. fr.*:

Bref, si jamais j'en tremble de
[frisson,
Je suis content qu'on m'appelle
[*Caillette*.

Voiez la note 5 sur le chap. 36 du 3e liv. de Rabelais. L. D.

3. Le tour étant fait, il n'avoit plus besoin de son train.

beaux écus content, et quelque promesse; le secretaire, avec autant, fut depeché aux affaires du pays pour ne revenir plus. M. le comte disoit à son beau-père qu'il le prioit de l'emploier à ses affaires d'Allemagne, et qu'il prendroit à grand plaisir de voiager en le servant, mettant la commission de facteur au nom du maistre d'hostel. Ce discours vint bien à propos, pource que dans le mois un vilain de Manle tout nud-jambe passoit devant la porte comme le comte venoit de la ville; il se jette après lui dans l'alée en s'ecriant : — La piadé[1], maistre Guillome, que vou m'avé baillé de pouenne à vou treché! Chardé, que vou este brave! Quement, diantre, vou portez-vou? Hé, vequi métre Franças Thibodeaz (parlant du maistre d'hostel). Y sé venu pre les quatre-vingts francs que vou savé... Voilà un grand scandale dans la maison, la mère et la fille aux hauts cris. Le père, qui leur avoit contredit au mariage, les arreste, et les prenant par les deux mains : — Là, là, dit-il, il ne faut point faire les bestes : nous pensions avoir pour gendre un grand seigneur, et nous avons un habile homme, que j'estime autant.

Fæneste. Cap S. Arnaud, lou vrabe homme! Y'abois vien pensai d'en faire autant, mais tout mon cas s'en ba en cagade... Ye biens à mon perpaux, qu'il me faut estre ou coyon de mille libres, ou espion.

1. Quelle pitié!

CHAPITRE XX.

Des Coyons de mille livres, des espions.

Enay.

Qu'appelez-vous coyon de mille livres?

Fæneste. Ce sont quarante gentiushomes, et quauques signurs parmi, à qui monsur lou maneschal [1] done mille libres et bouche à cour, pour se tenir près de sa personne, et selon qu'ils se rendent sujets [2], il lur fait du vien d'aillurs.

Enay. Qui les a nommez ainsi?

Fæneste. C'est lui-mesme. Quelques-uns les bouloient appeler les quarante-cinq ou ordinaires, mais cela sentoit trop lou roy; les autres, couppe-jarrets ou suibants, mais cela estoit trop odius ou trop vas, tellement que monsur lou maneschal, en les appellant, comandoit qu'on lui fit benir ses coyons de mille libres, quand il sortoit, et ce nom leur est demeuré. Il y en a qui disent que tous les princes le haïssent, et mesmes qu'il a à se craindre du ciel; mais si vien accompagné, il n'y a pas mouien de lui rien demander : il vatteroit vien tout lou Loubre.

Enay. La garde des mercenaires s'est trouvée bien souvent infidèle au besoin. Et quel moyen auriez-vous d'entrer en cette compagnie?

Fæneste. Il y a un escuier de Madame que y'ai accompagné pour un acquest de quinze mille libres de

---

1. D'Ancre.   2. Se montrent dévoués.

rente qu'il but faire ; il m'a dit que ye parusse au disnai de Monsur, et qu'il me presenteroit.

Enay. Comment ! l'escuier quinze mille livres de rente ?

Fæneste. Je bous puis assurer que celui qu'ils appellent le petit Taillur[1] murmuroit l'autre yor debant nous autres que depuis la fourtune de son maistre il ne sauroit aboir monstré que cent cinquante mille escus net. Il ne fut yamais une telle puissance : bous ne bouiez par les ruës de Paris que poutances plantées pour çux qui ozent oubrir la vouche contre Monsur ou Madame.

Enay. Et que pensez-vous... que ce soit pour eux qu'on ait fait cela ?

Fæneste. Oi, ye bous maintiens que c'est pour ux qu'elles sont plantées.

Enay. Peut-être.

Fæneste. Mais, Monsur, quand il n'auroit baillant que le rebenu de la Poulette[2] qu'ils ont esteinte, cela lui a balu trois millions.

---

1. Sans doute à cause de son origine ; le personnage m'est d'ailleurs inconnu.

2. *La Poulette qu'ils ont esteinte.* Le duc de Sulli, surintendant, établit la Paulette pour neuf ans en 1605, et depuis ce temps-là, dit Mézerai, on l'avoit toujours renouvellée pour pareil terme. Ainsi, je ne comprens rien à l'extinction de ce droit, procurée, dit-on, par le maréchal d'Ancre et sa femme, et moins encore au profit qui auroit pu leur en revenir. L. D. — Par le paiement annuel de quatre deniers pour livre de la valeur de leurs offices, les personnes qui en étoient pourvues faisoient passer à leurs héritiers le droit de résignation, qu'ils n'auroient pas exercé eux-mêmes. De la sorte, une charge, dans une famille, étoit une propriété assurée. Le roi Henri IV avoit traité de ce nouveau revenu avec Charles Paulet, secrétaire de la chambre (1605), d'où « ce droit annuel », payé volontairement,

Enay. Si vous pouvez donc entrer en cette coyonnerie, et qu'elle dure, vous y ferez mieux vostre profit qu'à l'autre mestier d'espion.

Fæneste. Pourquoi? Une vone pension et la vone grace des goubernurs n'est poent à mespriser.

Enay. Oüi, mais ce mestier veut une grande diligence, dexterité, invention, impudence, et, avec tout cela, il n'est point sans danger : car, quand l'espion n'a rien de vrai à produire, il faut qu'il entretienne sa boutique de faussetez, et ne faut que la preuve d'une pour gaster tout de l'une ou de l'autre part. Je vous dirai comment se gouverne un senat de telles gens que nous avons en ce pays, composé de quelques catholiques ruinez qui se veulent relever par les choses extrêmes, d'huguenots revoltez[1] tout à plat, et d'autres qui prenent terme pour l'estre. Premierement, ils emplissent leurs lettres des pas et des paroles des plus gens de bien du pays, en destournant toutes choses de leur droit sens. Ils vont disner avec un gentilhomme qui leur en donne de bon cœur : ils le mettent à propos du mauvais gouvernement d'aujourd'hui. Si c'est quelqu'un qui ait charge, ils de-

---

fut appelé vulgairement *la Paulette*. En 1614, les états généraux demandèrent l'abolition de ce droit annuel, et le roi promit qu'il seroit supprimé. « Il n'y perdoit qu'un revenu de 1,400,000 fr., mais il recouvroit ainsi la disposition des charges vacantes par décès. Il couroit même le bruit qu'on lui avoit proposé déjà d'acheter cette seule espérance 2 millions par an, en traitant du profit qui devoit en résulter pour les parties actuelles. » Bazin, *Hist. de France sous Louis XIII*, tome I, p. 329. De fait, la Paulette ne fut pas abolie ; mais l'on comprend que, sur le bruit de sa suppression, les ennemis du maréchal d'Ancre supposoient qu'il y gagnoit une somme considérable.

1. Convertis.

mandent combien de quartiers il a perdu depuis trois ans, lui font voir au profit de qui va ce larcin, et que les choses iront ci après de mal en pis ; allèguent les pensions nouvelles des personnes les plus indignes qu'ils peuvent choisir ; de là ils viennent sur les comparaisons du temps du feu roy, et qu'on étoit bien payé sous l'administration de M. de Sulli. Si là dessus ils peuvent aigrir quelque cœur par ses interests, et faire échapper de la bouche chose qui sente le mecontentement, voilà dequoi meriter l'entretien. S'ils rencontrent, comme il leur advient tous les jours, des gens qui, par probité, par patience, ou par connoissance des galands, leur répondent en bons et loyaux François et serviteurs du roy, lors ils se contentent d'écrire ainsi :

J'ai veu un tel, à qui j'ai tasté le poux, où j'ai trouvé quelque inegalité ou alteration pour le service du roy ; mais je l'ai remis en tel estat qu'on ne doit rien craindre de ce costé-là. Ils ont un bureau à Nyort, qu'ils appellent le Conseil du roy ou le Conseil des avis.

Fæneste. J'ai un frère qui est de cette vande ; c'est lui qui m'y combie. C'estoit un gus il n'y a que trois mois ; il n'y a que lui mentenant pour parestre. Ils s'attendent d'aboir vien-tost des confiscations.

Enay. Il y a de trop bonnes cervelles au conseil du roy pour donner les gens de bien en proye à cette canaille.

Fæneste. Si est-ce qu'ils seront recompensez, car ce sont gens qui, pour la pluspart, se sont faits instruire [1].

Enay. Que l'Église doit maintenir [2].

---

1. C'est-à-dire qui se sont convertis à la religion catholique.

2. Entretenir, récompenser.

CHAPITRE XXI.

Quelques quatrains, et commencement de l'histoire de Calopse.

Fæneste.

Il faut que je bous die un veau plaisir, c'est que ce min frère en a mené huit qui se sont faits confesser à Paris en tiltre de combertis, et pourtant il n'y en a qu'un d'ux qui ust yamais esté huguenot. N'est-ce pas un galand trait? car il y en doit encores mener d'autres.

Enay. Ceux qui aiment telles marchandises meritent d'être trompez. Croirez-vous que la verité se maintienne par telles choses?

Fæneste. Et quoi, ne bous estonnez-bous poent de quatorze mestres de camp, ou yens de ceste estoffe, que bous abez perdus depuis la mort du roy?

Enay. Non, car rien ne s'en est allé qui fust à nous; et vous verrez que ces mestres de camp ont perdu leurs mestrises, et ont leurs soldats pour ennemis depuis qu'ils se sont faits valets.

Fæneste. Or y'ai à m'excuser de tant d'importunité que je bous ai apporté.

Enay. Vous m'avez richement payé; permettez que je voye les deux petites nouveautez que vous m'avez laissées.

Fæneste. Monsur, cette-là est d'une dame que je ne voudrois pas qu'elle fût nommée pour dix mille pistoles. Il lui prit une debotion de communier tous les yours;

là dessus quauqu'un de bos gens lui dona quauque rime, dont ce quatrin[1] fait la conclusion. Boyez :

Enay.

Commune, qui te communies
Ainsi qu'en amours en hosties,
Qui communies tous les jours
En hosties comme en amours,
A quoi ces dieux que tu consommes
Et en tout temps et en tous lieux ?
Toi qui ne t'és peu souler d'hommes
Te penses-tu crever de dieux ?

Ceci est de haut goust.

Fæneste. L'autre est vien plus dangerus ; lisez :

Enay.

On demande à quoi sont utiles
Conchine et force autres encor.
Philippus[2] en eust pris des villes :
Ce sont des asnes chargez d'or.

1. L'édition de 1619 ne contient, effectivement, que les quatre derniers vers de l'épigramme. Dans la suite, l'auteur ayant donné la pièce entière, il lui a laissé le nom de *Quatrain*, parceque, comme on sait, un *quatrain* a souvent plus ou moins de quatre vers. Celui-ci, au reste, regarde la reine Marguerite, cette première femme du roy Henri IV, également fameuse par les galanteries de sa jeunesse, et par la dévotion où elle se jetta dans un âge plus avancé. Sur la fin de sa vie, elle entendoit chaque jour une messe, et assistoit à deux messes basses ; elle communioit trois fois la semaine, le jeudi, le vendredi et le dimanche. (*Lettr. de Pasq.*, tom. 2, pag. 761.) L. D.

2. *Philippus.* Dans l'édition de 1619, au lieu de *Philippus*, on lit *Alexandre*, mais mal, puisque, comme on sait, c'étoit *Philippe*, père de celui-ci, qui se vantoit qu'il n'y avoit si forte place qui ne lui fût ouverte moyennant qu'il pût y faire entrer un mulet chargé d'or. L. D.

Touchez là, vous mettez le nez en bon lieu. Ne me promettez-vous pas que, s'il vous tombe quelque chose de même entre les mains, vous me l'envoyerez ?

Fæneste. Oi, de bon cœur.

Enay. Et moi, en revanche, je vous promets un livret à quoi un de mes voisins travaille, qui vous fera baiser à la jouë aux bonnes compagnies que vous frequentez. C'est un traitté qui n'a point encores de titre. On veut qu'on le nomme *le Rabilleur*, les autres *Esculape*; le corps est d'un baron de ce pays, qui, comme Don Guichot[1] voyagea pour remettre la chevalerie errante, cettui-ci court le pays pour retablir l'honneur des seigneurs et regler la menuë noblesse, où il lui arrive des accidens qui ne vous lairront pas dormir.

Fæneste. Monsur, ye me mets à genoux debant bous, pour que bous m'en disiez quauque cause, et que ye m'en aille en cette vone vouche.

Enay. Je ne l'ai leu que deux fois ; mais, pour vous donner courage de m'envoyer des nouveautez, je vous en dirai le commencement et la fin.

Un baron de ce pays, qui porte le nom de Calopse[2],

---

1. La première partie de *Don Quichotte* avoit paru en 1605, et la seconde en 1615.

2. *Calopse.* Le baron de Beauvoir. Après avoir été quelque temps maître de la garderobe du prince de Navarre, il devint gouverneur de ce prince, et l'étoit en 1568. Voyez *l'histoire du temps* imprimée en 1570, pag. 183. L. D. — *Calopse*, tiré du grec Καλὴ ὄψις, pourroit être une traduction du nom de Beauvoir ; mais, d'après une note qu'a bien voulu me communiquer M. de Bremond d'Ars, je pense avec lui qu'il s'agit ici de Jacques de Pons, baron de Mirambeau. En effet, un peu plus loin, le baron de Calopse est désigné comme *beau-frère* de Riou (chap. 23), qui est sans aucun doute Jacques de Beaumont, seigneur de Rioux, lequel avoit épousé Jeanne de Laporte,

de bonne et grande maison, nourri aux lettres, et qui en sa jeunesse a esté homme de guerre, depuis, par le loisir de la paix, est devenu plein de meditations, à force desquelles (sans tirer cela de sa race) il est devenu hypocondriaque. Cettui-ci convia un jour des gens qui approchoient le plus de sa complexion, sur tout quelques theologiens et medecins, et après disner mit sur le tapis qu'il ne dormoit point, pour le deplaisir que l'Estat alloit si mal, que les qualitez les plus relevées étoient opprimées; enfin, comme si la France eût été son jardin, mit en peine la compagnie de dire leur avis, sans faire à deux fois, pourquoi l'Estat alloit mal, et du remède qui s'y pourroit trouver.

CHAPITRE XXII.

Commencement des opinions du Conseil, et la resolution.

uelqu'un proposa l'opinion de feu Segur[1], qui disoit qu'en Turquie les fous étoient tenus pour prophètes, et que tout y prosperoit: ainsi, que la France iroit bien si on vou-

---

sœur de Marie de Laporte, femme de ce Jacques de Pons. On observera que *Caloyse* traduit également le nom de Mirambeau (*mire en beau*).

1 Jacques de Ségur Pardaillan, « gentilhomme d'honneur et de probité, mais de trop facile croyance, lequel, durant qu'il étoit aux Pays-Bas, avoit contracté amitié avec un Jacques Brocard, Piémontois, qui se mêloit de prédire l'avenir; et, comme ceux qui en disent le plus en ce métier sont ceux qui rencontrent le mieux, celui-là, à force de habler, s'y étoit acquis grande

loit adjouster plus de foi aux propheties de Brocart[1]. Là fut allegué Renardière[2], disant qu'on ne portoit point assez d'honneur à la noblesse, et que tous les discords de la France se devoient vuider par les annales de Bretagne. On mit en avant un petit livre qui, pour regler la grande multitude d'officiers, vouloit elire 120.000 censeurs. Le president de Provins, qui étoit là, maintenoit tout aller en decadence pour ce qu'il n'étoit pas chancelier. Un baladin nommé Faucheri, qui n'é-

---

réputation et passoit auprès de lui pour un oracle infaillible; de sorte qu'il (Ségur) fit depuis imprimer ses prédictions (celles de Brocard) à ses frais, comme une nouvelle apocalypse. » (Mézeray, *Hist. de France*, année 1583). — Ségur de Pardaillan fut envoyé, en 1583, par Henri IV, roi de Navarre, dans plusieurs cours du Nord, avec mission de traiter avec les princes protestants de la convocation d'un synode où seroient représentées toutes les églises réformées de l'Europe, « afin d'appaiser nos différends au sujet des principes de la foi et de former une ligue contre l'antechrist romain. » Voir *Lettres missives de Henri IV*, t. I, p. 530-562.

1. *Brocart*. Jacques Brocard, Piémontois, esprit faible qui, par cela, n'en eut pas moins de sectateurs. Son *Exposition sur l'Apocalypse*, ouvrage latin, avoit été imprimée à Leyde en 1580, et je ne sais si ce livre a été condamné; mais un autre de ses ouvrages, aussi latin, sur la Genèse, imprimé à La Rochelle, fut condamné là même, en plein synode national, le 29 juin 1581, comme rempli de profanations de l'Ecriture sainte, d'impietez et d'erreurs très pernicieuses, principalement en matière de revelations et de propheties. *Synod. nation.* La Haye, 1710, t. 1, p. 151. L. D.

2. D'Aubigné en parle plus bas, liv. IV, chap. 7, et le dépeint comme une espèce de fou, diseur de bons mots et parfois de rudes impertinences. Un jour il s'avisa de dire à Henri IV qu'il se trompoit de se croire le père de César de Vendôme. Le roi fit semblant de n'avoir pas entendu, mais lui détacha l'amiral de Villars, qui le bâtonna et l'obligea de quitter la cour. Voir la *Confession de Sancy*, liv. I, chap. 8, et la note de Le Duchat, *Journal de Henri III*, t. V, p. 265.

toit pas assis avec les autres, vint dire par dessus les epaules comment il avoit leu en Bodin que les royaumes se ruinoient faute de la dance, et pour cela il ne vouloit plus monstrer qu'à pistole, et qu'enfin la France le perdroit. Ce propos fut rejetté, pource qu'il n'y avoit là personne pour les caprioles. J'aimerois autant, dit le baron de Calopse, l'opinion de mademoiselle Sevin[1], assavoir, que le monde se perdoit à faute de pelerinages[2]; et Grandri, d'auprès de Melle, s'ecrioit toujours que le monde se perdoit par trop de clergerie[3]. Ce propos fut rompu par madame de Bonneval, la bonne femme, qui avoit seance en ce conseil, et qui, après avoir discouru sur la felicité d'Angleterre durant la reine Elizabeth, maintint qu'il faloit mettre la France en Gunocratie[4]. Voilà le baron en colère. Bran, dit-il, j'aimerois autant la Jobelinocratie[5] du prince Mal-aisé de la Rochel-

---

[1]. *Mademoiselle Sévin*. C'est d'elle que parle, sous le nom de la Petite Sévin, le chap. 65 du *Moyen de parvenir*. Touchant la manière dont elle entendoit que les pèlerinages empêchoient le monde de finir, voiez la note 10 sur le chap. 45 du liv. I de Rabelais. Du reste, cette fille étoit en titre d'office la folle de la reine de Navarre; et Brantome, de qui je tiens ceci, remarque que, lors qu'une vieille veuve venoit à se remarier, Mademoiselle Sévin appeloit cela vouloir encore fringuer sur les lauriers. *Dames Gall.*, t. II, p. 195. L. D.

[2]. Allusion à un passage de Rabelais, liv. I, chap. 45. — « Le cor Dieu (dit frère Jean), ilz (les moines) biscotent vos femmes cependent qu'estes en rominaige! »

[3]. *Clergerie*, Clergie et Clergise, tous ces termes, dans le vieux langage, sont synonymes dans le sens de savoir ou érudition. *Ma foi, les plus grands clercs ne sont pas les plus fins.* L. D.

[4]. *Gunocratie*, Gynecocratie, l'empire des femmes. L. D.

[5]. Un Iobelin bridé et un Iobet, i. e. un sot, un badin, un cornard. A. Oudin. — D'Aubigné entend, je crois, par *Jobelin*, ce qu'on appelleroit aujourd'hui un *homme de paille*.

le[1]. Aussi à propos fut l'opinion du bon homme de Clisson, disant que tout perissoit faute d'user de pimpenelle. — J'y adjouterois de la betoine, pource que telles herbes purgent les cerveaux, et les esprits seroient plus propres à gouverner. Garigues, autheur de l'*Abregé de l'Almanac*, contenant trente-quatre mains de papier, vouloit parler. Ce propos fut arresté par Constantin[2], qui dit en ces termes : Certes, Messieurs, vous me feriez plustost adherer à l'opinion de maistre Gervais, autrement le philosophe de Magné[3].

Fæneste. J'ai oui conter de lui que le von home

---

1. *Le prince mal aisé de La Rochelle*. Peut-être le roi de Portugal D. Antoine, qui, pendant son sejour à La Rochelle, n'y eut pas toutes ses commoditez. A Metz, on traite de *Prince mal aisé* tout homme à fantaisies et difficile à servir. L. D. — Don Antonio, prieur de Crato, fils naturel de l'infant don Luis, se déclara prétendant au trône de Portugal après la mort de don Sébastien. Il fut reconnu en effet par une partie de la nation; mais bientôt, chassé par les Espagnols, il alla chercher un refuge à la cour de France, qui d'abord l'accueillit en roi et lui donna des secours d'hommes et d'argent. Le mauvais succès de ses entreprises et la guerre civile en France réduisirent don Antonio aux plus dures extrémités. En 1585 il étoit à La Rochelle dans un état voisin de la misère. Ce fut alors qu'il vendit pour vivre à M. du Harlay de Sancy, pour 40,000 livres, le diamant fameux connu sous le nom de Sancy, lequel, après avoir appartenu aux rois de France, puis au roi d'Espagne, puis au prince de la Paix, est aujourd'hui dans la possession de Madame de Karamzine. D. Antonio mourut à Paris en 1595. Voir *un Prétendant portugais*, par M. Ed. Fournier, Paris, 1851.

2. *Constantin*. Le bon homme Robert Constantin, auteur d'un gros Lexicon. Il mourut en 1611 à Montauban, à l'âge de plus de cent dix ans, disoit-on; mais Jos. Scaliger, né en 1540 comme on sait, ne se croioit moins agé que lui que d'environ dix ans. L. D.

3. *Magné*. Bourg du Poitou avec titre de marquisat. L. D.

Maneschal de Viron prenoit plaisir de l'entretenir, et quauques fois le vattoit quand il l'importunoit, dont il disoit au Maneschal son fils, que le père aboit quauques maubaises hures sur lou soir; et qui un yor, picqué par un gentilhomme, qui li diset en donant la sacade dans les fesses : Bous estes philosophe[1]... l'autre respond : Et bous picque-philosophe.

Enay. Monsieur, c'est cettui-là. Mais souvenez-vous que nous sommes en un conseil, et ne rompons pas les voix. Ce bon homme donc maintenoit que l'univers se destruisoit à faute de grammaire : car cette grammaire, qui vient de *grandis mater*, tiendroit tous ses enfans en paix, s'ils faisoient d'elle l'estat qu'ils doivent. C'est par elle que nous nous entendons les uns les autres. Faute de grammaire fait que nous ne nous entendons pas; faute de s'entendre ameine les dissentions, les guerres, la ruine du pays : *ergo*, faute de grammaire ruine le pays[2]. — Mais encores voudrois-je, disoit maistre Gervais, que cette grammaire fust chastrée d'une grande quantité d'adverbes, comme *charnellement, reallement,*

---

[1]. Dans le langage des courtisans, pour dire un fou à mot couvert, on disoit un philosophe. V. *Dialog. du n. lang. fr.-ital.* « CELT. De mon temps, on usoit d'une façon de parler bien françoise et assez douce, car on disoit : Un tel a le cerveau un peu gaillard. — PHIL. Mais que diriez-vous de ce que les povres philosophes commencent à estre mis en jeu quand il est question de parler de telles choses?... On dit à la cour (et ailleurs aussi) : C'est un philosophe, quand on veut déclarer un homme estre de la confrairie de ceux dont nous venons de parler. Et jà quelques uns commencent à dire : C'est un poète, au lieu de dire c'est un philosophe. »

[2]. Il semble que Molière ait pris là l'idée de la scène du *Bourgeois gentilhomme* avec son maître de musique et son maître de danse.

sacramentellement, *corporellement*, *transubstantiellement*; et d'autre costé, *figurement*, *spirituellement*, *ineffablement*, *accomodément*[1]; et encores parmi les courtisans tant de *extremement, je suis vostre serviteur eternellement*; et aujourd'hui court *furieusement*, jusques à dire *il est sage, il est doux furieusement*[2]. La première bande de ces adverbes à trop peté dans les escholes, et trop fait peter de coups de canons; les autres emplissent la bouche des plus forts courtisans, et cet *accomodément* est terme de haute vollerie ou de gibecière[3], ou style de bourreau pour l'accomodement

---

1. Accommodément. Dans un sens commode; c'est ce que signifioit cet adverbe de nouvelle fabrique. On a déjà vu à quel point les courtisans avoient abusé du verbe *accomoder*. Ils firent aussi le mot *accomodation*, qui même se trouve dans Oudin. Mais Achille de Harlai, premier président, ne voulut point passer ce mot au chancelier de Silleri, et voici à quelle occasion: Le 26 novembre 1610, le parlement avoit rendu arrêt contre le livre de Bellarmin, *De potestate pontificis in temporalibus*, et le nonce s'étoit plaint de cet arrêt à la reine, qui l'avoit renvoyé au chancelier. Celui-ci ayant dit au premier président, comme de la part de la reine, qu'il falloit apporter de l'*accomodation* en cette affaire: Je ne *m'accomode*, répondit-il, qu'à la volonté du roy; des autres *accomodations*, je ne sais ce que c'est. Voiez le *Journ. de l'Etoile*, t. II, p. 351 et 355. L. D.

2. Doux furieusement. Quelque contradictoires que paroissent cette sorte d'expressions, elles avoient été du bel usage sous le règne de Charles VIII. Le Verger d'honneur, etc.

Il n'est jamais songeart ne té-
[dieux,
Malgracieux, ingrat, ne des-
[plaisant;
Ains, sans cesser, deliberé,
[joyeux,
Et en ses faictz *terriblement*
[plaisant.

Et ailleurs:

Toutes les fois qu'avecques vous
[estoie,
Je me tenoys *terriblement* heu-
[reux. L. D.

3. De gibecière. Lors que les filoux *s'accomodent* de la bourse d'autrui. L. D.

de la corde au patient. On use mal aussi de plusieurs adverbes à la Cour, comme : Je vous aime *horriblement*; on dit mesmes : *grandement* petit. Sur ces propos, le baron de Calopse commença à changer de couleur, et, ne pouvant plus tenir son eau, jette sa calotte sur la table, va dire à Constantin : Je vous dis que vos discours sont spurques d'impertinences, d'incongruitez [1] [et comme dit Coton, vefve [2] de jugement]. Il eschet *rem acu tangere :* tous les desordres viennent de ce que la menuë noblesse ne respecte pas assez les seigneurs comme moi. La Cour m'a esté en abomination en oyant les petits aubereaux dire : Hau! vicomte, hau! marquis, veux-tu venir jouër?.. De là toutes choses vont sur ce mot, *sursum atque deorsum*, et que tous ceux qui estiment autrement sont pié-gris [3], rustiques et carrabins [4]. Or n'est-ce pas

---

1. La phrase entre crochets a été ajoutée depuis l'édition de 1619.

2. *Sic* dans l'édition de 1630 et dans celles de 1729 et de 1731. A moins de quelque finesse qui m'échappe, il faut lire *veufs*.

— *Vefve de jugement.* Ceci a été ajouté depuis l'édition de 1619, pour tourner en ridicule une expression du P. Cotton, laquelle, ayant été en usage sous le règne de Henri II, n'étoit pas même encore tombée dans les premières années de celui de Louis XIV. Joachim du Bellai, Sonnet 138 de ses *Regrets*, au f. 369. b. de ses œuvres, Rouen, 1597 :

Et puis nous nous plaignons de
[voir nostre labeur
Veuf d'applaudissement.

Et au feuillet 411. a :

Desdaignant la face *veuve*
De la terre autrefois neuve.

Et encore au feuillet 412. b :

Que l'an *veuf* de fleurs et de
[fruits.

Et enfin, le poète Mainard, dans une de ses Epigrammes sur un ecrivain peu intelligible :

Ce que ta plume produit
Est couvert de trop de voiles;
Ton discours est une nuit
Veuve de lune et d'etoiles. L.D.

3. Piedgris, c'est-à-dire pied poudreux comme celui d'un paysan. Tel est, je le suppose, le sens de cette expression, qui probablement etoit familière au baron de Calopse.

4. Carabin, « chevau-léger armé d'une petite arme à feu

assez d'en discourir pathologiquement, il faut proceder à la therapeutique, à quoi je m'offre en cette bonne compagnie, par un voiage duquel il sera memoire, et pourtant je desire vos consentemens, item que vous l'accompagnez de vos prières et benedictions, reservé à l'arrière-boutique de mes secrets le progrez [1] de l'expedition. La fureur qui parut au visage de ce seigneur fit approuver le tout, pour le moins par silence, et dès le lendemain le voyage et l'equipage preparé comme s'ensuit [2]:

qui tire avec un rouet... Gaja, dans son traité des armes, croit que ce mot vient du mot espagnol *cara* et du mot latin *binus*, qui signifie double, comme qui diroit gens à deux visages, à cause de leur manière de combattre, tantôt en fuyant, tantôt en faisant volte-face.

« On appelle figurément un *carabin* celui qui entre en quelque compagnie ou dans quelque jeu sans s'y arrêter longtemps, qui ne fait que tirer son coup et s'en va. C'est un vrai carabin au jeu. » *Dict. de Trévoux.*

Cette mauvaise étymologie, *Cara binus*, indique d'ailleurs que le terme de carabin se prenoit métaphoriquement en mauvaise part, soit dans le sens de soldat pillard et peu vaillant, soit dans le sens d'homme faux et à double visage.

1. La marche de l'expédition.

2. Je regrette beaucoup de ne pouvoir donner d'éclaircissements sur les personnages qui composent le Conseil de Calopse. Toutes mes recherches ont été inutiles.

CHAPITRE XXIII.

Execution du voyage.

Premierement il convient savoir l'habit, qui étoit d'une paire de bottines fourrées de peau de lièvre, un haut-de-chausses de veloux cramoisi rouge, un propoint[1] de satin bluf; par dessus, une juppe sans manches, de demie ostade tannée[2], une robbe de tiretenne fourrée de renard, un chappeau de veloux violet à quatre quarres et houppes pendantes, et dessous une calotte de toile blanche picquée, qui descendoit jusques aux espaules, et par une fenestre carrée laissoit paroistre un fort grand nez et deux gros yeux admirans[3] toutes choses. Sa litière, doublée d'escarlate d'Angleterre, estoit portée par deux jumens, l'une rouge, l'autre poil d'estourneau. Il estoit assisté de son apotiquaire, nommé Riclet, chevauchant une mule entière[4], garni d'une seringue à l'arçon de la selle et de l'autre costé d'un pot de chambre; le reste de son bagage estoit une petite varise[5] verte, que son jardinier, à cuisses nues, portoit à pied. Le premier logis de ce convoi fut en Ars[6], où le seigneur, son parent, le receut selon les loix qu'il lui avoit oui pres-

---

1. *Sic* éditions de 1619 et de 1630.

2. La *demi-ostade* étoit une étoffe de laine; *tannée*, c'est-à-dire de couleur brune.

3. Dans le sens du latin *admirari*, s'étonner de quelque chose.

4. Rétive.

5. *Sic* éditions de 1619 et 1630, pour *valise*. C'est probablement une prononciation courtisanesque.

6. Ars est un bourg à deux lieues de Cognac. Le seigneur du lieu étoit Josias de Bremond

crire, et puis, ayant entendu l'expedition, et que de ce pas il marchoit à la correction de la menuë noblesse, l'hoste propose que le train estoit un peu trop modeste et de trop peu d'éclat pour une si haute entreprise, pource, disoit-il, que sans paroistre vous ne pouvez garder vostre authorité.

Fæneste. Et vien, ye bous y tiens, au parestre; mais ne laissez pas de suibre boste perpaux.

Enay. Je me rend à vous, et vous dirai, en poursuivant mon discours, que M. d'Ars jura qu'il ne l'abandonneroit point en un si grand et si honorable dessein, et vont coucher à Saugeon, que Calopse avoit mis sur ses tablettes pour avoir veu au baron de là[1] la moustache trop relevée. Saugeon le receut avec toutes les civilitez qu'il se peust aviser. Le vieux baron à toutes occasions branloit la teste, jettoit des œillades à son cousin, conterollant les reverences, la longueur de l'apprest, les ceremonies et façons. Quand le souper fut prest, il pria Ars d'aller pisser avec lui, pour lui dire : Quand nous serons à table, sans faire semblant, saisissez-vous de tous les cousteaux, car vous connoissez combien je suis colère et prompt. — Le bon cousin ne faillit pas de mettre tous les cousteaux sur son assiette, ce qu'ayant fait, et dit : Monsieur, vous estes servi, le censeur commença une harangue : — Petit rustre, petit carabin, enfant de vanité!... Là dessus, il

---

d'Ars, baron d'Ars, etc., capitaine de cent hommes d'armes des ordonnances du roi, député de la noblesse aux états généraux de 1614. — Il descendoit de la maison de Pons par sa bisaïeule Françoise de Pons Rabayne. Il étoit cousin du maréchal de la Force, et de l'amiral de Coligny.

1. Eusèbe de Campet, baron de Saujon.

cotte toutes les indécences qu'il avoit remarquées depuis son entrée, comme de n'avoir couru au devant de son hoste jusques au bout du bourg ; au salut, n'avoir tenu le chapeau bas ; à la reverence, n'avoir baisé que le bout du petit doigt, troussé le coude en haut, tout fait par incartade et avec un sous-ris hors de saison. Là dessus force injures, et puis sur la longueur d'alumer du feu et l'attente du souper. Saugeon, preparé par Ars, ne respond que des excuses, et qu'il avoit esté ébloui par la grandeur du seigneur. Au coucher, le baron entretint son cousin du beau commencement de reformation qu'il avoit déja obtenu sur son hoste, lequel, pour marque de sa repentance, se range au train pour reformer les autres. Là dessus ce livre conte un beau voyage : comme il arresta des chasseurs ; comme on punit un page qui avoit percé son pot à pisser[1] ; ce qui se passa à la rencontre d'un équipage plus bizare que le sien ; au conseil de Cherveux, quand il fut adoré à Chef-boutonne... Je ne vous saurois dire le livre, mais il me souvient du dernier acte que vous m'avez demandé. Enfin, tant chevauchèrent qu'ils arrivèrent chez Riou, beau-frère du correcteur, où il ne trouva rien à redire sur la reception ; mais sur la mi-nuit, un espagneux s'estant mis à japper et hurler, ce seigneur, à qui le dormir estoit cher, fait sauter Ars en place : Allez, lui dit-il, faire tout presentement assommer le chien, et estrangler le fauconnier de ceans. — Cela vaut fait, respond Ars ; et ayant un peu passé le temps avec Riou, il remonte annoncer comment le chien estoit mort, et que le fauconnier estoit mort joyeusement, puis qu'il avoit

1. Vilaine plaisanterie d'écolier, en usage autrefois.

offensé sa grandeur. — Vraiment, dit Calopse, je m'en repens, et cela me fait souvenir de ceux que le pape Sixte faisoit mourir, et qui respondoit à ceux qui demandoient remission pour leurs parens : *Andale, confortatelo, acciochè moia allegramente* ; *Io li mando la mia beneditione.* Le malheur fut que quatre autres chiens se mirent à japper au second sommeil. Telle fut l'impatience du seigneur, ou l'autorité qu'il avoit prise à ses premiers progrès, qu'il prend un baston, descend en chemise, s'en va tirer le rideau de son beaufrère, criant : Ineptie, felonie et carabinage ineffable ! Mais ce n'est pas tout, car il commençoit la charge, quand Riou vint aux prises ; et sa femme, resveillée à grand peine, pource qu'elle estoit sourde, vint au secours de son mari, empoigne son beau-frère par le manche ; lui, quitte tout pour la saisir à la gorge. Ars et Riou se mettent à les desprendre, ce qu'ils ne pouvoient faire sans le secours d'un seau d'eau. Ce duel estant séparé, il n'y eut humilité ni repentance qui peust empescher le reformateur de marcher à la vengeance. Il se fait donc poser dans sa litière, marche droit à Pons, arrive au chasteau à soleil levant, ne voulut pas qu'on avertist la dame, sa cousine[1], qui, surprise en sa chambre en se voulant habiller, fut pressée d'envoyer querir la justice. Tout estant arrivé, le baron ayant pris ses lunettes et ordonné que ceux qui en avoient besoin les prissent, saisit d'une main le procureur fiscal et de l'autre la dame, avec ce langage : Vous, comme procureur de l'ancienne maison, et vous, comme

---

1. Antoinette de Pons avoit épousé Henri d'Albret, baron de Miossens.

estant le tige feminin, je veux que vous presentiez à justice, de vos deux mains unies ensemble, les parties nobles offensées par enorme contusion, et que vous vous rendiez parties, pour voir aujourd'hui torce et arrachée la racine et l'organe par lequel devoit pululer l'illustre germe de Pons, produit par succession immaculée depuis Pompée[1] jusqu'à nous. — La dame et le procureur tiroient leurs mains pour ne les appliquer pas en lieu honteux; elle, par ses pleurs, et le juge Colineau par raisons, remonstroient que sans cette actuelle presentation, qui vituperoit et vilipendoit les faces de la dame et de la justice, elle pourroit faire droit aux conclusions. Mais le baron ayant saisi un grand couteau bayonnois[2] qui pendoit lez la braguette de Colineau, le porte aux gorges des refusans, et les contraignit à choses étranges au moins, en pleurant, à decouvrir et faire exhibition. A la verité la pièce étoit moult livide et d'un regard affreux; enfin, les rieux otèrent le couteau. La lecture du procès et un oxicrate appliqué adoucirent un peu la douleur et la fureur.

1. Les sires de Pons prétendoient descendre d'un Ælius Pontius, *petit-fils* du grand Pompée, et fondateur de la ville de Pons.

2. Espèce de poignard dont le manche, légèrement conique et sans pommeau, peut se placer dans le canon d'une arme à feu. Telles ont été les premières bayonnettes. Les chasseurs s'en servent encore en Espagne, où on les appelle *cuchillos de monte*.

CHAPITRE XXIV.

Histoire de Riclet et du médecin.

Voilà comment fortune accourcit un beau livre et un beau voyage, car il fallut gagner la maison, et envoyer querir le medecin, qui, à son arrivée, n'oublia rien pour arrester les humeurs fluantes, resoudre l'abcez et consoler les nerfs. La seconde nuit, nostre patient, qui n'en dormoit pas une heure, se va souvenir que son medecin étoit allé à la messe, pour ce qu'il avoit moins de pratique étant huguenot. — Comment! disoit notre melancolique, je veux travailler à la benediction de la lignée, et j'ai employé les mains d'un *nequam renegat apostatque*[1]! car c'étoit ses termes. Là dessus, après s'estre échauffé en ses pensées, il prit sa resolution. Il avoit en la ruelle de son lict un dard, duquel il tuait des loches en son jardin : il le prend en sa main pour aller tuer le medecin, et puis, polissant son entreprise, il fait lever une vieille horriblement maigre, lui fait allumer une chandelle, se fait suivre par elle en chemise et échevelée, sans lui bailler loisir de chercher sa couëffe, et, ayant deliberé de changer d'armes, lui fait porter le dard après soi. Et voici comment il s'équipa : il avoit sur son bras gauche, d'un bout, et de l'autre sur l'épaule, une grande Bible de Jean de Tournes, ouverte sur le 20 d'Exode; porte en la droite une épée nuë, et

---

1. *Reneyat apostatque.* Imitation de la loi *versale versi-ficeque* du juge Bridoie, au chap. 37 du 3ᵉ livre de Rabelais. L.D.

en cet equipage, marche au lict où le medecin et Riclet étoient ensemble couchez. Le medecin, eveillé en sursaut, eut encores plus de peur de la chambrière que du maistre; s'écrie : Si tu es de Dieu, parle, si tu es de l'autre, va-t'en! Mais aussitôt il reconnut son malade à la parole, disant :—Traître au supernel et à ton âme, il convient que tu la rendes maintenant. — Voilà le medecin à mains jointes, demandant la vie et pardon à Dieu et à monsieur le baron, protestant que, quand il devroit estre le plus pauvre medecin du pays, il feroit sa reconnoissance[1] dès le lendemain. Calopse cependant lui presente tantôt la Bible, tantôt l'epée, douteux qui devoit operer le premier, le glaive spirituel ou le temporel; mais le bras gauche lui faisant mal, il mit l'epée sur le pied du lict, prit la Bible à deux mains et frappoit sur la cervelle en criant : — C'est pour t'inculquer ce que prononcent les saintes pages... Sur ce mot, ayant ouy Riclet qui rioit, il tourne là sa fureur. — Riclet! disoit-il, heretique comme un rat, voici ton heure posterieure! Comme il couroit à l'epée, Riclet, qui connoissoit son maître, prit sa chemise entre ses dents, escarquille les ongles, et tournant les yeux en la tête avec un grand bruit, fit tomber de frayeur monsieur le baron à la renverse, et lui sa chambrière; et Riclet le premier, le medecin après, passèrent sur le ventre des renversés. Voilà comment succeda le remède aux desordres de la France.

Fæneste. J'entens vien : bous boulez dire que nous abons force medecins de l'estat aussi propres à cela

---

1. Il reviendroit à l'église réformée.

comme un crucifix à jouer d'un estiflet... Quand bous aurez lou libre, ye bous donne ma legitime, et me l'embouiez [1].

Adieu jusqu'au quatriesme [2].

[1]. Les personnages très réels que d'Aubigné a mis en scène dans ces derniers chapitres pourroient faire supposer que l'auteur s'est amusé à raconter, avec quelques broderies, une anecdote véritable. Probablement d'Aubigné venoit de lire le D. Quichotte de Cervantes, et il auroit eu quelque temps l'idée d'en faire une imitation, dont il donne le plan dans le voyage de Calopse.

[2]. Ces mots, qui se trouvent dans les éditions de 1619, ont été remplacés dans celle de 1630 par : Fin du troisième livre.

LES AVENTURES
DU BARON DE FÆNESTE

LIVRE QUATRIÈME

L'IMPRIMEUR AU LECTEUR.

Lecteur, qui cherches et as trouvé à rire de contes eloignés du scurrile[1], je te veux dire, sans le reprocher, que, si cet ouvrage merite quelque gré, il m'en est deu plus qu'à l'autheur, lequel, ayant perdu ses humeurs gaillardes, ou pour l'âge ou pour les afflictions, avoit condamné au feu ce dernier livre, si bien que, mes prières et celles de plus grands que moi estant esconduites, je trouvai moyen d'en desrober une grande partie par l'aide d'un gentilhomme qui estoit près de lui, et lors, estant menacé que ce que je tenois au poing, tout bourru et tout imparfait, verroit le jour, il a esté contraint de faire comme la bonne mère, ne pouvant voir son enfant miparti[2]. J'espère mettre la main sur quelques autres livres qu'il nomme : τὰ γελοῖα[3], de plus haut goust que ceux-ci; si j'en puis venir à bout, j'en ferai part au public. Et qu'on ne me dise pas, comme faisoit notre au-

---

1. De la bouffonnerie.
2. Coupé en deux. Allusion au jugement de Salomon.
3. Choses risibles.

theur, que les plaisans propos estoient dessaisonnés en un temps de guerre et d'afflictions. Je dis ce que j'ai appris de lui-mesme, que lors les tristesses viennent aussi mal à propos que la peur dans les perils. Adieu [1].

1. Cette préface, qui ne s'applique qu'au quatrième livre de Fæneste, est placée en tête du volume dans l'édition de 1630. Il n'est pas douteux qu'elle n'ait été écrite par d'Aubigné lui-même, qui semble avoir comme un pressentiment du mauvais accueil que les puritains de Genève alloient faire à son ouvrage. On sait qu'il excita un grand scandale. L'auteur fut sur le point d'encourir une admonestation publique, et l'imprimeur fut censuré et mis à l'amende. Ce désagrément détourna sans doute d'Aubigné et ses héritiers de publier ces drôleries, τὰ γελοῖα, qu'il annonce dans sa préface. Si les citoyens de Genève sont devenus plus tolérants, ils devront faire quelques recherches pour retrouver ces pièces, qui existent peut-être encore.

CHAPITRE PREMIER.

Comme le sieur d'Enay et le sieur de Beaujeu[1], *qu'il avoit receu en sa maison, étoient sur l'entrée du disner, arrive le baron de Fæneste plus mal en point que de coustume, et n'ayant que lui*[2]. *Il fut dans la salle avant d'être aperceu ; Enay, qui le void entrer, s'écrie ainsi :*

Enay.

é ! voilà monsieur le Baron !

Fæneste. Pour bous serbir eternellement.

Enay. Qu'on aille loger les chevaux de monsieur le Baron ; courez.

Fæneste. Monsur, il n'est pas de vesoin : bous boyez tout mon equipage pour cette hure ; cette pendarde de fourtune m'en a joué des siennes, comme je bous dirai.

Enay. Lavez-vous donc, et gardons le reste après le fruit.

Fæneste. Certes, boici un von rencontre ; je n'ai rien

---

1. Le sieur de Beaujeu. Il avoit commandé sous le duc de Bouillon en 1587. Deux ans après, il fut un des chefs de ces Suisses que Sanci amenoit au service du roy Henri III. (De Thou, liv. 87 et 96.) L. D.

2. C'est-à-dire sans valets.

beu si à proupos, depuis la vataille de Saint-Pierre, que bostre tavle.

Enay. Vous venez donc de ce mauvais affaire?

Fæneste. Oi da, oy. C'est là où y'ai beu de la guerre à von escient! Je me suis troubé, depuis l'haunur de bostre beuë, en trois guerres, où les affaires ont esté vien vrouillées : à la vataille du pont de Sey[1], à celle de Trahonne, en Balteline[2], et à celle de la Bal Sanct-Pierre, à la frontière de Piedmont[3].

Enay. Appelez-vous ces rencontres batailles?

Fæneste. Pourquoi non, quand ce sont armées royales qui se chocquent, quand il y a des drapeaux vlancs arborez et artillerie qui marche?

Enay. Mais n'avez-vous point quelque cheval de loüage pour le moins?

Fæneste. Non pas, non ; que je me suis mis en l'infanterie, comme le seul moyen de parestre et de parbenir. Quand y'estois en la caballerie, ma balur dependoit d'une veste ; maintenant je puis respondre de mes attions. Et puis on murt de biellesse dans les compeinies de gendarmes. Parmi l'infanterie, vous estes vientost, d'appunté[4] comme j'estois, enseigne, capitaine, maistre de camp, comme Arnauld[5], qui, de secretaire, a sauté

---

1. En 1620.
2. En 1625.
3. En 1628.
4. On nommoit ainsi un soldat jouissant d'une haute paie.
5. Pierre Arnauld, fils d'Isaac Arnauld, protestant, intendant des finances sous Henri IV. On l'appela Arnauld *du Fort*, parceque, après s'être converti, il avoit conseillé la construction du Fort-Louis pour incommoder les Rochelois. Il fut mestre-de-camp des carabins, régiment qu'il avoit levé à ses frais, et dont il devint probablement le colonel sans avoir passé par les grades subalternes. Le Duchat suppose que d'Aubigné l'a confou-

dans ce degré. Il n'y a qu'une chause qui me fasche en ce mestier, c'est qu'aujourd'hui n'est pas tenu pour gentilhome qui n'est tousjours votté et esperonné, aussi vien que les procureurs de Londres dans le palais. Et, ne faut point mentir, qu'à quauques diligences et carrières qu'il m'a fallu passer pour sauber le moulle du perpunt, les vottes m'ont failli à ruiner, principalement quand je boulois m'arronser au bet trabers d'une palisse [1], mes esperons se prenoient aux espines, et je demeurois pendu par les pieds.... Toutesfois, il faut ovéir à la mode.

Beaujeu. Je ne suis pas des plus vieux, mais il me souvient que, si un capitaine ou un maistre de camp eust esté veu avec des bottes et esperons à quelque exploit de guerre, on eust crié qu'il avoit derrière le bataillon quelque barbe ou cheval viste pour jouër à la fausse compagnie, et gaigner le moulin [2]; si bien que les gens de commandement ne portoient que la gamache [3].

Fæneste. Que boulez-bous? il y a assez d'otres bicdaseries qui ne sont pas comme en ce temps-là.

Enay. Laissons ce discours, pour ouyr de monsieur le Baron les avantures qu'il a courues en ces trois guerres. Par où estes-vous d'advis de commencer?

---

du avec son frère Louis Arnauld, contrôleur des restes (celui que Tallemant appelle Arnauld le péteux); mais cette méprise est peu vraisemblable, et l'on peut admettre qu'ayant d'embrasser la carrière des armes, Pierre Arnauld, fils d'un intendant des finances, avoit eu une charge de secrétaire du roi.

1. Me jeter au beau milieu d'une haie.
2. Pour fuir.
3. Espèce de guêtres en toile, cuir ou drap.

Fæneste. Suibons l'ourdre du temps, et ce sera la guerre du pont de Sey.

CHAPITRE II.

Du pont de Sey, et, par occasion, de la mode.

Fæneste.

Oy, j'estois au pont de Sey[1], et fis bingt et dus lieues en bingt-quatre hures. Je passay à grand regret outre cette maison, sachant que bous n'y estiez pas; je me retirai chez boste meusnier, où ye repeus fort vien.

Beaujeu. Monsieur, voilà une belle preuve que vous estiez propre pour l'infanterie.

Fæneste. Que lou mau sant Crapazi[2] poschi arrappa[3]

---

1. Combat qui mit fin à la rebellion de la reine-mère et des princes jaloux de l'autorité du duc de Luynes. Les mécontents occupoient le pont de Cé, place forte à une lieue d'Angers, qui commande le passage de la Loire. A la vue des troupes royales, qui s'avançoient pour faire une reconnoissance plutôt que pour engager un combat sérieux, les révoltés se débandèrent dans la plus grande confusion, abandonnant leurs retranchements et les ponts. Les vainqueurs entrèrent dans la ville pêle-mêle avec les fuyards, 7 août 1620. L'engagement fut si peu de chose qu'on l'appela la *drôlerie des ponts de Cé.* V. Tallemant.

2. De *sanctus Caprasius*, par une transposition de lettres très commune dans les patois, on a fait *crapazi*, qui rappelle le mot *crepâ*, crever. Dès lors, on a attribué à saint Caprais le pouvoir de guérir ou d'envoyer certaines maladies. Le mal *saint Caprais, saint Crevaz*, c'est la *crevaison*.

3. L'édition de 1630 et les suivantes donnent *aiappa*, qui n'a aucun sens; je crois qu'il faut dire *arapa*, ou mieux *arrapa*, saisir, empoigner.

celui qui a inbenté de pourter vottes à pied et pantoufles à chebal. Je n'usse point esté las sans ces bilaines vottes, qui à toutes vegades s'embrouilloient dans ces genets du vas Poictou. L'haunur me cuida couster la vie.

Enay. Comment, monsieur le Baron, fûtes-vous poursuivi ? Fûtes-vous contraint de fuir ?

Fæneste. Fuir, fuir... Non pas tant fuir, c'est une retraite ; mais j'abois le cur enflai, et mesprisois tant ces couquins qui nous crioient : Demure, demure, canaille ! que je ne daignai faire la courtoisie de tourner le bisage pour les regarder ; je me contentai, quand je fus pardeçà Vrissac, de lur donner un dementi. C'est un vrabe païs pour se sauber que ce vas Poictou, tout plein de haies, que nous sautions par les escaliers[1]. Yamais je n'abois maudit mes esperons qu'à l'hure, car je tenuchois[2] à tous coups, et les eusse laissez, mais c'est ce qui fait parestre le caballier.... Soubent la teste alloit la première et le cuiou faisoit le souvresaut, comme je disois ; mais bous sçabez qu'un home de guerre doit prendre ses abantages partout.... Se po dire que nous en sçabins trop per esta notaris[3] ! C'est une velle chause qu'une retraite vien faite.

Beaujeu. Qui commença cette deroute du pont de Sey ?

1. Les champs, dans le bas Poitou, sont enclos de haies très élevées au dessus des chemins ; on n'y peut entrer que par des espèces de portes au dessus de plusieurs degrés en terre battue.

2. *Sic* édition de 1630. Je trébuchois.

3. D'un homme rusé et dangereux, les Gascons disent proverbialement qu'il en sait trop pour être notaire, donnant à entendre par là qu'il faut être sur ses gardes quand on a affaire à lui. L. D.

Fæneste. Ce fut un vrave duc[1], qui, boyant les approches, prit une gaillarde resolution, et, lebant la main haute, s'ecria : Qui m'aime, si me suibe ! sauhe qui put ! Il dit cela de si vone feiçon qu'il fut ovéi, en despit d'un bieux mestre de camp nommé Voisguerin, et quelques huguenaux qui bouloient comvattre.

Enay. On apprend tous les jours : jamais je n'avois ouy appliquer ce commandement : Qui m'aime, si me suive, sinon pour aller au combat.

Beaujeu. Et moi, j'admire la resolution de ce jeune homme ; vous ne dites rien du comte Saint-Aignan[2], qui alla bien au combat ?

Fæneste. Je n'en sai rien, car il estoit delà l'eau.

Beaujeu. Et vous, où estiez-vous ?

Fæneste. A l'autre estrêm[3] du pont. Il y en aboit qui bouloient que nous nous missions en vataille sur un haut pour parestre ; mais quand nous ouismes la furie de la charge, chaicun prit parti.

Enay. Vous fites fort bien, et cette fois-là vous aimâtes mieux l'estre que le paroistre, et peut-estre estes-vous encor aujourd'hui pour n'avoir pas paru. Peut-estre aprendrez-vous que l'estre vaut mieux que le paroistre, pour le mal que vous avez receu à paroistre botté.

Fæneste. Bentre sant Fiacre ! bous me tenez à cette fois.

Beaujeu. J'ai veu que nous nous mocquions des An-

---

1. A la première décharge, le duc de Retz abandonna la partie, emmenant avec lui 1500 hommes. Bazin, *Hist. de Fr. sous Louis XIII*, t. 2, p. 112.

2. Il essaya de charger avec un escadron l'infanterie royale, déjà maîtresse des retranchements, mais fut fort mal secondé. V. *Mém. de Bassompierre.* Cologne, 1665, t. 2, p. 67.

3. Bout.

glois, qui, pour parestre gentilshommes, sont toujours bottez et esperonnez dans les navires, et les gens de robe longue au palais.

Enay. C'est bien loin de ceux de Paris, qui maltraittent les gentils-hommes esperonnez, comme vous l'essayates quand Fervacques vous fit cette mechanceté au palais [1].

Fæneste. Ils font vien encor ces biedazeries, et n'y a plus qu'us, car les soldats des gardes sont presque tous vottés, et cela paroist vien dabantage, car ils sentent les gendarmes reformez.

Beaujeu. Nous esperons un de ces jours que les dames iront bottées et esperonnées pour faire honneur à la mode, et à l'inventeur saint Michel [2]. Je voi quelquesfois des juges par la France qui prennent de mauvaises conjectures de leurs prisonniers quand ils ont de grands cheveux [3].

Fæneste. C'est une grande indiscretion à ces juges de ne respecter point les honnestes hommes. Ces marauts firent à Poictiers un affront au vrabe capitaine du Lyon; mais ces couquins de chicaneurs en beulent aux hommes vien faicts.

Beaujeu. Et quel affront lui firent-ils?

Fæneste. Ils lui firent despouiller le clinquant et l'escarlatte et faire le tour par la bille [4].

Beaujeu. Si est-ce que la mode est bien suivie par tout; on ne void le monde que par un pertuis.

---

1. Liv. 2, chap. 13.
2. V. liv. 1, chap. 2.
3. Parcequ'ils soupçonnoient qu'on portoit les cheveux longs pour cacher la place des oreilles, coupées en punition de quelque méfait.
4. Espèce d'exposition publique des condamnés au bannissement.

Fæneste. Je boi vien que bous otres troubez estrange de nous boir ainsi en emvuscade dans nos chebeux, aussi longs que çus des dames. Hé quoi ! seroit-il dit que les bailets de pied de la Cour porteroient chebeux et perruques jusques sur les espaules, les manchettes jusques au coude, les chausses sur les talons, la gorge, le cordon de chapeau et les oreilles toutes vigarrées de ruvans incarnadins, et que nous fussions razez et reformez comme pedants du bieux temps[1] ! A proupos des manchettes, y'estois allé disner chez monsur lou bidasme[2]; un fadasse de Caiteine prit mes manchettes pour la serbiette, et s'y essuia les mains : ye l'usse trucquai[3], mais il aboit fait cela par ignorance. — Ye bous dits et bous meintiens, pour rebenir aux chebeux, que c'est une chose vien honteuse que le poil ne couvre point les oreilles.

Beaujeu. Vous verrez que cette invention est venue de Gascogne, et que quelques uns s'en seront servis, au lieu de cacher les oreilles, à couvrir la place où elles avoient été.

Fæneste. N'est-il pas vien plus veau qu'un esprit retiré en soi-mesme offusque ainsi les oreilles et les yeux pour ne rien boir et ne rien ouir qu'abec desdain, et ne destourner point ses velles meditations ?

---

1. *Comme pedants du biux temps.* C'est-à-dire, apparemment, du temps que subsistoit le règlement de 1535, appellé communément l'*Edit des barbes,* auquel un avocat aiant osé contrevenir, Pierre Liset, premier président, lui ordonna en pleine audience d'abattre sa barbe. Voiez les notes 15 et 53, sur le *Passavant* de Beze, t. II, des *Mém. de littérature* de Sallengre. La Haye, 1717. L. D.

2. François de Vendôme, vidame de Chartres.

3. Battu, frappé.

Beaujeu. Le roi, passant à Grenoble pour aller en bas[1], demanda à l'eveque comme quoi il gouvernoit les dames, et, les voyant coiffées à la garcette, tint un langage fort à la defaveur de la mode.

Fæneste. Je croi vien que roy n'aime que les armes, abec lesquelles les moudes ne s'accomodent pas vien, et surtout les grands chebeux dans les casques, qui se coupent entre le hausse-col[2], font l'havillement de teste plus grand, et par consequent plus pesant; mesme il y a un de ses escuiers qui a osé rimer sur les garcettes, et dire :

> Les artisans ont à leur porte
> L'enseigne du mestier qu'ils font,
> Et nos dames en cette sorte
> Ont les garcettes sur le front.

CHAPITRE III.

Du second desastre à la Valteline.

Fæneste.

Ayant tout perdu au yu et me boyant engagé de debtes pour les bibres, ye me laissai desvaucher à monsur de Baux, aide-de camp en l'armée qui alloit à la Balteline[3]. Ye me desrovai donc de Paris. Nous allasmes passer en Souisse.

---

1. Vers la mer, expression provençale.
2. On portoit encore des casques qui couvroient tout le col, et se rattachoient à la cuirasse par une pièce nommée hausse-col.
3. Cette armée étoit comman-

Quiconque a beu ce païs-là se peut banter d'aboir vien beu. Les disners communs sont de quatre hures, les festins de douze. De ce temps-là les ministres de Souisse y firent faire une reformation, et les festins reiglez à six hures. Je troubai à Saulure le gros aumonier du roy, c'est-à-dire des Souisses du roy : jamais homme ne m'a tant faict d'enbie de l'infanterie que cettui-là ; je ne sai si bous le connoissez ?

Beaujeu. Je le connois très bien, comme je vous ferai paroistre par un conte de lui.

Fæneste. Monsur, c'est un sabant home, gras et poutelé, qui suit tousjours la Cour à pied : je l'ai beu faire six hures de chemin, disputant en latin abec monsur d'Aunus, qui estoit huguenot, et argumenter en diavle, sans se mettre en forte haleine. Il me lougea dus fois à Sant-Germen, que je ne sçabois où aller, et m'apprit les coumoditez qu'il y a de n'aboir poent de roussis[1]. Mais, Monsur, quel von conte sçabez bous de lui?

Beaujeu. Si sçai, et qui viendra à propos d'aller à pied ou à cheval. On dit qu'un grand de France qui porte l'écarlatte[2] ne desdaigne point cet homme de

dée par le marquis de Cœuvres, qui prenoit le titre de général de l'Union, formée entre le roi de France, la république de Venise et le duc de Savoie. Il s'agissoit de réduire la Valteline, insurgée contre les Ligues Grises, auxquelles elle étoit réunie depuis 1513. Les Valtelins catholiques, en guerre contre les Grisons, protestants pour la plupart, avoient appelé à leur aide les troupes du pape et celles du roi d'Espagne, qui possédoit alors le Milanais. V., sur les causes de cette guerre, Bazin, *Hist. de France sous Louis XIII*, t. 2, p. 215.

1. *Roussin*, cheval pour le voyage, par opposition au *grand cheval*, qui servoit à la guerre pour porter le gendarme.

2. Je ne sais quel est le cardinal sur lequel d'Aubigné veut jeter le soupçon d'un vice hideux, et, pour le deviner, il

pied, *et si dilletava di la sua buona robba*. Un jour que nous estions bonne compagnie à passer le bac de Chattou, nous voyons venir à course de cheval un autre aumonier qui, n'ayant pu nous joindre que nous ne

ne faudroit pas sans doute s'attacher à rechercher le prélat qui a pu donner lieu à pareille imputation, mais celui que notre auteur haïssoit le plus. Hâtons-nous de dire d'abord qu'il est impossible de voir là une attaque contre le cardinal de Richelieu, que, sur ce point, ses ennemis mêmes ont respecté. Gui Patin dit de lui : « Pour » marque de sa sainteté, *Sanc-* » *tus olim dicebatur qui abstine-* » *bat ab omni venere illicita.* » Il ajoute que, peu avant sa mort, S. E. avoit trois maitresses à la fois. — A la rigueur, on pourroit supposer qu'il s'agit ici du cardinal Duperron, évêque d'Evreux, parce que d'Aubigné le haïssoit mortellement. Il ne pouvoit lui pardonner la conversion de Henri IV, celles de Sancy et de Sponde. Il avait argumenté contre lui en 1590, en présence du roi, dans une conférence où il avoit eu le bonheur de l'embarrasser, et il se vante de l'avoir fait suer à grosses gouttes. Dans la *Confession de Sancy*, il porte contre lui une accusation du même genre. — « Nous vous ouîmes, dit-il, » avec étonnement, faire une » homélie à la louange de l'a- » mour sacré et philosophi- » que. » Ailleurs, parlant du même péché, il conseille ironiquement au coupable de s'adresser à un jésuite, « qui lui » mettra dans le col un chapelet des derniers impétrés par » Jacques David, évêque d'E- » vreux. » (*Conf. de Sancy*, liv. 1, chap. 2.) — A cela on peut objecter qu'à l'époque où le 4ᵉ livre de Fæneste fut publié, le cardinal Duperron étoit mort depuis près de 12 ans (d'une maladie honteuse, s'il faut en croire Gui Patin ; tandis que Beaujeu semble dire que le grand qui *porte* l'écarlate est vivant au moment où il parle, après le second désastre de la Valteline, c'est-à-dire au moins en 1628. D'un autre côté, on remarquera qu'en général l'ordre des temps est assez mal observé dans cette satyre, et que, selon toute apparence, la plus grande partie du 4ᵉ livre étoit écrite assez long-temps avant sa publication à Genève. — Peut-être d'Aubigné avoit-il en vue un autre de ses ennemis intimes, le cardinal François Escoubleau de Sourdis, archevêque de Bordeaux, très décrié d'ailleurs pour le scandale de ses mœurs, dans un temps où l'on étoit fort tolérant sur ce

fussions à milieu de l'eau, s'écria au Souisse qui parloit tousjours latin : *Redi, redi, Dominus te vult conventum, et si ulterius progrediaris, acerrimas dabis pœnas!* Le Souisse s'écria du milieu de nostre batteau : —*Tomine*[1], *Tominatio festra licat Tominationi Tomini Præsoulis, quòd non folo machis inserfire illious præposteræ lipitini, quantoquitem ego fato petes.* Le cavalier du bord replicqua force menaces, n'entendant point ce latin tudesque, que fort peu du batteau entendirent aussi. Il n'eut pas si-tost dit : Que dites-vous, Monsieur le barragoin? vous aurez des estrivières ! que le gros brode[2] repliqua : *Parti, moi tit qu'il n'est point raison chevaucher moi ; chevaucher point un cheval.*

chapitre. « C'est à lui », dit l'auteur de la *Confession de Sancy*, « qu'il faut s'adresser » pour obtenir rémission du » péché contre nature et de » l'inceste. » (Liv. 1, chap. 2.) — Les huguenots disoient du cardinal de Sourdis qu'il avoit rapporté de Rome une bulle qui lui conféroit le pouvoir d'absoudre les pécheurs de ces énormités, et ils ne manquoient pas d'ajouter qu'il en avoit grand besoin pour lui-même. Pendant son séjour à Rome, à l'époque du Jubilé de 1600, on afficha de nuit sur sa porte cette traduction italienne de son nom et de son diocèse : *Il cardinale Sordido, arcivescovo di bordello.* Son frère, dont on a déjà cité la tolérance conjugale, étoit notoirement connu pour ses goûts infâmes, témoin cette épigramme qu'on fit sur lui, lorsque le roi lui ôta la place de premier écuyer de la grande écurie :

Pourquoy l'ont-ils cassé aux
[gages?
Sourdis faisoit-il tant de maux ?
— C'est parce qu'il picquoit les
[pages
Au lieu de picquer les chevaux.
(V. *Conf. de Sancy*, Liv. 1, ch. 3.)

Le cardinal de Sourdis n'étant mort qu'en 1628, Beaujeu peut parler de lui comme vivant encore, si l'on suppose que le dialogue a lieu peu après le combat du Val Saint-Pierre.

1. Pour comprendre *ce latin tudesque*, il faut changer les T en D, les P en B, les F en V, et les OU en U, etc.

2. C'est le mot allemand *Bruder* (frère), francisé.

Enay. Ces discours sont dangereux : il se pourroit trouver quelque courtisan qui approprieroit la chose à son point ; laissons cela. Monsieur le Baron, je vous demande, l'armée que vous menastes aux Grisons étoit-elle belle ?

Fæneste. Mais des plus velles, presque tous les soldats vien accoumodez à la moude, tous les perpunts vien decoupez [1].

Beaujeu. Vous ne dites pas que ceux qui avoient moyen portoient tous des Royales [2] ; mais les gens de pied furent contraints de les laisser, ou rougner (au moins ceux qui portoient bottes), car à tous coups les esperons s'engageoient dedans, et faisoient faire des parterres.

Enay. Je ne vous demandois pas cela ; je demandois si l'armée étoit forte.

Fæneste. On nous contoit pour quatorze mille homes de pied, et dus mille chebaux.

Beaujeu. Monsieur, j'y fis un tour avec monsieur de Vaulecourt ; quand tout fut joint, il y avoit cela.

Fæneste. Mais, monsur de Veauju, ces vandes ne paressoient-elles pas horriblement velles ?

Beaujeu. Ouy, il n'y eut que le desastre qui gasta tout.

Enay. Que fut-ce, Beaujeu ?

Beaujeu. Ce fut que l'armée, qui tenoit quatre lieuës

---

1. Tailladés, à la mode d'alors.
2. Larges culottes. Il y avoit au bas des canons lacés de rubans, enjolivés de point de France et enrichis de broderie de drap découpée à jour et de plusieurs touffes de rubans. *Dict de Trévoux.*

d'assiette¹, fut un jour attaquée par le regiment seul de Papnem², lequel changeant de quartier, les capitaines, presque tous yvres aussi bien que le reste, se dirent l'un à l'autre : voyons si ces gens sont sur leurs armes. La dessus, sans commandement et sans ordre, ils descendent par des bateaux dans le quartier de..., l'emportent sans resistance : ceux-là donnent l'effroi aux autres quartiers ; toute l'armée prit la fuite depuis le lac de Cosme jusques à Trahonne, et encore une lieue plus haut, l'effroi n'ayant épargné personne.

Fæneste. Je bous dirai premierement, pour excuse, c'est que tous les paubres soldats, ayant senti le bent de ces montagnes, estoient tous au souleil, à l'avril³ des rouchers, à recoudre les grandes taillades des perpunts ; si vien que j'en bis plus de cent qui, n'ayans pas eu loisir de les rebestir, trainoient leurs perpunts à la hute ⁴. Les chefs firent ce qu'ils purent, mais enfin ils furent empourtez.

Beaujeu. Mais que pouvez-vous dire à voir onze pieces emportées par un regiment de trois mille hommes, à la barbe d'une armée de 14 mille hommes !... car encor se falloit-il rallier pour oster aux ennemis ces gages de victoire.

Fæneste. Premierement, je bous respons que de ces unze pieces il y en aboit que dus roïales, 3 bas-

---

1. Dont les cantonnements s'étendoient sur quatre lieues de terrain.

2. Pappenheim.

3. *Sic* dans l'édition de 1630, et non pas à l'abri ; c'est-à-dire le long des rochers exposés au soleil. Ce mot paroît répondre au latin *apricari*. Il me semble que c'est un gasconisme très poétique, et qui s'emploie encore aujourd'hui.

4. *A la hute.* En fuiant.

tardes, et le reste n'estoit guieres que de pierrières [1].
Pour le ralliement, nous abions quelques uns eschappez jusques à 4 liuës et demi; il n'y aboit moyen d'en faire 9, et encore ne se pouboit qu'au lendemain, qu'on se rallia après que ces ybrognes se furent retirez. Mais, boiez-bous, il y a des chauses qui ont empesché l'entiere liverté de ce pays, qu'il n'est pas vesoing que tout le monde sache; car il y aboit des terres où nous n'osions vouter lou pied, pour ce qu'elles estoient ou au Roy d'Espagne, ou à l'Empereur. D'ailleurs nous estions vridez par le respect de Sa Sancteté [2].

Enay. Et eux n'userent pas de ce respect.

Fæneste. Comme j'ai appris d'un secretaire de Monsur lou Marquis [3], les affaires d'estat ne sont pas comme celles de la guerre. Nous estions là pour negocier, et il y a des esprits qui bont..... 622222222 [4] ! et qui beulent qu'on donne zest, craq, boutte!... mais il faut aller à pieds de plomb.

Beaujeu. Et en ce faisant, on va quelquesfois à pieds de veau.

1. Erard de Bar-le-Duc (*la Fortification démonstrée*, 1620) ne compte plus la *royale* ni les *pierrières* parmi les pièces d'ordonnance. La royale est peut-être la couleuvrine de 16 livres et demie de balles, la plus grosse des pièces de campagne. La *bastarde* étoit de sept livres et demie de balle. Quant aux pierrières, je suppose que leur calibre étoit aussi foible que celui du fauconneau, qui portoit un boulet de 3 quarterons et demi.

2. Lorsque les troupes françoises entrèrent dans la Valteline et chassèrent quelques garnisons du pape, « le cardi- » nal de Richelieu recomman- » da aux envoyés de France de » remontrer soigneusement au » pape que tout avoit été fait » pour le bien de la chrétienté » et celui du Saint-Père lui- » même. » Bazin, *Hist. de Fr. sous Louis XIII*, t. 2, p. 251.

3. Le marquis de Cœuvres.

4. *Qui bont* 62222222. Qui ne demandent qu'où est-ce? Voiicz la note 47, sur le prol.

CHAPITRE IV.

Exercice de Fæneste, et quelque chose du voyage d'Italie.

Enay.

Mais, Monsieur, vous nous avez parlé de trois desastres; du pont de Sey, de la Valteline, et de Saint-Pierre; il y a eu plusieurs guerres entredeux : à quoi s'est employée vostre vertu cependant?

Fæneste. Je m'estois attaché à la fortune de monsur le duc d'*Agaran* [1], et usse fait lou bouyage d'Italie abec lui, mais il me laissa en Dauphinai, pour certaines incoumoditais; il disoit que y'abois les pieds puants [2].

du 3ᵉ livre de Rabelais. L. D. — C'est une espèce d'onomatopée en chiffres. Prononcez: *six, deux deux*, ou mieux SS', d', d', d', d'; c'est l'imitation du bruit que fait un oiseau en s'envolant. Le sens est : Il y a des esprits qui s'emportent sans se rendre compte des difficultés, qui veulent aller en avant, tête baissée, et sans prendre des mesures pour assurer le succès.

1. C'est un nom défiguré probablement avec intention. Sous ce pseudonyme, d'Aubigné a peut-être voulu désigner le marquis de Cœuvres, qui fut ambassadeur en Italie et fit ensuite la guerre aux Réformés. Plus probablement, il s'agit du duc de Bellegarde, qu'on appeloit à la cour M. *le Grand* (écuyer). Il fut envoyé vers 1616 auprès du duc de Savoie.

2. Ce passage me paroît prouver que c'est en effet le duc de Bellegarde dont il est question. Il fait sans doute allusion à une anecdote fort connue alors, et que Tallemant rapporte en ces termes : « Dez trente-cinq ans, M. de Bellegarde avoit la roupie au nez; avec le temps, cette incommodité augmenta. Cela choquoit fort le feu roy, qui pourtant

J'entendis vien que c'estoit à dire ; si j'usse estai agréavle pour son trin, j'usse beu Roume et Lorette. Boulez-bous que je bous monstre une légende de ce boyage ?

Enay. Je vous remercie, et rompons là, pour cause.

Fæneste. Je ne laissai pas de me rapproucher de lui en ces dus guerres, où nous fismes enrager les parpaillots. Là, pour nous benger de quelques affronts, poudez dire que nous arrachasmes vien des bignes ; et noutez que les grands seignurs, par emulation, en faisoient plus que les proubes goinfres [1].

Beaujeu. Voyez-vous comment les coustumes se changent ! Je me suis trouvé aux vieilles bandes, où, si nos chefs nous eussent commandez de tels ouvrages, nous nous fussions mutinez, et eussions respondu : Allez cercher des gastadours [2] !

Fæneste. Oh ! il y aboit vien des gloriux parmi nous qui firent de telles responses ; mais on menaça de pendre, et l'exemple de nous otres gentilshommes leur fit quitter lur gloire.

Beaujeu. Gloire ? vrayement, ceux qui ne polluèrent n'osoit le lui dire, car on lui portoit quelque respect. Le roy dit à M. Bassompierre qu'il le lui dit. M. de Bassompierre s'en excusa. — Mais, Sire, dit-il au roy, ordonnez en riant à tout le monde de se moucher, la première fois que M. de Bellegarde y sera. Le roi le fist ; mais M. de Bellegarde se douta d'où venoit ce conseil, et dit au roy : Il est vrai, Sire, que j'ay cette incommodité ; mais vous la pouvez bien souffrir, puisque vous souffrez les pieds de M. de Bassompierre. » Tall., *Hist. de M. de Bellegarde.*

1. Il s'agit ici probablement de la guerre faite dans le Languedoc aux protestants commandés par le duc de Rohan. 1625-1629.

2. Des pionniers.

point leurs mains à telle besogne, eurent à bon escient gloire de cavaliers.

Fæneste. Qu'est-ce que gloire de caballier?

Enay. Beaujeu dit vrai. Il y a trois sortes de gloires : la divine, celle du cavallier et celle du barbier. De la divine, il n'en faut point parler en nos causeries; la seconde, c'est celle qui sçait *parcere subjectis, et debellare superbos;* celle du barbier gist en morgues, ou en affetterie de putain, en habits à la mode, et telles marchandises.

Beaujeu. Ha! Monsieur, vous ne comptez pas la *glori Bernat?*

Enay. Où avez-vous trouvé cela?

Beaujeu. En un festin où je me trouvai à Nerac. Le sieur de la Cheze[1], qui avoit acheté un estat de conseiller, se maria à une riche fille de la ville. Or étoit-il fils d'un riche laboureur, tellement de la vielle mode qu'il n'avoit jamais porté de haut-de-chausses. Le fils fut deux mois après lui, et employa tous ses amis, et mesme quelques ecclesiastiques, à lui persuader de porter des hauts-de-chausses un jour seulement, pour tenir place de père aux nopces de son fils. Enfin ce père le promit en pleurant, et predisant qu'il en arriveroit quelque sinistre malheur. Le voilà donc vestu d'un grand casaquin noir, et de chausses de mesme, où

---

1. *Le sieur de la Cheze.* Celui-ci, comme on le voit, étoit gascon. D'autres de même nom descendent d'un Lyonnois, je pense, secrétaire du roy sous Charles IX, et de ceux-ci pourroit bien avoir été le fameux P. la Chaize. Les mémoires de la Ligue (t. 5, p. 171, édit. de 1598) parlent d'un capitaine la Chaize qui défit les ligueurs à Villemur en 1592. L. D.

l'on ne mit que quatre aiguillettes[1] avec celle de devant. Il falut lui aider à cheminer pour le mener à cap de table[2]. Monsieur de la Cheze servoit, et prenoit garde à pousser devant son père les plus friands morceaux qu'il pouvoit. Ce grand vieillard sec et avide, voyant d'autres vivres que le cap d'ail[3], se mit à escrimer des mains et des dents furieusement, non sans le sous-ris de la compagnie. Quand son fils Bernat le sollicitoit de prendre des chausses, il n'avoit autre response sinon : *Ah! Bernat, que tu es glorious! Mauzit la glori Bernat!* A toutes les friandises qu'on approchoit de lui, il disoit entre les dents. *Ah! que de glori, et de glorious!* La furie de manger le fit pourtant taire jusques un peu avant le fruit, et lors on lui vid faire des mines d'un colliqueux, rougir et paslir. Or avoit-il auprès de lui un chartier, son valet, auquel il faisoit part de son disner. Enfin, se trouvant grandement pressé, il cria au valet : *Osté mé d'aquiou, Hillot, iou n'en podi maye*[4] *!* Le valet Guilley lève son maistre ; le fils y accourt, mais trop tard, car, en lui destachant une aiguillette, tout lui échappe dans ses chausses, et le bon homme s'écria : *Aqui l'as, la glori, Bernat*[5] *!*

Enay. Voilà une quatrième espèce de gloire dont nos philosophes ne se sont pas advisez.

Fæneste. Mais ne troubez-bous pas la gloire vonne quand elle fait parestre, et le parestre fait parbenir?

Enay. Cette gloire qui fait parvenir n'est point du

---

1. Les aiguillettes servoient à attacher le bas-de-chausses à la casaque.
2. Au bout de la table.
3. Tête, gousse d'ail.
4. Ote-moi d'ici, Guillot, je n'en puis plus.
5. La voilà, la gloire, Bernard.

barbier, mais faisant parvenir à quelque chose de bon, elle est de cavalier ou de soldat, et gist en autres choses qu'en morgues, braveries, suffisances, feintes, et gravitez pedantesques. Nous avons autresfois appellé ces gens-là *Morgue-tous-seuls*.

CHAPITRE V.

Suite des gloires.

Beaujeu.

Vous trouvez de ces morgues de vent coustumierement aux Espagnols. Je vous en veux donner un exemple.—Un Espagnol et un soldat gascon arrivèrent à loger ensemble à la Reole, à l'enseigne du Maupiteux. Tout étant ruiné en ce pays-là, l'hoste eut peine à leur trouver un chapponneau. Comme ils furent venus à la petite chambre basse, le soldat, nommé Perot, y étant le premier, l'Espagnol entre avec grandes desmarches, et après plusieurs morgues espagnolles, il creut estre de la civilité de faire une entrée de discours, et le commença ainsi, en regardant cette volaille par desdain : *Yo me espanto de vosotros Franceses, quienes comeis los capones sin naranjas ?* Le Gascon respond : *Et you, de bous otres Spagnous, qui mengas las orenges sans capous.* L'Espagnol, là dessus, éclatte un ris pour faire trembler la maison, et se mit le dernier à table, pour achever son ris, cependant que Perot tranchoit le chapon. Le rieur suit : *Por Dios, grandes palabras para reir ! De gracia, hermano, dezirme el tu nombre, por recitar este apophtegma?* — *Cap de you*, dit le Gascon, *digas me el vostre noun et you dirai lou min*; et ce disant, commença à manger. Le cavalier suit : — *Verdaderamente, es la razon que el que pide el nombre de los otros diga el suyo primero. Hermano, yo me llamo Don Juan Hernandez Rodrigo de Parmentiera, Señor de las Arenas de la Sierra Morena, Cavallero de Alcántara.* — *Cap de you! tant de gens!* dit l'autre ; *et you, m'appelli Perot*[1]. L'Espagnol se met la face entre les coudes sur la table, criant avec un effroi délicat : *A a a a a, Perot! a a a, Perot! a a a, Perot! Perot! O Dios, qual nombre! Nombre dado y inventado del tiempo de Noé! Entonces el mundo tenia falta de nombres!* Là dessus les ris redoublez ne peuvent s'achever plutôt que le chappon, que Perot avoit frippé. La carcasse dépouillée fit arrêter le ris, et nostre brave demanda en courroux : — *Quien ha comido este capon?* — *Perot*, dit l'autre, *et tous lous otres que bous abez nommats, Fiderigo, Roderigo, et toute la Morene*[2]. Le morgueur, ne pouvant impetrer de Perot qu'il se laissast battre, n'eust gueres que le ris et les paroles à soupper.

Fæneste. Boilà un von conte, et à l'haunur de la Gascogne.

Beaujeu. Vous en aurez encor un autre sur les sottises que la vaine gloire fait faire. Un gentilhomme nommé la Beausse épousa en Xaintonge la vefve de

---

1. *M'appelli Perot.* Imité du *Scelto di facetie del Piovano Arlotto ed altri*, au feuillet 69, a, de l'édition de Venise 1599. Voiez aussi la page 65 du *Praxis jocandi*. Francf. 1602. L. D.

2. Les Gascons et les Basques appellent ainsi les Espagnols, et particulièrement ceux du Midi, à qui ils reprochent leur sang mêlé avec celui des Maures.

Saint-Fort, sœur d'un tres-riche homme nommé l'Estrancards. Les deux beaux-frères eurent un grand procez à Bourdeaux pour leur succession. L'Estrancards faisoit ses affaires à graisse d'argent[1]; l'autre gagnoit le cœur de ses juges par plusieurs gentillesses desquelles il se faisoit valoir, quelque tour de page à sa partie, que les juges tournoient en risée. Comme, ayant un rapporteur très rude et hergnieux d'une fièvre quarte, il fit passer un homme aposté devant le banc du procureur de d'Estrancards. Il n'y avoit que les clercs; il leur dit: N'y a-t-il personne ici qui puisse advertir Monsieur d'Estrancards que son rapporteur le demande, mais promptement, pour l'éclaircir de quelques points importans sur le procez? Ceux qui ont plaidé savent quelle faveur de rapporteur est cela. Nostre grand homme donc adverti, et un écu donné au clerc, entre tout hors d'haleine au cabinet du conseiller, qui le reçeut à belles injures. Je vous conterois quelques autres traits, mais je me contenterai de celui que j'estime le meilleur. Il y avoit à la cour de parlement de Bourdeaux un conseiller plein de hautes imaginations, ridicule pour elles et pour ses contenances. On ne lui refusoit point la séance, mais on ne prenoit plus son advis; il se disoit conseiller d'Estat et homme qui pour sa gloire jouoit des mains.—Nous vous l'avons fait voir à Montferrant, quand il joüa avec d'Ardillon[2].—La Beausse se botte et s'équippe en courier, et ayant bien troussé un pacquet, cacheté des armes de

---

1. En employant la corruption

2. C'est sans doute à Enay que s'adresse le sieur de Beaujeu. L'anecdote à laquelle il fait allusion m'est inconnue.

Portugal[1] par le moyen d'un petit ducat[2], va trouver sur les neuf heures du matin nostre conseiller, avec multitude de reverences, lui dit : Monseigneur, voilà un pacquet que je vous apporte en diligence de la part du roy nostre maistre, le roy de Portugal : vous y verrez de grandes nouvelles pour vous ; je vous supplie, quand vous serez en vostre regne, avoir souvenance du pauvre capitaine Romarin, vostre serviteur. Le conseiller lut la suscription : A Monsieur ..... nostre cher et honoré chancelier de Portugal et des royaumes qui en dependent : *Sur vostre bonne renommée, soit de probité de vie, de prudence, grande doctrine, experience aux grands et importans affaires de l'Estat, comme aussi d'honorable famille dont vous estes issu, Nous avons fait choix de vostre personne pour vous faire chancelier et chef de nostre justice, tant en Portugal qu'aux royaumes qui en dependent, de quoi lettres plus amples vous seront depechées à votre arrivée. Nous vous prions donc vous acheminer le plutost que faire se pourra. Nous avons donné charge au sieur d'Estrancards, nostre thresorier, de vous mettre en main quatre mille ducats pour le voyage. Nous remettans du chemin, et autres particularitez qui en dependent, au capitaine Romarin, present porteur, qui vous dira plus particulierement combien nous desirons vostre venue, etc.*

La principale pensée de nostre chancelier fut de sçavoir le logis de nostre thresorier, prendre les plus

---

1. Cacheté des armes de Portugal. Tiré du *Lingua* d'Erasme, et appliqué à l'Abbé Mâlotru dans le *Furetieriana*. L. D.

2. D'une pièce d'or aux armes de Portugal.

beaux habits qu'il eut, s'accompagner de trois hommes de bonne mine, et Romarin lui montra le logis, se separant pour d'autres depeches qu'il avoit, et ne retarder point le partement. Nostre grand colosse, arrivé au logis, fait demander la chambre du sieur d'Estrancards, où il le trouva faisant nouvelles escritures. Voilà deux fort grands hommes affrontez [1]. Romarin, le conduisant, lui avoit depeint sa partie pour un homme cauteleux, impudent, mesprisant tout le monde, et faisant le mesconneu [2] en toutes affaires. Le conseiller donc lui ayant dit ces mots : Monsieur le thresorier, j'ay eu lettres du roy nostre maistre, selon lesquelles il faut que je parte dès demain pour aller recevoir l'honneur de ses sceaux. Je m'asseure que vous serez bien aise de voir la maison conduite par un de vostre pays, et qui aura moyen de reconnoistre vos bonnes volontez. Je vous prie de me depecher aujourd'hui les quatre mille ducats qu'on m'a ordonnez, comme vous verrez par la depeche que voilà. La response fut en xainctongois : *Agre [3], Monsieur, vous vous mesprenez ben. Par la mordi, je ne sçai quo l'è ni de Portingal [4], ni de la Portingalerie; y ay ben d'autres escuelles à laver!* Le chancelier repart : On m'a bien dit que vous faisiez le rustre et le mesconneu. Contez-moi l'argent et marchez droit, ou je vous mon-

---

1. En présence. Métaphore tirée du blason : on appelle affrontés deux animaux représentés en face l'un de l'autre.

2. Ce mot avoit alors le sens d'homme orgueilleux, qui méconnoît la qualité des gens à qui il parle.

3. Je crois qu'il faut lire *Agrez* ou *Agarez*, c. à. d. Prenez garde.

4. Portingal. A l'antique, comme on lit toujours ce nom-là dans Froissart.

L. D.

trerai comme je sçai chastier tels galands que vous. — Pourquoi m'amuserai-je à vous conter les replicques et les dupliques, jusques au premier soufflet que descocha le chancelier ? L'autre, qui estoit aussi fort que lui, lui ramena la boule¹, et eut fait bon voir l'escrime de ces deux demi-geants, si les couppe-jarrets de la conduite ne s'en fussent meslez ; l'hoste et les voisins arrivèrent un peu tard au secours du thresorier, et le capitaine Romarin fit jouër cette farce sur le point qu'il alloit faire vendanges au Guas.

CHAPITRE VI.

De la guerre du Prince; familiarité du roy et de Fæneste; Chalus; tiltres : Regnante Jesu; *l'antiquité de Langin.*

Enay.

Mais, monsieur le baron, nous n'avons point sceu que vous vous soyez fait paroistre en la guerre de Monsieur le Prince ?

Fæneste. Si ai-ye vien paru en ceste guerre là ; ye n'abois jamais esté contre lou roy qu'à cette fois. De bérité, l'ennemi ne paressoit point. Du reste, il fai-

---

1. Metaphore empruntée au jeu de mail, où l'on renvoie la boule à coup de maillet.
2. En 1615 et 1616, lorsque Henri de Bourbon, prince de Condé, allié aux protestants, disputoit à la reine et au maréchal d'Ancre le gouvernement du royaume. Cette petite rebellion finit en 1616, à la paix de Loudun.

soit assez von en ce parti : on n'estoit tenu à rien, ni à marcher en vataille. Le yor, que tout couroit à la petite guerre, les garces gardoent lou drapeau, et me soubient qu'une nuit que le regiment de sant Paul marchoit, n'aiant troubé par les billages aucune guide[1] à prendre, nous fusmes contraints à nous servir d'une femme. Çus de la teste à tous coups crioient : *Alte, alte!* nous nous en faschions; à la fin on cria *Alte! on vesogne la guide!* On pensoit que ce fut un masle, nous nous en primes tous à rire. La nuit, au diavle la garde! vruloit le billage qui bouloit. Nos grands le bruloient, à la moude s'entend, c'est à dire qu'ils prenoient cent escus d'une paresse pour la laisser buide au milieu du departement[2]. Cus qui faisoient la charge[3] aboient 50 escus pour tous ensemble, et les plus grands chacun 25.

Beaujeu. Vous avez bien fait de m'expliquer ce brulement; je pensois que ce fust mettre le feu pour faire dégast.

Fæneste. Non, cela n'appartient qu'au païs des parpaillots.

Enay. J'ai veu le temps que la teste d'un mareschal de camp eust sauté pour avoir laissé un village vuide entre les logis de l'armée.

Fæneste. Quand nous eusmes joints lous huguenaux, ils en disoient autant que bous, et appeloent cette liverté desourdre; mais nous nous mouquions vien d'us, et ce desourdre nous a serbi quelque fois : car une nuit que

---

1. Ce mot étoit alors du féminin, comme dans l'italien *guida*, d'où il est dérivé.

2. C'est-à-dire dans la répartition des troupes sur une certaine étendue de pays.

3. De faire cette répartition.

nous étions partis de Chesnai, où nous abions gagné chacun la pistole pour garder une maison de gentilhomme, nous nous amusasmes à voire en une otre. La nuit nous surprit à Thourignay; nous allions trouber Monsur[1] à Selles. Nous estions esgarais pour toute la nuict, quand nous troubasmes dans le chemin un canon, de là à un quart de liuë un otre, à mille pas de là lou tiers : cela nous serbit de vrissées[2]. Il y aboit un fadas[3] de caitaine du bieux temps qui bouloit que nous envoiassions abertir comment le canon estoit avandonné, par un de nous, et que les dus otres demourassent en bedettes dans lou camin; nous nous mouquasmes vien de lui. Il me soubient aussi qu'à la Croix blanche de Lusignan, Monsur y estant lougé, Rochefort abec lui, et un grand trin, il fit demourer à coucher un mareschal de camp huguenot qui, le lendemain, au partir, boyant qu'on ne donnoit pas un hardit à l'hoste, fut vien si simple de payer. — A voire, page, à voire! — Excusez-moi : je pensois estre encore à Fæneste, où mon paye est demouré abec ma meire; ce sont de mes resberies. Abant ces guerres, aux vones compeignies, à tous coups, en resbant, il m'eschappoit : Oy da, Sire, ou quauques otres moutets, en pensant que lou Roy m'interroguast familierement.

Beaujeu. Et pensez-vous que le Roy quelquesfois n'en laisse pas aller de mesmes, comme de dire : Que

---

1. Le Prince de Condé, selon toute apparence. On a vu dans le 1er livre que Fæneste appelle Monsieur, tout court, le duc d'Espernon. Ici, il ne peut être question de ce Seigneur, qui servoit dans l'armée opposée au Prince de Condé.

2. Brisées, marques pour se reconnoître à la chasse.

3. Un vieux fat, sot.

dites-vous, baron? pensant que vous soyez tousjours à son oreille.

Fæneste. Oi da, oi, et sur tout quand on parle de la guerre.

Enay. Et ne craignez-vous point que la guerre que vous lui avez fait ne fasse quelque bresche à vostre grande faveur ?

Fæneste. Sa Majestai est trop caballière pour n'excuser pas les caprices que prenent les galands homes, ou pour les dames, ou pour l'ami.

Beaujeu. Vous me faites souvenir d'un dialogue qui fut entre le roy Henri IV et Chalus de Limousin, qui avait escallé une maison, ravi une fille, et tué quatre ou cinq personnes de qui elle estoit héritière. Etant prisonnier, le Roy voulut parler à lui, pour s'enquerir sur les menées et entreprises du Limousin[1], qui avoient causé son voyage. Chalus en decela quelques nouvelles qui firent trancher la teste à deux de ses compagnons, et de là prit occasion de parler de son principal affaire, en ces termes : *Sire, vostre Majesté est trop galante, et cavallière, et a trop senti les poinctures de ce petit Dieu à qui on peint des aisles, pour vouloir punir les excèz que le fils de Venus a mis au cœur de ses esclaves.* — Oui da, respond le Roy ; mais vous avez à craindre que ma Cour de Parlement ne soit pas assez cavallière, et mon chancelier assez galand. Ce qui arriva, car il fut roué dans huit jours.

---

1. En 1601 (?). «Le Poictou et le Limousin étoient en combustion pour la Pancarte d'un sol pour livre.» (D'Aubigné, *Hist. univ.*, tome III, liv. 5, ch. 11.) Ou plutôt en 1605, à l'occasion des troubles suscités par le duc de Bouillon. V. Mém. de La Force, I. 178 et s.

Fæneste. Ce conte n'est pas vien à proupos, car je m'attends d'aboir autant de pribautai avec sa Majesté à mon retour qu'auparabant. Il saït vien d'où je suis, et que baut lou baron. Il a estai chais mon cousin de Poulastron abec les plus galands de sa Cour, pour comvattre lou diavle, qui avoit saisi la moitié du lougis, et à grandes peirades fesoit pur à çus qui y bouloient aller. Ma cousine fut vien estonnaye quand elle bid la meison pleine de gens qui aboient tous l'espée à la droite, et lou pistolet à la male man : lou diavle s'en estoit allé. Il arriba que trois mes cousins qui alloient eu une partie de vagues entrèrent masquez dans la vassecour, la lance sur la cuisse, us et lurs chebaux vardez de taffetas vlu. Voilà un grand cri : Boici lou diavle, boici lou diavle! Ceux-ci s'enfuirent, et lou Roy à chebal après us, qui les prit à une liuë de là, et ce prince les amena disner. Il estoit fort drosle[1] en ce temps-là ; et quand lou cadet de Poulastron et moi arribasmes à la Cour, il s'en soubint, et le fit mettre aux gardes[2].

Beaujeu. J'estois lors à la Cour de Navarre, et me souvient qu'on disoit comment c'estoit un escolier de Thoulouse qui, pour coucher avec la damoiselle du logis, fit le diable comme cela.

---

1. Fort enfant. Ce mot est encore usité en Saintonge.

2. Cette anecdote et la suivante ne peuvent se rapporter qu'à Henri IV. Tout à l'heure cependant, il étoit question de la rebellion du Prince de Condé, et du risque pour Fæneste de perdre, à cette occasion, la faveur du Roi, c'est-à-dire de Louis XIII. Il est probable que le *Baron de Fæneste* a été composé avec un certain nombre d'anecdotes écrites assez longtemps avant 1630, peut-être du vivant de Henri IV, puis cousues ensemble, sans presque aucun souci de la part de l'auteur pour garder la vraisemblance quant à l'ordre des temps.

Enay. Vous êtes toujours scandaleux.

Beaujeu. Le roy mesme, pour aller à l'amour, accompagné de Frontenac [1] seul, estant tous deux deguisez de cappes de Bearn blanches, alla en poste à Yemant. Ayant passé Artez, trouva la populace du pays, qui avec bastons ferrez poursuivoit des sorciers; toutes les cloches sonnèrent sur lui, et deux cents populaces, qu'à pied, qu'à cheval, les poursuivirent aux rais [2] de la lune, criants : A la cause, à la cause [3] ! jusques dans le jardin de Yemant, où la comtesse [4], qui les attendoit, fit le holà.

Fæneste. Je beux vien cela, mais je continue à dire

---

1. Antoine de Buade, Seigneur de Frontenac, ecuyer de Henri IV, et son premier maître d'hôtel en 1607.

2. Rayons, au clair de lune.

3. A la cause! *Aux Huguenots!* Après la S.-Barthelemi de l'an 1572, les ennemis de la Reformation s'avisèrent de faire deux classes de ceux des Huguenots qui avoient échappé à la tuerie, les uns paisibles, qu'on promettoit de laisser en repos, les autres qui vouloient se procurer par les armes le retablissement des Edits de pacification. Au parti de ceux-ci on donna le nom odieux de *la cause*, et il étoit ordonné de leur courir sus par tout au son du tocsin. Voiez les *Mem. de l'Etat de France sous le règne de Charles IX*, édit. de 1579, t. I, au feuillet 323 b et suiv. L. D.

4. Sans doute Diane d'Andouins, dite *la belle Corisande*, comtesse de Grammont. Je ne connois point le lieu nommé *Yemant*. Peut-être ce nom est-il estropié comme tant d'autres. On pourroit lire Andoins, près de Pau, où Corisande avoit une terre, ou bien Hagetmau. Cette dernière supposition expliqueroit un passage d'une lettre de Henri IV à Corisande : « Le bruit » de ma mort, allant à Hajet- » mau, a couru à Paris, et quel- » ques prescheurs, en leurs ser- » mons, la mettoient pour un » des bonsheurs que Dieu leur » avoit envoyés. » On lit *Yemant* dans l'édition de 1630, mais d'Aubigné avoit pu écrire *Yemaut*, qui est la prononciation gasconne des deux dernières syllabes de Hagetmau.

que Sa Majestai sçait vien d'où ye suis, et encor que ye soies à pied, ye suis tousjours lou varon de Fæneste, aussi vien gentilhomme que lou Roy mesme. Il y a des tiltres chez nous qui disent : *Regnante Jesu propheta.*

Beaujeu. Je me trouvai une fois à la table d'une duchesse qui allegua la mesme chose, ce qui fut relevé par un des plus doctes gentilshommes de la France, en disant : « J'ai veu en divers lieux des tiltres de mesme date; ils sont toujours honorables, car ils sont de cinq cents ans, du temps d'un grand schisme qui establit un pape à Rome, un à Ravenne, et l'autre en Avignon. Les papes avoient lors gagné un tel avantage que l'ære du siecle couroit sur leurs noms, et disoit-on lors : *regnant tel pape*; les seigneurs, qui ne voulurent prendre parti avec aucun des schismes, comme les notaires demandoient ce qu'ils mettroient après *Regnante*, la response estoit : *Regnante Jesu*[1]. »

Fæneste. Cela n'empesche pas que je ne sois gentilhome de von lieu, et de vone part.

Enay. Non, non; peu de gens font leur preuve de cinq cents ans.

---

[1] Regnante Domino nostro Jesu Christo, se lit au bas d'un Acte de Conrad Duc de Massovie, daté des nones d'août 1222. Et cependant on ne lit point que ce fût alors un tems de schisme. Voiez la pièce 8 du Prodrome, dans le *Codex juris gentium diplomaticus* de Leibnitz. Le Perroniana, au mot *Regnante Christo*, raporte, d'après une chronique de Foix citée par Vignier, que pendant l'interdit du roy et du royaume de France, sous Philippe Auguste, à cause de superinduction d'un nouveau mariage, on mettoit en France aux contrats, non : *regnant le Roy Philippe*, mais *regnant Jesus-Christ*. Sur cette matière on a de David Blondel un traité imprimé en 1646. L. D.

Fæneste. Le curai de nostre paresse disoit à un oncle min qu'il montreroit dans la Vivle le nom de Fæneste, et que l'on aboit troubaï de la monnoie de nos armoiries, lors que lou chastel fut vasti, à la bieille moude, s'entend. Il y a force mazures que je ne voudrois pas changer à la gallerie du Loubre. Bous riez, et you ye bous dits que cade fad a son sens [1].

Beaujeu. Ce n'est pas pour mal que je ris ; mais il me souvient qu'étant un jour en Savoye, logé au pied d'une vieille masure qui s'appelle Langin, le curé du lieu me disoit : *Ved vo, monsieur, ceti chaté? se pu prouva par la Bibla que s'en a yta roina y a pres de trai cents ans* [2].

CHAPITRE VII.

Noblesse de Fæneste, et ensuite discours de Renardière.

Fæneste.

Tant y a donc qu'aussi vien que Langin, nous sommes à la Vivle.

Beaujeu. La noblesse de vostre pays est fort heureuse à se faire valoir et à paroistre. J'étois ces jours chez un orfèvre au bout du Pont-au-Change ; un gentilhomme bien couvert s'arresta devant la boutique d'un orfèvre, et demanda : *Es bous favre* [3] ?

1. Chaque fat a son sens.
 L. D.
2. Voyez-vous, Monsieur, ce château ? On peut prouver par la Bible qu'il a été ruiné il y a près de trois cents ans.
3. Etes-vous orfèvre ?

Le Parisien ne l'entendant pas, je respondis pour lui. Il redoubla : S'il feroit bien un cachet? Cela accepté, il mit pied à terre, et je demourai à la boutique pour leur servir de truchement, parce qu'il venoit tout bourru [1] de Gascogne. Pour accourcir, l'orfèvre prit son ardoise, et l'autre se mit à dicter ce qu'il vouloit. — Je bus, dit-il, mes armoiries.

Demande. Eh bien, monsieur, quel en est le camp?
Response. Boutats me aquiou un camp de millet [2].
Demande. Eh bien, monsieur, que mettrons-nous dedans ?
Resp. Boutats me you, me dis [3].
Dem. Comment ?
Resp. Souvre aquest roussi, qui me couste cent vons escus, petits, s'entend. Boutats me un esperverot sur lou poing [4].
Dem. N'y a-t-il que cela?
Resp. Quatre caynots espagnouls, vigarraz de vlanc et de negre. Ne demembrez pas [5] lou plumet, ni lou manté d'escarlatte.
Dem. Cela est fait; et la devise?
Resp. C'est : *Harré per aquiou* [6]! et de l'otre estrem [7] :

---

1. Tout bourru, tout neuf, metaphore empruntée des jeunes animaux, comme poulains, oisons, etc., à qui *la bourre*, le duvet, ne tombe qu'après certain tems. L. D.
2. Mettez-moi ici un champ de millet.
3. Mettez-m'y, vous dis-je.
4. Sur ce cheval, qui me coûte cent bons écus, petits s'entend (des écus de Bordeaux valant 45 sols). Mettez-moi un petit épervier sur le poing.
5. Quatre chiens épagneuls, bigarrés de blanc et de noir. N'oubliez pas le plumet ni le manteau d'écarlate.
6. En avant par ici ! — *Harre* est, je crois, un mot basque; il est employé en Espagne et dans le midi de la France pour exciter les mulets.
7. De l'autre côté.

Tout pour parestre : L'orfèvre ne se peut empescher de rire, et il y eût eu de la batterie entre lui et le gentilhomme, sans quelque petite assistance qui les separa, et envoya le gentilhomme en cercher un autre plus habile que cettui-ci.

Fæneste. Cap de sant Vasile ! je me fusse ouffert d'estre second contre ce couquin, car ce gentilhome aboit de velles inbentions. Il n'y a point tant de fadeiges [1] dans les miennes : c'est une fenestre [2] en incarnadin d'Espagne, et la divise : *Entre comme lou vent.*

Enay. Les plus courtes sont les meilleures.

Fæneste. Monsur, quand je n'aurois otre preube de ma nouvlesse, ye la montrerai tousjours par vons arrests de cour de parlement. Un de mes grands peres eut la teste tranchée à Thoulouse pour aboir biolé une nonnain, et mon oncle et son fils pour aboir tué un prestre. Il n'y a que dire à cela [3].

Beaujeu. Monsieur, vous avez connu Renardiere [4], qui, à force d'estre noble, dès la première veuë connoissoit fort bien un gentilhomme, et au sentir mesme; car il vouloit qu'un vrai noble eust un peu l'œsselle surette, et les pieds fumants.

Fæneste. Tenez, ye me devoutonne : bous sentirez.

Beaujeu. Ho vertubieu ! quel parfum !

Fæneste. Et les pieds de mesme.

---

1. De bêtises, de façons.
2. Evidemment il s'agit d'armes parlantes, et l'on peut inférer de ce passage que, dans le parler mignard de cette époque, on prononçoit *Fenête* ou *feneste*
3. On sait que c'étoit un des privileges des gentilshommes d'être décapités, pour des crimes qu'on punissoit par la potence chez un roturier.
4. Voir sur ce personnage livre 3, chap. 22.

Beaujeu. Monsieur le baron, si vous estiez en Allemagne, là où on donne à tout le monde des Excellences, vous auriez nom Vostre Æssellence, à cause des æsselles; Vostre Naifveté, pour je ne sçai quoi qui vous sort du nez, et Vostre Piété, pour le parfum des pieds.

Fæneste. Il y a des fats qui diroient que ce seroit sentir le vouc, mais c'est l'homme. Rebenons au proupos que disoit Renardière.

Beaujeu. Il disoit que quand le chasteau de la Renardière fut fondé, Hercules, passant pays pour aller en Espagne, y mit la première pierre, aux enseignes que, quand il fallut demolir un coing pour bastir la grosse tour de l'horloge, on trouva dans le fondement un quadruple d'Espagne, et quelques malovedis [1].

Fæneste. Hé! Monsur, nostre meison a fleuri, et fleurira encor maugré les enbieux. Où est lou temps, où est lou temps, qu'allant boir quelque couquine de princesse, la vraverie de mes havits trouvloit ma vone fortune, quand les vroderies de diamants, et quelques escarvoucles parmi, me descoubroient à la veuë de tous! C'est lors que je maudissois lou parestre! Ce n'est pas d'aujourd'hui que les grandes bertus ne se peuvent cacher; et quand à la balur, où est lou temps que nous allions lougeant par la Veausse, et come les couquins des billages se deffendoient, après aboir crié : Sus! il faut menger la muraille à velles dents! yé me arronçois lou bel premier; d'où bint que les compagnons me nommèrent *lou mangeur de murailles*. Quant à l'esprit,

---

1. *Malovedis*, pour maravedis. Ces monnaies espagnoles portoient sur le revers les colonnes d'Hercule comme supports de l'écu de Castille et Léon.

je suis lou premier qui ait inbenté à louger bingt chebaux en cinq estavles, et en toutes nompairs [1]; et les chansounnettes d'amour en veau gascon, quauques unes ne sont elles pas contées pour rien [2]? Je suis fils de maistre. Abez-bous yamais esté à Turaines?

Beaujeu. Ouy da, et espere encor y aller bien tost.

Fæneste. Je bous prie, à la première fois, regarder sur lou mantou de la chemineo en la grande salle, et bous y berrez, de la feiçon du peire mien, eu lettre d'or massif : *Epitaphe sur la naissance d'Henry de la Tour.* Mais il me resoubient que bous m'abez accomparé à ce Renardeau [3] : quel homme estoit-ce?

Beaujeu. C'estoit un homme moitié soldat, moitié procureur, moitié gentilhomme, qui briguoit estre aide de camp, disoit au roy tout ce qu'il lui venoit en la bouche. Quand on publia les droits de representation pour maintenir le cardinal de Bourbon plus habile à succeder à la couronne que le roy de Navarre, lorsque par toute la France les deux tiers l'appeloient Charles dixiesme, et la monnoye, battuë en ce tiltre là, se prenoit, horsmis aux villes royales, le conseil du roy travaillant tous les jours à ordonner et à faire ecrire sur cette question, Renardière frappa à la porte du conseil, qui lors se tenoit au cabinet, demandant audience pour chose qui importoit l'estat. Estant admis, chargé d'un gros livre, il dit au roy que ni lui ni son conseil n'enten-

---

1. Comment, c'est ce qu'il n'est pas facile à comprendre. Y auroit-il ici quelque jeu de mots? L. D.

2. Pour rien. Pour quelque chose. Le Gascon dit *per quauque ré.* L. D.

3. Ce Renardeau. La Renardière, de Bretagne. L. D.

doient rien à l'estat, mais qu'il leur apportoit le procez tout vuidé, et qu'il faloit juger le different de la France par les annales de Bretagne; et, ce disant, mit ces grosses annales sur la table. On le remit sans rebut à une autre seance, à laquelle il ne faillit pas de se trouver avec un autre plus gros volume; c'estoit le livre de Guarigues[1], manuscript, contenant quarante et deux mains de papier, et s'appelloit l'Abregé de l'Almanach. Et pour vous dire encores un des traits du compagnon, un jour que les mareschaux de camp l'avoient fait amuser dans le jardin par un Breton qui les importunoit, et par ce moyen avoient disné sans lui, Renardière vint tout scandalizé au disner du roy, lequel lui ayant demandé qu'il disoit de bon, Renardière respond : — Du bien de vous, Sire, à tout hazard.—Mais encor, dit le roy, qu'en dites-vous? La response fut :—Je dis, Sire, que vous estes le plus grand prince du monde, car vous faites plus que Dieu, pour ce qu'il ne promet à ses enfans sinon que, du labeur qu'ils savent faire, ils vivront commodément; et vous faites vivre vos mareschaux de camp très commodément du labeur où ils n'entendent rien.

Fæneste. Je ne troube von qu'on m'accompare à un Flongnac, et il me soubient maintenant l'aboir beu.

Beaujeu. C'est ce que j'avois envie de vous dire, quand vous nous avez dit n'agueres que vous n'aviez porté les armes qu'au parti du roy, et il me semble vous avoir veu en l'armée du roy de Navarre, quand il

1. Guarigues. C'est le nom d'une noble famille de Castres, descendue d'un Bouffard, Seigneur de la Grange, lequel pourroit bien être notre Guarigues. Voiez Borel, *Ant. fr.*, au mot *Garrigues*. L. D.

reprit Marans, aux enseignes de la petite casaque de drap rouge.

Fæneste. Ha! je bous dirai, mon père aboit charge à l'artillerie, et quelquesfois, par voutade et par caprice, je prenois quelque casaque d'un des pionniers de sa compeinie, mais par fantasie, non pas autrement.

Beaujeü. Encor estiez-vous pour lors huguenot.

Fæneste. Oui da, en quelque feiçon; mais je bous dirai que veaucoup d'honnestes gens ont quitté ce parti pour les peines qu'on y trouboit.

Beaujeu. Vous ne contez point les perils.

Fæneste. Come le roy s'abançoit à Coutras, je troubai un honneste home qui s'appelle Sponde [1], à Taillebourg, qui s'en retournoit. Il me mena coucher chez Monsur d'Echilais, et me donna connoissance du curai du lieu, havil home, ou il n'en fut yamais, et qui mettoit en pratique ces instructions touchant l'accord des religions, et je bous dirai comment :

---

1. Jean de Sponde, lieutenant de la Rochelle, puis maître des requêtes. Il abjura le protestantisme en 1593 et publia à cette occasion un livre intitulé : *Déclarations des principaux motifs qui induisent le Sieur de Sponde à s'unir à l'eglise catholique.* Il mourut dans un état voisin de la misère, haï des Protestants et assez maltraité, comme il semble, par les Catholiques. D'Aubigné, toujours implacable contre les Huguenots convertis, prétend que Sponde mourut empoisonné par un potage qu'il avoit préparé pour faire mourir sa maîtresse, mais que sa complice lui fit prendre à lui-même. V. *Confession de Sancy, Epître à Mgr. l'évêque d'Évreux.*

CHAPITRE VIII.

Invention du curé d'Eschilais; différence des sermons.

Fæneste.

Doncques le curé d'Eschilais, qui aboit esté moine, et puis diacre huguenot, de là s'estoit fait hermite, d'hermite prescheur reformé en Bretagne, sans avoir eu l'imposition des mains; il se jetta encor dans une avvaye, devant laquelle le comte de la Rochefoucaut passant avec quelques vandes, il sort lui presenter un dizain tendant à sauber l'avvaye. Lou comte, qui le connut, lui demanda s'il composeroit vien en comedie, en tragedie? Après qu'il eut respondu que ouy, le comte : — Hé ! les feriez bous pas vien jouër aussi?—Très bien, Monseignur, respond le moine.—Je le croi, dit le Seignur, car bous abez joué toute sorte de personnages. Et le renvoya ainsi. Il parbint donc à estre curé d'Eschilais, et rendit Guilbidonin[1] le seignur dou lieu. Quand quelqu'un de la pa-

---

1. Lisez *Guillebédouin*. On appeloit ainsi les réformés gagnés par la cour. — « Tant y a que la royne ne laissa d'user de ces moyens pour affoiblir le prince, envoyant pleines males de lettres, de pardons, graces et sauvegardes par toutes les provinces, dont plu-sieurs furent allechés, qui depuis furent appelés par un sobriquet Guillebedouins. » Th. de Bèze, *Hist. des Eglises réf.*, liv. VI, p. 106. Dans les remarques sur le chapitre Ier du second livre de la *Confession de Sancy*, Le Duchat dit qu'on nomma Saintongeois-Guillebe-

roisse lui apportoit un enfant à vaptiser, il en usoit come bous boyez de lui amplement en la Confession de Sanci. J'admirai l'esprit de l'homme qui marioit et vaptisoit les Papistes à lur moude, et les Huguenaux à la lur [1], et depuis ye me fis instruire par quauques pères capuchins et par un père bernabit.

douins les protestants qui s'étoient engagés à demeurer neutres, « du mot *guille*, qui signifie *trompeurs*, et *Bedouins*, qui veut dire *assassins* ou *massacreurs*, parceque ces gens-là, qui croyoient qu'on les laisseroit en paix, et les catholiques, qui s'étoient attendus à les exterminer, se trouvèrent réciproquement trompés. » — Je ne sais dans quel argot ces deux mots ont cette signification. En admettant l'étymologie de Le Duchat, il paroît plus naturel de traduire le mot Guillebedouins par *trompemassacreurs*, c'est-à-dire celui qui se sauve d'un danger en faisant une lâcheté.

Un passage de la *Satyre Ménippée* explique le sens qu'on attachoit au mot *Bédouin*.

« La quatriesme [pièce de tapisserie] representoit en gros les faits d'armes des anciens et modernes assassins, autrement appelez Bedouins et Arsacides, qui ne craignoient d'aller tüer jusques à la chambre et jusques au lit ceux que leur prince imaginaire, Aloadin, surnommé le Vieil des six ou sept montagnes, leur commandoit. » *Sat. Mén.*, Ratisbonne, 1752, I, p. 19.

1. « Quant à lui, pour ne tomber point en ces peines, il mit les religions d'accord en sa paroisse, et, quand on lui apportoit un enfant à baptiser, il demandoit de quelle religion étoient les père et mère. S'ils disoient : Nous sommes de la religion de nos pères, lors il couroit à l'autel et l'étole, et, demi-vêtu, commençoit : *Adjutorium. Adjutorium nostrum in nomine Domini...* S'ils disoient qu'ils avoient la connoissance de Dieu par sa grace, il tournoit une chaise devant derrière, et, mettant les mains sur le haut, il commençoit après l'interrogation : *Notre Seigneur nous montre en quelle pauvreté nous naissons tous*, etc. Si c'étoit un mariage, après pareilles questions, il se mettoit sur *Adjutorium*, ou *Notre aide soit au nom de Dieu*, etc. Puis : *Dieu notre Père, après avoir formé l'homme*, etc. Voilà un habile homme celui-là. »
Confession de Sancy, liv. 2, chap. 2.

Beaujeu. S'il estoit bernabit, il n'étoit pas marié, ou vous seriez fils de putain [1].

Fæneste. Bous otres prenez les chouses simplement; c'est une feiçon d'haunur qu'on leur pourte; on les appelle aussi docturs.

Enay. Ce n'est pas obeyr au passage de l'Evangile qui deffend si exprès aux chretiens de n'appeler aucun père, pour ce qu'ils n'ont qu'un père aux cieux; ni aucun docteur, pource qu'il n'y a docteur que l'esprit de Dieu.

Fæneste. Tant y a que ce sont d'aviles hommes; mais sur tout je fus conberti par un sermon que fit père Ange à Paris le Judi-Asolu [2]: il conta la Passion tant piteusement que je ne pûs pas me tenir de plorer, ou de pitié, ou pource que je regardois attentibement les yeux chassius de la bieille de Mersec [3].

Beaujeu. Et que put vous dire vostre père Ange, qui n'avoit jamais estudié?

Fæneste. Il aboit un precepteur sabant homme, aussi vien que le cardinal de Sourdis, et apprenoit aussi vien que lui les sermons par quur, mais dibersement, car le cardinal, qui aboit une memoire cabaline [4] (come on dit) redisoit sa leiçon sans y changer une syllave; l'otre ne disoit que lou commancement, et puis alloit à l'es-

---

1. Beaujeu équivoque sur le sens du mot père.
2. Jeudi absolu, le jeudi saint.
3. Probablement quelque catholique zélée. Dans le chap. 17, il la représente comme animant les massacreurs le jour de la Saint-Barthélemi.
4. Memoire *cabaline*. Un cheval ne manque pas de s'arrêter devant la porte d'une écurie où il a passé une seule nuit. L. D. — Peut-être d'Aubigné se sert-il de ce mot pour se moquer des courtisans de son temps, qui l'employoient au lieu de *capital*.

carpoullet[1], s'enboloit dans les nuës, hardi en diavle, et disoit des forfanteries les plus agreavles du monde. Il faut abouër que le estyle et la feiçon de nos prescheurs sont bien otres chouses que celles de vos pouvres ministres, ausquels on ne permet ni allegories, ni paravolles, ni favles, ni gentilesses, ni livertez qui biennent quelquesfois vien à proupos, quand ce ne seroit que pour resbeiller lou plube, à l'imitation de Ciceron, qui, boyant passer son gendre aiant au costai une espée de sa grandeur, s'escria : *Quis tanto generum alligavit gladio ?*

Enay. De mesme façon fut ce que fit un Grec au milieu de son oraison : voyant tout le monde endormi, il fit le discours de l'asne vendu, et de la possession de l'ombre, à laquelle chacun des deux vouloit dormir ; le vendeur maintenoit ne l'avoir pas venduë. Telle fut encor l'invention d'un Cordelier, qui, ayant pris une pierre en sa chaire, fit semblant de la vouloir jetter à la teste d'un cornard, et prenant son branle la fit baisser à plusieurs, et puis : Je pensois (dit-il) qu'il n'y en eust qu'un... Le ris resveilla les auditeurs. Non, on ne permet pas ces gayetez à nos ministres, mesme on leur defend les allegories, tant qu'on peut, pour les attacher à leur texte, sans eschapper.

Fæneste. Mais, Monsur, ils ne font point de velles entrées par quelque pièce vizarre et fantasque ? Nos prescheurs s'en escriment vrabement ; comme un frère Luvin qui commençoit par un argument qu'il appeloit, ce me semble, croucodile : *S'il bient, il ne biendra point,*

---

1. S'élevoit et descendoit comme ceux qui sont sur une escarpolette.

et s'il ne bient point, il biendra, ce qu'il entendoit de son asne et du loup [1].

Enay. Mettez en ce rang Panigarole [2], commençant par ces mots : *C'est pour vous, belle, que je meurs...* en appliquant ses yeux sur une galande, de l'amour de laquelle il estoit embrené et descrié partout. Il l'avoit menacée de lui faire cet affront. Le peuple, tout estonné de cette entrée, se rasseura quand, après pauses et soupirs, ce bon docteur suivit : *dit nostre Seigneur à son église.*

---

1. On a fait un gros livre en Espagne de toutes les inconvenances que se permettoient les prédicateurs du siècle passé. C'est la *Historia del famoso predicador fray Gerundio de Campazas, alias Zotes, por D. Fr. Lobon de Salazar* (el P. Jos Fr. de Isla). Madrid, 1758, 2 vol. in—4.

L'argument appelé crocodile par le P. Lubin est une de ces énigmes renouvelées des Grecs, dont la tradition s'est conservée dans les écoles. Lucien, dans son dialogue intitulé les *Philosophes aux enchères* (Βίων πρᾶσις), introduit un sophiste à vendre, qui expose ainsi son savoir faire : « *Le sophiste.* Je sais des nœuds de paroles avec lesquels je bride et je bâillonne mes auditeurs. Ecoute. As-tu un fils ? — *L'acheteur.* Eh bien ! si j'en avois ?... — *Le soph.* Je suppose qu'il se joue au bord d'un fleuve, et qu'un crocodile l'attrape. Le crocodile te promet de te le rendre si tu lui dis au juste ce qu'il va faire, c'est à savoir s'il te le rendra ou s'il le mangera. Que lui diras-tu ? — *L'ach.* C'est bien difficile, et me voilà fort embarrassé. Comment faire ? Réponds pour moi, de peur qu'il ne me le mange avant que j'aie trouvé quelque chose à lui dire. » Lucien a oublié malheureusement de nous apprendre la réponse qu'il faut faire au crocodile.

2. Cordelier Milanois, né en 1548. Dans sa première jeunesse il avoit été une espèce de D. Juan, mais il se convertit et s'acquit une renommée extraordinaire par l'enseignement et la prédication. Nommé à l'évêché d'Asti, en 1587, il fut envoyé deux ans après en France, avec le cardinal Cajetan, pour soutenir le parti de la Ligue. Il y resta jusqu'à l'entrée de Henri IV dans Paris. Il mourut d'une indigestion, en 1594, à l'âge de quarante-huit ans.

Beaujeu. Je n'eusse osé parler des prescheurs, de crainte d'offenser, mais puisque vous en êtes venu si avant, je vous dirai l'entrée et la suite du sermon de père Ange, lequel aussi bien Monsieur le Baron a mis en jeu, s'il ne veut lui-mesme le raconter, car c'est le mesme, puisque ce fut le Jeudi-Absolu [1].

Fæneste. J'aime mieux que ce soit Monsur de Beauju, car, pour dire lou brai, je n'en ouys que la moitié; lou reste me fut contai par un otre.

Beaujeu. Or bien, vous en saurez autant que ma memoire et vostre patience en pourront porter. Après les croix, les reverences et le plonge [2], ayant fait branler la pointe du capuchon, et celle de la barbe, toussi en ela [3], mi, la, ut, moult devotieusement, et craché trois fois, il commença d'une voix haute, disant :

CHAPITRE IX.

Sermon du père Ange.

Nouvelles, nouvelles, nouvelles [4]!..... (là une pause). Et quelles nouvelles....? (là encor une). De querelles, de guerres entre de grands seigneurs. Vous estes bien aises, vous autres, quand on vous conte quelques combats, quel-

---

1. Le jeudi saint.
2. Probablement le mouvement du prédicateur qui, en s'agenouillant dans la chaire, semble plonger.
3. On appeloit *ela* dans l'ancienne musique, le plus haut ton de la voix.
4. Nouvelles, nouvelles! C'étoit un sermon du jeudi saint, jour auquel les prédicateurs cath. rom. se donnent beau-

ques duels, et sur tous vous autres Courtisans. Vous n'avez en la bouche autres discours en picquant le bahut[1]. Sachez, chretiens, que, nostre Seigneur estant venu çà bas pour sauver le monde, et par consequent troubler les affaires de Sathan, Sathan l'appelloit brouillon, car il estoit fondé en bonne possession, et pour lors souverain de l'Eglise, authorisé de trois mille ans d'ancienneté et de succession, concierge de la maison d'oraison, possesseur de la chaire de Moyse, secretain de toutes les eglises parrochiales d'entre les juifs ; sa monarchie estoit visible, l'arbre de sa genealogie montroit une longue succession, il presidoit en la Sorbonne des Pharisiens ; qu'ai-je dit ? de la chaire de Moyse... (ce ne l'estoit pas proprement, mais il en avoit fait faire une toute pareille, et la supposa en la place de la vieille). Ce prelat, bravant en sa tyarre et habits pontificaux, avoit par ses menées establi l'empire de Rome presque par tout, et sous l'empire politique fortifié et enrichi son eccle-

coup de licence en chaire, abusant de ces paroles du Psalmiste : *Hic est dies quem fecit Dominus, exultemur et lætemur in eo. Ideo quoque fit absurdius*, dit Erasme, *quod ista* (il parle des fables et des contes frivoles qu'on fait entrer dans les sermons de ce jour) *non incidunt per occasionem, sed ex abrupto inferuntur, vel impinguntur potius*. Voiez son *De ratione concionandi*, liv. 2, pag. 268 et 269 de l'édition in-8. 1536. L. D.

1. *Piquer le coffre*, attendre dans les antichambres du roi, des princes, etc. (*Dict. de Trévoux*.) Au XVIIe siècle, on ne voyait pas de siéges dans les antichambres. On s'asseyait sur des coffres et des bahuts. Par désœuvrement, les courtisans qui faisoient antichambre entamoient ces coffres avec leurs épées ou leurs couteaux : de là l'expression *piquer le bahut*. Piquer a peut-être été employé dans le sens d'*user*. Je trouve, dans un vieux lexique, *meuble piqué* pour meuble usé, vermoulu.

siastique. Ce tyran, tant au spirituel qu'au temporel, vit venir le pauvre nostre Seigneur, fils d'un charpentier, qui eut pour premier logis une estable, et une creche pour berceau, accompagné pour tout potage de pauvres pescheurs, et quelques disciples maigres, pasles et morfondus, comme vous diriez ces belistres de la vallée d'Angrogne, qui ont mieux la mine de demander l'aumone que de prescher la verité. Il y avoit longtemps que maistre Sathan disputoit contre les prophètes, leur opposoit les traditions de ses rabins, maintenoit surtout que le Messie viendroit avec main forte et bras estendu, comme peut et doit faire un bon capitaine et grand empereur, pareil à Mahomet; qu'il couvriroit la terre d'armées, se feroit bien connoistre et paroistre, enfin feroit le feu violet[1]. Là dessus, estant arrivé le Messie, après l'avoir essayé par la tentation, il se mit à prescher contre lui. Comme l'autre preschoit de son costé, tous deux dans les synagogues, tous deux aux deserts, il appeloit Jesus Novaliste, suborneur, troubleur d'Israël, demandoit sa vocation, disoit de lui et de ses apôtres qu'ils s'estoient ingerez. L'autre faisoit des miracles, chassoit les diables de plusieurs, principalement des pourceaux de Sathan, et l'irrita grandement quand il chassa ses marchands du temple. Il arriva que le mesme jour que nostre Seigneur venoit de jouër du fouët sur ces canailles, et qui lors n'estoit pas en humeur de courtoisie et d'humilité, telle qu'a bien

---

1. Pour dire : faire quelque chose qui paroisse et éclaire plus qu'à l'ordinaire. Par allusion au feu que fait le bois vert, qui est violet, et qui est plus ardent que les autres. » Le Roux, *Dict. comique.*

depeinte un cordelier espagnol en descrivant la tentation, et quand Sathan le conviant à se jetter du pinacle en bas, il respondit, *como cavallero bien criado* : *Beso lus manos, Señor Sathanas, por que yo tengo escalas para bajarme.* Lui donc, estant encor esmeu de la charge qu'il venoit de faire, Sathan s'approcha en colère aussi, et fort resolument lui dit : Je te maintiens que tu n'es point le fils de Dieu.—Tu en as menti (dit le Seigneur) par ta puante gorge, ce que je maintiendrai à telles armes que tu voudras.... (Ces propos, au jugement des ministres, seroient des blasphemes, mais nous autres appellons le pain, pain, et disons les choses comme elles sont.) Tant il y a que Sathan le prend au mot, demande à loisir l'election des armes.

Fæneste. Je maintiens que Sathan aboit le tort, car celui qui a reçu lou desmenti, c'est à lui à appeler, et le choix des armes est à l'otre. Y'usse vien boulu serbir de second.

Enay. Ne rompons point le discours du prescheur. Vous estes trop vaillant, et le courage vous emporte. Poursuivez, Monsieur de Beaujeu, et y mettez du vostre le moins que vous pourrez.

Beaujeu. Il s'en court donc en enfer faire une consultation, et se conseiller à ses meilleurs capitaines, comme un marquis de la nouvelle impression, qui alla consulter son cartel avec les gens du roy[1] ; et eux lui promirent de lui estre bons seconds, et le cacher aux plis de leurs robes. Les plus vieux diables, et qui avoient

---

1. Consulter les gens de justice sur un cartel, c'est comme refuser de se battre. J'ignore quel est ce marquis de nouvelle fabrique dont l'auteur raille la prudence.

le mieux estudié, eurent recours à l'invention sainte Croix, en laquelle Jesus seroit mis pour le combat. Cette offre si injuste estant faite à nostre Seigneur, je vous laisse à penser s'il n'y eut pas de l'estonnement au commencement; toutesfois, ayant le courage d'un gentilhomme de bonne maison, il s'y resolut. Si fust choisi pour le lieu du combat le champ de Golgotha, pour juge du camp Pilate, pour second le bon Larron, cloué d'un costé.

Fæneste. Ho, ho, c'est à l'espée que y'entendois estre second. Et qui estoit second du diavle? fut-ce point Monsur sant Longis?

Enay. Bran! Longis n'estoit qu'une lance [1]... Ne rompez point propos: vous ne courez pas fortune de ce côté-là.

Beaujeu. Il ne se peut dire comment ce veillac [2] Sathan fut esbahi. Voyant que sa supercherie n'avoit point rompu la resolution de son ennemi, il va solliciter dans la presse, et quand il vid le Seigneur au plus fort de ses tourmens, il fit crier par ses heraux : Si tu es fils de Dieu, descends. La finesse estoit grande, car ne descendre point estoit donner à ses gens dequoi rendre douteuse sa divinité; descendre estoit quitter le combat, ce que nostre Seigneur ne voulut jamais faire, mais ouy bien le poltron Sathan, qui, ayant abandonné l'honneur et le champ, fit de la querelle une guerre, et eut son recours à la garnison, comme nos gens faisoient à Paris aux escarmouches, quand les huguenots

---

[1]. Un homme d'armes; saint Longin, qui perça N.-S. de sa lance.

[2]. Mot espagnol francisé : *vellaco*, coquin.

vouloient venir aux mains. Il arrive vers les fauxbourgs d'Enfer tout échauffé, et le vilain de crier : Aux barricades! Vous eussiez dit que c'étoit le comte de Brissac[1] en la place Maubert. Et jeunes diables de cercher des barricades par tout, et les vieux de les placer aux advenues. — Vous autres ivrognes de Paris leur en vuidates assez au dernier caresme prenant pour servir aux diables à joüer la passion[2]. Voyez que c'est que de tant boire! Vous fournissez les diables de magasin contre les anges.—Or voilà les barricades dressées, mais non remplies, car Jesus poursuivit sa pointe, comme faisoit le feu roy, et ne s'enfuit pas comme les Bretons à Fontenai[3], mais, ayant rallié un bon regiment d'anges, fit mener les enfans perdus par saint Georges, tout accoutumé à combattre les diables; le fit soustenir par saint Michel, de mesme metier, avec une troupe gaillarde; lui

---

1. Le 12 mai 1588, le comte de Brissac, grand partisan des Guises, fit faire la première barricade par quelques écoliers. « Le roi avoit dit de lui qu'il n'étoit bon ni sur terre ni sur mer (cela pour ce qui avint à la bataille des Açores). Ce comte, en commençant le jeu, dit aux compagnons : Pour le moins saura le roi que j'ai trouvé mon élément, et que je suis bon sur un pavé. » D'Aubigné, *Hist. univ.*, tome III, liv. 1, ch. 19.

2. Le mot de barricades vient de *barrique*, parcequ'on se servoit de tonneaux remplis de terre, dans les rues qui n'avoient pas alors de pavés.

3. Pendant le siége de cette ville, en 1574, Saint Etienne, son gouverneur, lieutenant de Lanoue, chef des protestants en Poitou, surprit et défit une compagnie de cent hommes d'armes du comte de Montpensier, à cinq quarts de lieues de Fontenay. V. d'Aubigné, *Hist. univ.*, tome II, liv. 2, chap. 8. — Mezerai (année 1574), rapportant le même fait, dit que la troupe catholique se composoit de 500 Bretons, la plupart jeunes gentilshommes ou enfants de riches bourgeois qui alloient joindre l'armée royale.

print la croix sur son col pour servir de belier, donne furieusement aux barricades, des premiers coups les met en canelle, les couche à bas : la canaille ne peut supporter l'assaut, tout s'enfuit jusques à un autre retranchement, qui s'appelloit les limbes.

Fæneste. Bous diriez que c'est la vataille du pont de Sey ; il m'est advis que y'y suis encores.

Enay. Taisez-vous, si vous pouvez.

Beaujeu. A ces limbes, l'armée se fortifia de tous les pères qui estoient en chartre, et qui, pour avoir sçeu les advenues et ruses d'enfer, aidèrent beaucoup à faire perdre tout le reste. Les vieux diables conseilloient de faire une depêche par le monde, et appeller pour auxiliaires tous ceux qui en leurs propos communs se donnent aux diables si souvent, mais l'affaire estoit trop pressé. La troisième esperance estoit au purgatoire ; mais les ministres y avoient fait tant de bresches que Belzebuth, qui le devoit defendre avec une legion de mouches, ne s'y opiniastra point. Sur le dernier rempart, qui estoit enfer, Lucifer voulut capituler, et demandoit d'avoir pour butin tous les ribauds et putains du premier siècle ; il ne fut non plus écouté que Maillé Benehard[1] à Vandosme. Enfin, lui et les siens se rendi-

1. Jacques de Maillé-Benehard. Il avoit été gouverneur de cette ville pour Henri III, et la livra au duc de Mayenne, qui lui conserva son gouvernement. Assiégé par Biron, il se défendit si mal que la place fut emportée en quelques heures et saccagée assez cruellement. Biron fit pendre un cordelier nommé Robert Chessé, qui avoit prêché contre le roi, et qui subit sa peine avec beaucoup de courage. Quant à Maillé-Benehard, voici en quels termes de Thou raconte sa mort : « *Sed quanta illius constantia (Chessæi Franciscani) tanta in Benehartio mentis consternatio fuit, pœnam deprecan-*

rent à discretion sur la parole de saint Michel, mareschal de camp en cette armée, lequel incontinent fit faire un ban avec des cloches au lieu de tambours, que tous les prisonniers eussent à se rendre auprès du prince conquerant. Après l'ejouissance generale de cette victoire, Nostre Seigneur choisit d'entre les delivrez ceux qui estoient de meilleure maison pour les mener faire la reverence et baiser la robbe de la roine sa mère. Adam marchoit le premier, et menoit sous les bras la bonne femme Eve. Il lui vouloit aussi presenter les princes des diables, mais elle en eut peur. Il fut question de faire un feu de joye, à quoi le feu d'enfer ne fut pas trouvé propre; celui du purgatoire fut en dispute; mais enfin, ceux qui s'en sçavoient le mieux aider s'en servirent à cela, comme n'estant pas dommageable à tous, mais au contraire propre à faire rejouir plusieurs honnestes gens et bouillir la marmite.....

Tout fut comicque jusques là, puis le prescheur commença à montrer que c'etoient nos pechez qui avoient fait la querelle de ce combat, et nous, cause, par consequent, du grand danger où s'étoit mis Notre Sauveur. Là dessus ce grand predicateur tourna les yeux en la tête, demeura long-temps comme evanoui, se reprend pour s'estendre sur les douleurs de la Passion, desquelles il fit comparaison avec toutes douleurs dont il peut se souvenir, mesprisant toute sorte de fièvres et

---

tis, et ultro ad Bironis pedes provolventis se; qui, supplicem aversatus, indignum eum esse pronunciavit qui viveret, quippe qui nec defendendi se aut dedendi rationes inire potuisset: *quibus dictis misero alvus solvi cœpit, vixque ejulabundus et lachrimas viro indignas fundens in plateam perduci potuit, ubi juxta Chessœum securi percussus est.»* De Thou, liv. 98.

de maladies, qu'il cotta de rang, et puis les blessures
legères et les autres maux ; là, il se pasma pour la seconde fois, et, tout transporté de fureur, tira de sa poche
une corde faite en licol avec le nœud courant ; il se la
mit au col, tiroit la langue fort longue, et pour certain
se fust estranglé [1] s'il eust tiré bien fort... Les compagnons de la petite observance y accoururent et lui osterent la corde du col. Toute la voute retentissoit des
cris des spectateurs, qui avoient changé les ris en plaintes, l'entrée comicque en tragedie, laquelle fut toutesfois sacrifice non sanglant.

CHAPITRE X.

Suite des inventions permises aux prescheurs.

Fæneste.

Cela est vien otre chouse que les presches nuds et simples des ministres, qui ne beulent pas qu'on represente la Passion de Nostre Seigneur, et appellent les yus des farcieres.

Enay. Le tout me fait souvenir d'un honnesté homme
qui avoit esté trompette, et en portoit une sous sa robe ;
il se nommoit monsieur de Grammont. Tant que la
guerre avoit duré, il avoit esté arquebusier à cheval, du
Plessis de Cosne à Cran ; la paix faite, il se mit à pres-

---

1. Se fust étranglé. Erasme, dans son *De ratione concionandi*, et d'après lui l'*Apologie d'Hérodote*, parlent d'un prêcheur italien qui avoit les mêmes manières. L. D.

cher. Un mien nepveu, qui le vid à Nyort en chaire, m'a conté toutes ses procedures. On couroit à son sermon de trois lieuës ; il se mettoit ainsi souvent en extase, se laissoit choir dedans la chaire, et puis, debout, tiroit de dessous sa robbe une tête de mort[1] emmanchée dans un baston ; il en reveilloit les auditeurs, faisoit trembler les bonnes femmes et crier les petits enfans. Il contoit aux Nyortois qu'estant soldat il avoit mangé des cœurs de ses prisonniers mis sur le charbon, tout par zèle catholique ; et s'attira et emmena avec lui deux enfans de bonne maison pour aller au jubilé de Rome ; mais il fit mieux, car dès Thoulouse, il leur fit faire le vœu d'ignorance et de mendicité, et les ayant escroqués tous deux de cent cinquante ecus, il se deroba. Le lendemain, ces deux garçons mis prisonniers, on leur présenta la gehenne pour respondre de quoi estoit devenu le saint homme. Ils demeurèrent en ce saint estat jusques à ce qu'on envoyast de Nyort une authentique attestation de l'innocence et sottise des deux pelerins, et, outre, une information secrète, pour l'honneur de l'Eglise, sur ce que le bon prescheur avoit derobé l'argent des pauvres avant de partir.

Fæneste. Ce fut vien de tenir cela cachai. Lou prince de Guimeney fut ainsi discret enbers la personne d'un capuchin, fort sant home. Ce bon seigneur aboit au Bergier[2] des chamvres pour toute sorte de mendians, resolu d'en revastir tousjours pour autant d'ourdres qu'on inbentera ; il y en aura comme de yors en l'an.

1. Une tête de mort. Tiré de l'*Apol. d'Herodote*, ch. 59.
L. D.
2. Louis de Rohan, premier prince de Guemené, avoit épousé Leonor de Rohan, dame du Verger, qui fit passer cette seigneurie dans sa famille.

Ce père ayant estei trois yors sans aboir mangeay aucune chose qu'on eust beu, et n'ayant esté querir à la soumelerie rien que de l'eau, on se prosternoit debant lui comme debant un sant. S'estant troubé un chandelier d'argent perdu, le poubre soumelier se résolut d'aller à Jeanne la devineresse de Denée, et pour ce que c'estoit lou camin dou moine, il lui fit compenie bolontiers, car il le consouloit, disant : Recomandez-bous à Nostre-Dame de Recoubrance, ou vien à sante Restitue, qui est auprès de Soissons. (C'est là où alla madame de Mercure[1], en chemise, marchant sule, et son trein dus cents pas après elle, quand elle trouba une troupe de trente chebaux à l'orée de la forest. Les caballiers s'enfuirent au large[2], et elle se jetta dans l'espais, où elle s'enfonçoit au prix que ses gens la cerchoient, et se perdoit, sans l'aide de sante *Restitue*, qui la rendit le lendemain matin[3].) Au vout de trois lius, à une addressage[4], il falut sauter un fossai : le

---

1. La duchesse de Mercœur, femme de Philippe Emmanuel de Lorraine, duc de Mercœur, chef de la ligue en Bretagne.

2. Apparemment ceux de la suite de Mme de Mercœur.

3. L'auteur paroît faire allusion ici à quelque hazardeuse aventure arrivée à la duchesse de Mercœur pendant les guerres civiles. « Elle est vraie fille de son père (feu M. de Martigues), dit Brantôme, toute vertueuse, courageuse et genereuse comme luy, habile et prompte et vigilante ; sy, que si ce fust esté un garçon, ce fust esté le vray père : ses effets et occupations où elle s'est amusée en ces guerres le monstrent assez. » Brantôme, *Hom. ill. et cap. françois*, M. de Mercœur.

4. C'est un sentier qui *adresse*, c'est-à-dire redresse, raccourcit le grand chemin. Dans la Vendée, ces sentiers sont interrompus par de larges fossés qui empêchent les bestiaux de passer d'un enclos dans un autre. On franchit le fossé au moyen d'une planche, ou, le plus souvent, en sautant à l'aide d'un grand bâton qu'on

sant Pere tomva, et sourtit de sa manche, par miracle ou otrement, le chandelier d'argent. Lou soumelier le mena prisonnier au Bergier, et le von seignur du liu deffendit à tout son puble de faire aller la chouse plus abant.

Enay. Certes, vous me mettez aux champs, et sur vos contes de prescheurs j'en dirois bien une douzaine des vieux[1], comme d'un qui commença son sermon par trois juremens : *Par la vertu*[2], *par la mort, par la chair, par le sang,* adjoustant toujours : *de Dieu,* et puis, après une grande pause :... *nous sommes sauvez et délivrez de l'enfer.* Je vous donnerois bien encor le curé de saint Eustache, et du tambour des Enfants sans souci[3], et autres histoires qui sont vieilles et mal asseurées : mais je vous en donnerai un recit duquel je respondrai, et duquel mes yeux et mes oreilles me sont tesmoings ; c'est du cordelier portugais[4], lequel, joüant à la prime avec le feu Roy et deux autres, se vid pressé d'ache-

---

laisse à portée des passants.

Le mot *addresse*, qui est encore aujourd'hui en usage dans le Poitou et la Saintonge, a été employé par nos écrivains du XVIe siècle. Marot a dit, *Ps.* XXI, v. 9 :

De tes sentes et adresses
Veuilles-moi estre enseigneur.

1. Erasme en a inséré plusieurs au liv. 3 de son traité *De ratione concionandi.* L. D.
2. Par la vertu. Tiré du ch. 39 de l'*Apol. d'Hérodote.* L. D.
3. Voir liv. 2, ch. 3.
4. Jacques Suarès, docteur de Sorbonne et prédicateur du roi Henri IV. Pierre du Moulin, dans la préface de ses *Eaux de Siloé,* parle de lui comme d'un théologien plus emporté que savant ; et je ne pense pas que les jésuites le regardent non plus sur le pié d'un prédicateur éclairé, ni à qui on doit ajouter une entière foi, s'il est vrai ce que dit de lui le *Journal de l'Etoile,* que, dans un sermon prononcé le 23 may 1610, neuf jours après la mort tragique du roy Henri IV, il voulut rendre ces bons Pères complices de cette mort. L. D.

ver, pour ce qu'il entendoit la cloche de saint Germain de l'Auxerrois, où il devoit aller faire le sermon. Il tire donc sa reste, et lui estant venu deux rois des premiers, il se souvint que c'étoit le jour de leur feste ; par caprice il fit de sa moitié, ce qui fut tenu de tous les trois; à l'escart lui estant venu encor un roy, il fit son reste, disant : Fils de putain qui ne le tiendra. Tout fut tenu, et le fredon lui ayant succedé, il jette les quatre rois sur table, met en sa pochette quatre-vingts écus, et s'en court à sa chaire avec les autres joüeurs. Il commença en criant : *Vive les Rois ! vive les Rois !* et à cela ayant joint un grand discours de l'authorité des rois, où tous les traits de saint Pierre et de saint Jude en leur faveur furent alleguez, comme vous les pouvez avoir leus dans l'antichambre du duc de Sulli à l'Arsenal, avec un crucifix au pied...

Fæneste. Pourquoi le duc de Sulli arvoroit-il ces passages?

Enay. C'est pource que lui aussi se joüoit[1] de l'argent des rois. Laissez-moi achever. — Après avoir haut loué le voyage des trois rois, il s'echauffa et suivit : « Mais ces trois rois[2] pourtant laissoient perdre l'Eglise ; si le quatrième ne fust venu, le jeu estoit perdu, tout estoit desolé... C'est ce Henri Quatrième, que vous voyez devant vous, qui a fait sentir ses efforts à la France, et son secours jusques aux Portugais amis et etrangers. Ce quatrième Roy, uni avec les trois, nous

---

1. *Se joüoit.* Trait satirique de d'Aubigné, jaloux de la faveur de ce duc. L. D.

2. *Ces trois rois.* François II, Charles IX et Henri III, sous les règnes desquels la France s'étoit vue fort partagée sur la religion. L. D.

donne grande matière de joye, de gain et d'utilité... »
Il fallut que le prescheur s'arrestât, car le Roy, le
comte de Soissons, Montigni et Monglas, qui estoient du
jeu, et tous les assistants qui avoient veu jouër, ele-
vèrent un tel ris que toute l'assemblée en prit la con-
tagion.

Fæneste. Cap sant Pigot [1] ! bous en donnez de vones
à nos proubes prescheurs ; mais bous n'auriez garde
d'en dire autant de bos ministres, qui en font vien de
mesme que les otres.

Beaujeu. Si ferai, vrayement. Il faut advoüer que,
quelqu'uns de nos ministres ayant commencé a tirer
pension du Roy, il y eut un jeune pasteur [2] devers la
Guyenne à qui il prit envie de parvenir. Pour ce faire,
il fit un grand et long panegyric à la louange du feu
Roy, où il y avoit de quoi dire. Cela fait et appris par
cœur, il prit l'occasion d'un synode provincial. Comme
il fut commandé, selon l'ordre, sur une question qui courut touchant quelque desmariement [3], il se lève, compose sa robe, sa barbe et ses yeux à la modestie, et
ayant craché et toussi clair, il commença le *quamquam* [4]. Le president lui rompt les chiens, lui re-
monstre qu'on n'estoit pas là pour faire des harangues,
mais droit aux parties. Le petit homme s'eclate... Il y a
quelqu'un (dit-il) à qui les louanges de mon Roy sont

---

1. *Saint Pigot.* De l'alemand. *bey Gott,* le peuple a fait un saint *Picaut.* L. D.

2. *Un jeune pasteur.* Ce conte, mis en vers, se trouve à la p. 172 des *Œuvres mêlées* de M. de R. B. Amst., 1722. L. D

3. Le divorce de Henri IV, à ce que je suppose. Je n'ai trouvé ce mot dans aucun lexique.

4. Exorde pompeux. Nous avons tous, dans nos discours latins, fort abusé du mot *quamquam.*

de mauvais goust... Cette desgainée fit faire silence, et falut entendre paisiblement la harangue de près d'une heure, jusques au *Dixi*. Là dedans, parmi les louanges du Roy, il declamoit contre toutes les assemblées politiques, et contre ceux qui vouloient chercher autres cautions et protecteurs à la liberté de leur conscience que le Roy, quoi qu'il fust allé à la messe ; exalta son esprit divin, courage invincible, et suffisance en l'Estat, et par là le maintint capable d'estre protecteur et depositaire du salut d'un chacun ; exhorta à rendre toutes les places de seureté, à casser tous les juges des chambres miparties [1], et à se defaire de toutes les cautions de la paix. Tous ses frères trouvèrent mauvaise la boutade du compagnon, sur tous les gouverneurs et les justiciers ; mais il s'attaquoit en privé à tous ceux qui le cuidoient reprendre. Un grand de ce parti ayant entendu ceci, en usa comme je vous dirai : c'est que son prevost faisoit lors le procez à quelques faux monnoyeurs, et ayant mis à part deux cents ecus en pièces de dix sols [2] pour les vendre à un billonneur, un lacquais du chasteau les deroba. Un bon frippon fut depeché, qui arriva en poste au soir en une bourgade où il y a poste, et qui n'est logée qu'à trois maisons du ministre, pour lui dire : « Le Roy mon maître ayant seu vostre violente affection au service de sa

---

1. Aux termes des édits de pacification, des cours d'appel avoient été instituées pour connoître des affaires religieuses et politiques entre personnes de communions différentes. Ces cours devoient être composées de juges catholiques et protestants en nombre égal.

2. *Pièces de dix sols*. Demi-franc d'argent, dont la fabrique avoit commencé sous Henri III. L. D.

Majesté, comme il a paru par l'excellente harangue que vous avez prononcée en une assemblée, vous a ordonné quatre cens écus de pension annuelle, payable à deux termes, l'un pareil à l'autre, et m'a commandé de vous en apporter le premier semestre, sans en donner autre depeche, de peur que les secretaires en causent, et sans que vous ayez affaire à Bellignan[1], qui est encor huguenot consistorial[2]. » Ce courrier, dechargé des deux cents ecus, convié à souper, le refuse, et après avoir dit en serrant la main : « Le Roy espère de plus grands services de vous, et vous tient pour son serviteur secret », n'ayant comme point montré son visage, se derobe, et gaigne son cheval. Trois semaines ne passèrent point que, le ministre ayant communiqué son argent et sa joye à sa femme, elle s'en va à la metropolitaine du pays, employe force argent pour se faire brave, sans oublier son mari. De ce temps il y avoit grande persecution contre quelque noblesse du pays pour avoir forgé[3], et notamment des pièces de dix sols. Le marchand, serrant l'argent que son homme avoit receu, le connut pour tel qu'il estoit, fait ses enquestes, et puis les poursuites. Voilà le ministre prisonnier ; voici les peines où il se trouva... On lui demande de qui il avoit receu cette monnoye. Il n'ose nommer le grand maistre, le messager lui est inconnu, la façon en est ridicule, la cause vilaine. A faute de respondre à ses questions, le voilà criminel. On lui présente la

---

1. *Bellignan.* Peut-être Pierre *Beringhen*, reçu secrétaire du roy le 29 août 1606. L. D.

2. Tout soumis aux décisions du consistoire des réformés.

3. Fabriqué de la fausse monnoie, crime très commun à cette époque.

question, à la veuë de laquelle il laisse aller que le Roy lui avoit envoyé. On parle de le mener à Paris, et l'affaire passoit en tragedie, sans le remede que celui qui avoit fait la playe y apporta, pour ce que le prevost juge du jeune homme estoit son serviteur [1], — et en fut quitte pour cent écus.

CHAPITRE XI.

Actions estranges des gens d'esglise.

Fæneste.

Me boilà content; il faut abouër que j'ai boulu grand mal à Henri Estienne, qui est ennuyus pour tant de contes, et noubellement de Didier Oudim, Claude Renaud, et Claude Picard de d'Ambellaim [2] en Bassigni, dont l'un a esté pendu, l'autre meritoit la roue pour avoir desbauché une femme, et tué son mari auprès d'elle, et dans le lict mesmes abusé d'elle, et l'autre, après avoir fait servir sa mère à desbaucher une sienne servante, tue la mere, afin qu'il n'en fust pas de bruit, et tant d'autres forfanteries et meschanceteis qu'il a attrivuai à nos gens d'église; mais je bous ai autresfois dit que y'us pour camarades des prestres obergnacs, quand ce rivaud de Defunctis me mit en prison, l'un de ces près-

---

1. Dévoué à ce grand du parti réformé, qui pourroit bien être d'Aubigné lui-même.
2. *Ambellaim.* Seroit-ce Bellemont les Nonnes, doienné de Sonnens, élection de Langres ? L. D.

tres accusai d'estre grous, et l'otre de l'aboir engroussai. Nous les regardions tous par grande admiration. Un prisonnier noumai Malidor, qu'on dit aboir depuis mis le fu dans les prisons (je croi que ce fut le fu du ciel, pour punition de m'aboir mis là dedans) — cet home nous montra une bieille chronique dibisaye par aages [1], en lettres goutiques, où il y aboit ces mouts : *L'an mil quatre cents octante huict, trente neufviesme de l'empire de Frideric, au mois d'octouvre, au pays d'Obergne, en une religion de sant Venoist, abint une chouse merbeilleuse, c'est qu'il y eut un religieux dudit lieu qui debint grous d'enfant* [2], *pour laquelle cause il fut pris et saisi de la justice, et gardé pour en deliberer.*

Beaujeu. Cela est vrai ; j'ai le livre, aux enseignes que le conte est au mil cinq cens dix-septième fueillet, et ai veu encor autre livre sur le mesme affaire, disant ces mots : *Et fut gardé pour en estre fait ce que la cour en avoit resolu.* Ce passage de l'histoire a depuis esté le modelle du procez de ces deux prestres, vos camarades, qu'on estime avoir esté de nuit jettez dans l'eau.

Enay. Je receus hier lettre d'un conseiller de Rouën, qui m'écrit en ces termes : « La Cour a envoyé querir au Ponteau de mer un prestre nommé......, pource que le juge du lieu lui faisoit son procez au gré des Jesuites, et elle en veut tirer un exemple notable de punition. Le

---

1. Par ordre chronologique.

2. *Qui debint grous d'enfant.* Cet événement est raconté dans la continuation de Monstrelet, et la *Chron. scandal.* en parle aussi, sous l'année 1478. Si, au reste, d'Aubigné avoit consulté ces deux ouvrages, comme il le pouvoit, il ne se seroit pas tant fait de fête d'avoir déterré ce fait dans une chronique qui le met à dix ans plus tard. L. D.

fait est qu'ayant donné une pomme à une jeune femme dont il estoit amoureux, elle, par conseil d'une tante, jetta la pomme à une truye, qui ne l'eut pas plutost avallée qu'elle s'encourt cercher le prestre, et, l'ayant trouvé, ne l'abandonna plus, montoit sur lui, et au soir se mit entre ses deux linceuls. Son frère, qui avoit part au lict, à cet horreur lui fit de rudes remonstrances ; puis, s'en allant pour quitter sa frequentation, le prestre depeche, pour tuer son frère, son valet, qui le laissa pour mort de quatre ou cinq coups d'épée au travers le corps ; mais tout a esté mené en justice... J'en attends la fin pour vous en donner advis. »

Fæneste. Au diavle lous vougres ! Un pendardot me bendit l'otre yor le libre de messire Louis de Marseille [1] qui, par sorcellerie, aboit depucellées six bingts et tant de filles ; ye troubai au mesme endroit les paillardises et macquerellages de cette Magdelaine et dou diavle ; je dits quant et quant que c'estoient lous huguenots

---

1. Louis Gaufridi, curé de la paroisse des Accouls, à Marseille, brûlé vif comme sorcier en 1611. Il confessa qu'il s'étoit donné au diable, et qu'il en avoit obtenu le don d'inspirer de l'amour aux femmes en soufflant sur elles. C'est par ce moyen, ou tout autre, qu'il avoit séduit Magdeleine Mandols, fille d'un gentilhomme de la Palud, lorsqu'elle n'avoit encore que neuf ans. Plus tard, cette fille entra aux Ursulines de Marseille, soit qu'elle espérât ainsi échapper à son séducteur, soit qu'elle obéît aux suggestions de Gaufridi, qui vouloit se faire un harem commode de ce couvent. Il persuada à l'abbesse que plusieurs religieuses étoient possédées, et les soins qu'il leur donnoit justifioient ses fréquentes visites. Mais les possédées firent tant d'extravagances qu'elles attirèrent l'attention de la justice sur la conduite de Gaufridi. Madeleine, qui se croyoit ou se prétendoit possédée du diable Asmodée, dénonça son séducteur, et le fit condamner au feu.

qui aboent fait ce libre-là. Ye faillis à m'esbanouir d'aboir bu ces chouses; mais quand je bis que nos gens, et entre otres lous Mercures[1], qui rendent à l'Église ce que Mercure rendoit à son Dieu, l'escriboient, je mandai mes libres au fu.

Beaujeu. Je passai à Marseille peu de temps après; mais le peuple nous contoit bien des choses plus étranges que celles qu'on a écrites.

Fæneste. Mais au moins bous me poubez pas dire que justice n'en ait estai faite.

Beaujeu. Il n'y eut pas moyen de cacher cela; autrement, sans le paroistre, on n'en met guères entre les mains de la justice. Le pape Boncompagne disoit que par les punitions publiques on scandalisoit l'Église, et qu'il faloit en user plus prudemment. Et de fait, une abbesse de Naples ayant eu licence et obedience pour aller baiser les pieds de S. S., vint fort esplorée lui demander justice contre le cardinal Capo di Ferro[2] pour avoir violé en un an huit de ses nonnains, et en avoir engrossé cinq, *di bona voglia.* — *Et per questo, che domandate, donna? disse Su Sanctita.* Et ayant repondu : *Che piace alla Sua Sanctita, castiguarlo...* — le S. Père acheva : *Castiguarlo? diavolo! donna, non andar tanto infretta; lasciamo far il tempo, che pur lo castiguara*[3].

---

1. *Lous Mercures.* Le Mercure françois, sous l'année 1611.   L. D.

2. *Cappo di Ferro.* N. Capiferri, cardinal du titre de S. George au voile d'or. L. D.

3. *Lasciamo far il tempo.* Geci revient au conte qu'on fait de certain jeune marié dont la femme se gouvernoit mal, et qui, s'en plaignant à son beau-père : Tranquillisez-vous, lui dit celui-ci : elle tient de sa mère, et, avec le temps, elle

Fæneste. Frère Jacobon, gentil preschur de nostre païs, ne fut pas traitai tant faboravlement, car on lui fit pourter pour ses paillardises endiavleies dus ans entiers un vat d'aze lié sur la teste, et la croupiere entre les dents.

Beaujeu. Nous l'avons ben sceu, et monsieur que voici, lui fit ce present :

Pourquoi porta deux ans, Iacobon, le bon frère,
La croupière en la bouche[1], et le bast garroté ?
C'est pour avoir dix ans chevauché sans croupière,
Et sanglé les nonnains en asne desbaté.

[Je me fache bien d'alleguer ces vers en ce lieu, pour ce que, depuis les trois premiers livres, on en a imprimé un recueil ; mais cela accourcit la peine du lecteur [2].]

Fæneste. O vien, à bilens carbounades d'aze [3] ! Si bous otres huguenaux ne bouliez courriger l'Église que de faire chastrer les prestres, je serois de vostre costai.

---

se corrigera comme a fait ma femme. Il semble, au reste, que d'Aubigné n'ait affecté de désigner ici le pape Grégoire XIII par son nom de famille que parcequ'il trouvoit que le jugement prononcé par ce pape contre un cardinal de mœurs débordées étoit digne d'un pape bon vivant et véritablement bon compagnon. Mais, si cela est, il n'aura pas pris garde qu'un tel jugement marque seulement le naturel doux et benin de Grégoire XIII. Ce pontife avoit un si grand fonds de débonnaireté, que ce n'étoit jamais qu'avec une peine extrême qu'il pouvoit se résoudre à punir les crimes les plus crians. Du moins est-ce le portrait que fait de lui M. De Thou, liv. 81, sur la fin. L. D.

1. *La croupière en la bouche.* Tiré de la *Mappemonde papistique*, pag. 89. L. D.

2. Ce passage entre crochets est une note de d'Aubigné qu'en 1630 on a maladroitement intercalée dans le texte.

3. A vilain, fricassée d'âne. Proverbe languedocien.

Beaujeu. Mais voudriez-vous que ce fust à bon escient, comme un operateur qui couppa tout au curé d'Onzin [1], qui l'avoit employé pour faire semblant [2], ou comme maistre Pierre, le barbier du Roy, qui se trouva en nostre batteau auprès d'un prestre qui lui contoit comment ses chancres se mettoient en gangrène? Il fallut faire exhibition à l'abri d'un manteau. Comme maistre Pierre eut sondé par tout, pour ne couper que ce qui estoit gasté, et en trouvoit trop, il demande à son homme s'il n'estoit pas prestre, et n'eut pas si-tost receu un ouy pour response, qu'il couppa tout : Aussi bien n'en as-tu que faire, dit-il.

Enay. Aussi habile fut un operateur sur l'aumonier de Marmoutier, lequel il traittoit d'une hernie : il lui arracha si habilement le testicule du costé du mal, que l'aumonier n'en sceut rien, jusques à ce que un moineton, qui lui portoit à disner, trouva la relique ployée dans la serviette, comme on enveloppe les treffles [3] en Xainctonge, et le novice lui demanda si ce n'estoit pas de ses biens meubles.

Beaujeu. Monsieur le baron a raison : telles sortes de gens n'ont que faire de ces pièces, et les moines de Saint-Martin de Tours en firent l'an passé une belle ordonnance; mais elle ne fut qu'en peinture, et au despens du diable seulement. Il y avoit dans cette superbe abbaye un autel de saint Michel, au devant duquel il estoit peint combattant le diable, à l'ordinaire. A ce rus-

---

1. *Au curé d'Onzin.* Onzain, tiré de l'*Apologie d'Hérodote*, chapitre XV.
   L. D.
2. Pour ôter tout soupçon au mari d'une femme dont il étoit amoureux.
3. *Treffles.* Truffes ou truffles, appelées apparemment *treffles* en Xaintonge. L. D.

tre du diable pendoient deux gros et immenses testicules, où un bon frippon de peintre s'estoit esgayé. Ce fut trouvé de mauvais exemple, et le chapitre assemblé pour adviser, pour ce que cela scandalizoit les dames et faisoit rire les huguenots. Le debat fut grand, si on pouvoit toucher à estropier un tableau sacré, comme le marque Rinoldus, en traittant des tableaux sacrez; les plus vieux vouloient consulter l'oracle de Rome là-dessus; enfin, le plus de voix porta que le diable n'engendroit point; qu'il seroit chastré par le peintre, qui eut charge aussi d'abbaisser de couleur le membre, qui estoit par trop enluminé.

CHAPITRE XII.

Des nonnains.

Enay.

Il y avait de quoi disputer, car ce Rinoldus dont on a parlé allègue un canon qui dit : On ne doit pas seulement saluer l'image pour le saint ou la sainte qu'elle représente, mais pource qu'elle est image consacrée dans l'Eglise.

Beaujeu. Cela excuseroit bien la bonne femme qui, presentant une chandelle à saint Michel, pour lui faire du bien, en presenta une autre au diable pour ne lui faire point de mal.

Fæneste. Si est-ce qu'une eglise ne sauroit vien parestre sans images. Il y a un hermitage à Jovi[1], dediai

---

1. Jouy.

à monsur sant Pol l'hermite : la chapelle est pleine de si veaux tavleaux qu'on y est tout rabi en debotion.

Beaujeu. N'y a-t-il pas une gallerie sur le coing devers la porte du parc? Je sai un homme qui, y mettant de la teste [1] une fois, vid contre l'autel deux tableaux mobiles, desquels l'un sembloit tout craché le feu roy, et l'autre l'abbesse de Montmartre [2], et cette veuë faillit à lui couster sa ruine.

Fæneste. De cest estrem [3] là y'en sai plus que bous, car y'ai demourai huict mois à Jovi, et faut abouër que la desvauche y estoit fort grande. Durant le siége de Paris, les avayes de Maubuysson, Lonchamp, Montmartre, le Lis et Poissy estoient vien exercées des debotions de la cour.

Beaujeu. Il me souvient très bien que la cornette du roy estoit logée dans l'abbaye de Maubuysson, et estions tous assez bien logez, sans [4] qu'il y eut huit nonnains qui ne peurent nous faire place, parce qu'elles suoyent la verole.

Enay. Ceux qui mettoient leurs filles en telles garnisons pour la seureté de leurs pucelages auroient besoin de l'instruction de la demoiselle de saint Orse. — J'estois un jour couché au Mont de Marsan, et les deux sœurs de cette maison estoient couchées qu'il n'y avoit entre mon lict et le leur qu'une cloison de sapin fort mal jointe, si bien que j'avois leurs discours à plaisir. L'ainée estoit venue voir un fils qu'elle avoit page chez le

---

1. Y passant la tête, regardant sans entrer.
2. Marie de Beauvillier, maîtresse de Henri IV en 1690.
3. Extrémité, bout, côté de quelque chose. De ce côté-là, etc.
4. Pour sinon.

roy, et l'autre son nepveu. L'ainée, huguenotte, reprochoit à l'autre : *Hé, ma so, perché avez vous atan fichat monge la prouve Mariotte?* L'autre respond, moitié Gascon, moitié Perigort : *Per ma fé, ma so, per la guarda d'aco que portin lous homes en las vraguettes.— Ho! prouve necie* (ce dit l'autre), *hé per aço l'avez fichade monge? Per ma fé, si las fillas prenin enbio daquez engis, se lou faran jilta per sobre la murailla à bella fronça*[1]. De cela fut fait un tableau par de bons frippons, qui firent peindre plusieurs nonnains sur les murailles du couvent, qui guettoient dans le devant de leurs chemises ces fruits nouveaux, que des moines de toute sorte leur jettoient par dessus les murailles.

Fæneste. Je bous aboue vien qu'il y a grandes desvauches; mais aussi, parmi tant de velles devotions, et principalement celles qui sont inbentées de noubeau, il y en a de sante bie, et qui ne pensent qu'à jusne et à ouraison.

Beaujeu. Vous m'en faites souvenir d'une bonne : le roi Henri troisième estant allé visiter les dames de Poissy, qui vivent très catholiquement, y trouva la dame de Ventenac, qui couroit les champs de l'amour qu'elle portoit au jeune Oraison[2]. Le roy parla à elle, comme

---

1. Hé, ma sœur, pourquoi donc avez-vous fait religieuse la pauvre Mariette?

Par ma foi, ma sœur, pour la garder de ce que les hommes portent dans les braguettes.

Ah! pauvre sotte, c'est pour cela que vous l'avez fait religieuse? Par ma foi, si la fille prend envie de tels engins, elle s'en fera jeter par dessus la muraille, à belles frondes.

2. *Oraison.* André d'Oraison de Solcillas, nommé, en 1576, à l'évêché, non pas de *Rieux*, comme on lit dans Brantôme, mais de *Riez* en Provence, et jusqu'à ce temps-là appellé *le jeune Oraison.* Environ l'année 1585, aiant quitté son évêché

l'advoüant sa parente, et lui demanda à quoi faire elle estoit là; la bonne dame respondit : J'y suis pour le jeune et oraison. Depuis, le roy ayant seu qu'elle vouloit dire le jeune Oraison, la mit dans le chasteau de Loche en pension [1].

Enay. Il a esté dit que ces religions d'autour de Paris avoient esté bien exercées; il arriva de cela un assez bon conte. C'estoit au temps que tous les grands de la France pressoient le roy, par toutes les voyes, de changer de religion, jusques à le menacer d'un tiers parti. Le roy, de peur de ces importunitez, couroit tous ces cloistres de nonnains, et un jour avoit quitté l'abbaye de Longchamps et l'abbesse excellente en beauté, et l'ayant trouvée trop chaude, il s'en ennuya, pour aller planter son picquet à Montmartre, dont s'ensuivit la vision des tableaux de Jovi. Sur le soir, le bon homme mareschal de Biron [2] vint voir le roy à Chaillot, et avec une contenance froide, dit : Sire, je suis bien marri que je ne puis entretenir vostre Majesté de propos qui lui soyent plus agréables; mais vostre cheute emportant au precipice la France, l'Etat, et dans l'Etat tout ce que nous sommes de vos fidèles serviteurs, nostre desespoir m'ouvre la bouche pour me plaindre à vous de vous-mesmes. Il y a si longtemps que tous les prelats de vostre royaume, les princes, les officiers de

---

pour se marier, il eut depuis un régiment, et servit en Guienne sous le maréchal de Matignon. (Brantôme, *Dam. gal.*, t. 2, p. 187.) Il n'eut, au reste, jamais de bulles; et, comme il s'étoit marié, de là vient que le *Gallia Christiana* le traite sans façon d'hérétique. L. D.

1. *En pension.* L'y fit conduire et enfermer. L. D.

2. Tallemant raconte la même anecdote, qu'il attribue au maréchal de Roquelaure.

la Couronne, sont à genoux devant vostre Majesté, pour la supplier de nous tenir les promesses qu'elle nous fit à la mort du feu roy, qui estoient de changer de religion, afin que le sceptre ne changeast point de main. Encores hier, je vous fus importun jusques aux larmes ; là-dessus, vous me coupastes court que la mort vous seroit plus douce que de changer de religion, que vous ne vouliez pas estre damné, etc. Et cependant, je viens d'estre adverti qu'aujourd'hui vous aviez fait le saut, changé de religion entièrement, et fait, à l'appetit d'une personne indigne, ce que vous aviez refusé aux plus dignes de vos serviteurs. — Moi, dit le roy, changé de religion ? ce sont des maraux et des traistres qui font courir ces faussetez, pour nous ruiner et vous et moi. Le mareschal replique : Mais, sire, pourriez-vous bien nier une chose si evidente, et que vous avez fait aujourd'hui à la veue de tant de gens ? Comme le roy s'echapoit en de grandes colères, le bon homme lui print la main et dit tout doucement : Sire, aujourd'hui mesmes vous avez quitté la religion de Longchamp et avez pris celle de Montmartre. — Et voilà les fougues et colères changées aux ris de tous les assistans.

Beaujeu. Le sophisme fut gaillard, et qui a servi depuis au jesuite Cotton, prisonnier en Avignon pour avoir engrossé une nonnain ; il s'excusoit que cela estoit advenu en conferant de la religion. Le pauvre prescheur royal quitta Avignon, et la canaille couroit après, criant par les ruës : Craq ! il est dedans ! suivant ce que nous avons dit ailleurs[1].

---

1. *Ailleurs.* Au chap. 8 du 2ᵉ livre, on impute au P. Cot- ton d'avoir un jour, en chaire, emploié ce *crac*, pour expri-

CHAPITRE XIII

Grotesque de la Terne.

Fæneste.

J'ai entendu qu'il a esté fait un veau tavleau de cette muraille garnie de Nonnains, et des bilens qui lur jettoient à coup de fondes ces estres[1].

Beaujeu. Je vous dirai où cela a esté peint. Le comte de la Rochefoucaut, seigneur d'un agréable et excellent esprit, avoit demandé à un de ses amis une grotesque ou drollerie[2] pour la belle gallerie de la Terne[3]; on lui donna trois files de peintures, à savoir : une danse, un bagage d'armée qui chemine, et une procession. Je voudrois me pouvoir ressouvenir de toutes les particu-

mer le prompt et miraculeux effet des paroles de la consécration. Ici, par ce même mot, la canaille d'Avignon rappeloit à ce bon Père le moment qu'on l'y avoit autresfois coffré au sujet de certaine aventure. Du reste, il n'est pas besoin d'avertir que cette prétendue aventure du P. Cotton, à Avignon, n'a jamais été bien avérée. L. D.

1. V. le chapitre précédent.
2. D'Aubigné, t. 3, liv. 3, ch. 24, remarque que la procession de la ligue fut appellée par excellence la *Drolerie*. C'étoit le mot d'usage pour designer un tableau d'un dessin grotesque; et Bouchet, tout au commencement de la 9ᵉ de ses *Serées*, qualifie de la sorte certaine peinture où étoit représenté un avocat qui, d'une main prenant un teston, et des deux mains un lièvre, prenoit tout d'un temps un clystère. L. D.

3. *La Terne*, près de Mansle, Charente. Le château des La Rochefoucauld est, je crois, entièrement détruit.

laritez, mais je vous en donnerai ce que peut ma memoire, par ci, par là.

A la danse, il n'y avoit rien de remarquable que des postures pantalonnesques toutes differentes les unes des autres, et de mesmes les visages ; comme le curé qui menoit la danse avec sa robe desvestue en espaule[1], avoit un nez en as de treffle, et les joües enflées, à couleur de gorge de coq-d'inde; il menoit une vieille garce maigre et pasle. Si l'autre d'après avoit quelque grand nez, celle qui la suivoit étoit camuze comme un turquet[2]; tant y a qu'il n'y avoit rien de remarquable que les differences des gestes et des faces, des coiffures et autres habits.

Au bagage, c'estoit bien une plus grande diversité; il me souviendra de 4 ou 5 pièces : une vivandière qui avoit un chaudron sur le cul, une poisle en espée, et une cuilliere en poignard, la teste dans un pannier, une escharpe d'oignons, et un masque de satin ; et un garçon du tambour sur un asne, sa caisse rompue sur l'eschine et une oye dedans; un aumonier qui va après sur une mule entière, s'endormant et baissant la teste, et l'oye qui lui empoigne le nez; un laquais, le chapeau bien garni de plumes de chapon, qui roulle une civière et une malle verte dessus ; un chameau et une damoiselle dans le bast, qui tient sur le devant un médecin, et en croupe un cordelier ; une charrette à bœufs renversée et pleine de garces, la pluspart les cuisses en haut et la teste en bas, et un Recollet qui a le nez au trou de la plus grasse. Il me souvient encores, à la fin

---

1. Il avoit ôté sa robe et la portoit sur l'épaule.

2. Espèce de petit chien du genre des carlins.

du bagage, d'un argoulet descoupé[1] à la mode, comme un canard à la façon de Poictou, le visage enfoncé dans un bocage, ou une touche de cheveux[2], monté sur une jument; derrière lui un grand roussin pie monté par un apotiquaire qui a une chausse d'hypochras dans la teste. Le roussin met les pieds de devant sur les espaules de l'argoulet, embesse[3] la jument, les pennaches du valet et de l'argoulet vont au bransle, et les garces et goujats sont à l'entour qui chantent *Jehan Petaquin*[4].

Il me souvient un peu mieux de la procession, à la teste de laquelle portoit les clochettes Bourdeille[5] avec ses cheveux gris cordelés; un chancelier à grand nez la suivoit, portant l'estendart d'une bourse renversée pendue à un ballet, et dedans écrit: *Il n'y a point d'argent.* Après cela marchoient quatre dames nuës, horsmis des brayes de sauvages au devant de leurs parties; sur la peau elles avoient de fort grosses bottes[6], sur le croupion chacune trois plumes de coq, une bourguinotte de lansquenet à la teste, une queuë de renard pour pennache; celles-là portoient les cierges. Pour la musique, et en mode de châsse, par quatre bedeaux de la Sor-

---

1. *Argolet descoupé*. Aiant le pourpoint tailladé comme l'estomac d'un canard découpé par éguillettes à la poitevine. L. D.

2. *Sic* dans l'édition de 1630. Probablement il faut lire *touffe*. D'Aubigné raille fréquemment la mode des longs cheveux, si incommode pour les militaires.

3. Couvre.

4. C'est la même chanson, mais un peu châtiée, que l'auteur a citée dans une aventure analogue, livre 2, ch. 16.

5. *Bourdeille*. Vieux courtisan ruiné, duquel on a les Mémoires. L. D. — Brantôme.

6. *Bottes*. Grosses ampoules. L. D. — Pourquoi des ampoules? Il me semble que le plaisant de la caricature, c'est de donner des bottes à un personnage nu.

bonne estoit enlevée l'excellente chanteresse Beaulieu, contrefaite comme vous savez ; mais, contre raison et nature, la viole estoit assize dans une chaire, et, avec un bras qui sortoit de la roze[1], elle joüoit de l'archet sur la bosse de ladite Beaulieu. De là marchoit bravement le petit carme à teste pelée qui se nommoit *Dominic de Jesu Maria*[2], et dix ou douze principales dames de la Cour, qui, pardevant, par derrière, avec des cyseaux, lui decoupoient sa robbe[3] à barbe d'écrevisse[4], et est bien apparent qu'une princesse lui emporte de la peau des fesses à ce jeu-là. Il y a un godemard[5] espagnol qui se fait porter à la procession dans une chaire percée, et va conchiant tout le mystère de ses fumées. La Chastellane de Milan suit après, accompagnée de son nain teste nuë, pource qu'il perdit son chapeau en l'esmouchant, et falut [que] le barbier du cardinal d'Est lui mist la sonde en la nature premier qu'on sceust qu'il lui fust entré dans le corps. Venoit après une mariée que l'é-

1. L'ouverture ronde du dossier de la chaire.

2. *Dominic de Jesu Maria*. Gabriel Naudé compare cet homme à Guillaume Postel, à Nostradamus, et, en dernier lieu, au Juif errant, par rapport à sa vie vagabonde. C'est à la page 5 de son *Instruction à la France sur les frères de la Rose-Croix*. Et comme, dit-on, ce caffard prédit le succès de la bataille de Prague, ce fut aussi précisément après cette bataille qu'on s'empressa à lui découper la robe. Voir le *Mercure*, page 268 de la deuxième édition. L. D.

3. Pour avoir de ses reliques.

4. Comme la queue d'une écrevisse, dont les écailles forment des angles rentrants et saillants. La queue d'une écrevisse est garnie de poils et a pu être comparée à une barbe. — D'un autre côté, le mot *écrevisse* a une signification peu honnête, d'où l'on a pu tirer la métaphore qu'il s'agit d'expliquer. V. Leroux, *Dict. comique*, au mot *Ecrevisse*.

5. Gros ventre.

vesque de Sisteron[1] menoit par la main ; chacun d'eux, du costé qu'ils se tenoient, un bras nu, un pied nu et un

[1]. *L'evesque de Sisteron.* Celui à qui en veut ici l'auteur est apparemment Emeric de Rochechouard, évêque de Cisteron L. D. — « L'évesque de Cisteron estoit un vrai boutefeu, tenu cependant pour un boufon et maquereau de cour, et des plus asnes de son rang. » (Th. Bèze, *Hist. eccl.*, liv. V, année 1561, p. 894, t. 1.)

Tout ce passage est fort embarrassant, et je ne puis que hasarder ici quelques conjectures sur son interprétation.

Les noms propres que cite l'auteur compliquent la difficulté, car on ne sauroit guère trouver une circonstance historique où aient pu figurer ensemble les personnages qui semblent désignés.

Il y en a trois nommés : Bourdeille, le carme Dominique de Jésus-Maria et le cardinal d'Este. Bourdeille est, comme l'a deviné Le Duchat, Brantôme, le joyeux conteur. Il mourut en 1614.

Je ne connois d'autre P. Dominique de Jesus-Maria que celui qu'indique Le Duchat, et dont Naudé n'a fait que citer le nom. D'ailleurs Le Duchat le traite de *caffard* un peu légèrement. Voici comment le *Mercure françois* s'exprime sur son compte : « Les ducs de Ba- » vière et comte de Bucquoy » combattirent fort heureuse- » ment l'armée ennemie (les Bohémiens insurgés et les protestants allemands, devant Prague, le 8 novembre 1620) » marchant en teste de l'armée » impériale le P. Dominique, » natif d'Arragon, de l'ordre » des Carmes deschaussez, » présentant aux armes de » l'ennemi la sacrée effigie de » J.-C. crucifié, promettant, » au nom de Dieu, victoire » certaine aux Catholiques. » *Mercure françois*, 1620, t. 6, p. 435.

La réputation du P. Dominique, si je ne me trompe, ne commença guères avant la bataille de Prague ; alors, comment d'Aubigné le fait-il figurer dans la même procession que Brantôme, mort en 1614 ?

Quant au cardinal d'Este, il faut choisir entre le cardinal Hippolyte, de la branche des ducs de Ferrare, fils de Lucrèce Borgia, quelque temps légat du pape Pie IV en France, et son neveu le cardinal Louis, également légat en France en 1576 et 1582, le même qui fut le Mécène du Tasse. Hippolyte mourut en 1572, Louis en 1586. L'un et l'autre ont possédé de grands bénéfices en France, où ils ont affiché un luxe tout royal. Le comte Litta, *Famiglie celebri*, dit du second qu'il étoit

vestu ; la mariée avec une peau de jambon sur la teste, le sein et la gorge tout bordée de saulcisses en lacs d'a-

iracundo e facile ad impuntare. Il me paroît encore plus difficile de le mettre en rapport avec le P. Dominique.

A la vérité, rien ne prouve que d'Aubigné ait voulu désigner le carme qui mena au feu les Wallons et les Bavarois. Peut-être n'a-t-il pris ce nom que parcequ'il était dans toutes les bouches à l'époque où il écrivoit ; et à toute force on pourroit supposer qu'il ne s'en est servi que comme d'un terme générique pour désigner un boutefeu, un moine batailleur, une espèce de Frère Jean orthodoxe.

Nous trouvons encore un chancelier et un évêque de Sisteron, et là le choix à faire n'est pas moins embarrassant. Je m'occuperai d'abord de l'évêque. Le Duchat veut que ce soit Aimeric de Rochechouart, qui occupa le siége de Sisteron de 1545 à 1582, et que Th. de Bèze traite fort durement. En consultant la liste des évêques de Sisteron, je vois que le successeur d'Aimeric fut Antoine *de Cuppis*, et ce nom malencontreux a peut-être suffi pour que d'Aubigné le représentât une bouteille à la main et avec d'autres attributs bachiques.

Brantôme (*Dames gal.*, *De la veüe en amour*) cite un propos assez leste d'un *évêque de Cis-* *teron* (malheureusement on ne dit pas lequel), « qui disoit le mot mieux qu'homme de la cour, et prétendoit qu'il valoit mieux avoir affaire à une ratière en fil d'archal qu'à une certaine grande dame maigre. » La charité nous ordonne de croire que cet évêque est le même dont Th. de Bèze a fait le portrait.

Il est à remarquer que la composition qui suit celle qui nous occupe est la fameuse procession de la ligue, dont il existe mainte gravure, et qui est amplement décrite dans les pamphlets du temps. Je serois tenté d'en tirer deux conclusions : premièrement, que l'auteur n'invente pas, mais qu'il décrit des caricatures qu'il avoit pu voir chez le comte de La Rochefoucauld ou ailleurs ; et, en second lieu, que la première procession pourroit bien se rapporter à la même époque que la procession de la ligue.

On voit que, dans cette hypothèse, il faut sacrifier le P. Dominique, ou du moins l'expliquer comme je viens de le proposer tout à l'heure.

Brantôme, bien que les dernières années de sa vie aient été fort obscures, étoit notoirement brouillé avec la Cour et partisan très connu des prin-

mours, et lui des andouilles à l'équipollent; l'un portoit de main vuide une bouteille, et l'autre faisoit un

ces de Lorraine. Il n'y a donc rien d'extraordinaire que d'Aubigné, ou le dessinateur hérétique de la *grotesque*, lui ait donné un petit rôle dans la procession.

Mais je reviens au *chancelier à grand nez*, dont l'enseigne est une *bourse vide* pendue à un *ballet*, suivi de *quatre dames nues*. Malheureusement les grands nez n'ont point été rares parmi les chanceliers. Biron, à la lecture de son arrêt, se déborda en injures contre le chancelier, dit l'Estoile, l'appelant « homme injuste, » sans foi, sans loi, statue, » image plâtrée, grand nez, » qui l'avoit condamné à mort » iniquement, etc. » C'est contre le chancelier Hurault de Cheverny que Biron s'emportoit en 1602, mais il est évident qu'il ne peut être question d'un événement de cette époque.

On pourroit être tenté de reconnoître dans ce portrait Pierre d'Espinac, archevêque de Lyon, garde des sceaux de la ligue, qualifié dans la satyre Menippée du nom de *chancelier de la lieutenance*. Ses portraits montrent qu'il avoit le nez grand; d'ailleurs le manque d'argent pouvoit le lui allonger. La bourse vide convient à tous les ministres de ce temps, mais c'étoit surtout parmi les ligueurs que le besoin d'argent se faisoit sentir. Le *ballet* pourroit faire allusion aux mesures révolutionnaires du parti lorrain, et c'est avec raison que Béranger a fait une *Balayeuse des Tuileries* de la vieille sybille témoin des apparitions du *Petit homme rouge*. Les dames qui suivent le chancelier en costume fort étrange rappellent l'incontinence très célèbre de ce prélat, qui l'empêcha, dit-on, de devenir cardinal, à une époque où le sacré collège n'étoit pas renommé pour la régularité de ses mœurs.

La *chanteresse* Beaulieu, que le peintre semble avoir voulu montrer comme un instrument, et non comme une artiste, m'est inconnue. Je suppose qu'il s'agit de quelque cantatrice de ce temps, disgraciée de la nature, mais douée d'une belle voix.

Quant au *godemard* espagnol, je trouve dans Mezerai une petite anecdote qui pourroit expliquer sa position :

Les Espagnols ne trouvoient pas dans le duc de Mayenne l'obéissance qu'ils eussent désirée. Ils s'accommodoient mieux des Seize, et l'on rapporte que, lorsque ces derniers se brouillèrent avec Mayenne, un grand seigneur espagnol se

esventail d'une espaule de mouton. Voici la musicque changée : c'estoit des aveugles avec la fluste et le tambourin, et voilà marcher la revue des gens d'église [1], faite à Paris, le...... Que m'amuserai-je à vous conter ? Vous l'avez veuë en peinture aux bonnes maisons. La pluspart portoit la mesche d'une main, et tenoit le mousquet de l'autre ; plusieurs estolles servirent de porte-épées et de bauldriers, et c'est de cette monstre [2] qu'a pris son origine la façon de porter l'espée le poumeau dans la braguette [3]. Vous y voyez un moine qui se crève

chargea d'ordonner un *boucon* au prince lorrain. L'effet du poison lui fit enfler le ventre, mais ne le tua pas. [Il avoit d'autres raisons pour engraisser.] Mayenne, par représailles, auroit invité à dîner son empoisonneur, lui auroit servi à son tour un *boucon*, et l'en auroit charitablement averti lorsqu'il l'avoit déjà dans l'estomac. Voilà ce que raconte Mezeray avec une certaine réserve, mais ce qu'un artiste protestant a bien pu exploiter à sa fantaisie.

Je ne comprends pas la *Chastellane de Milan*, et le signalement qu'en donne l'auteur ne rend pas les recherches faciles. J'avouerai bonnement que je ne sais s'il s'agit de la femme d'un châtelain de Milan ou d'une dame ayant un nom comme Castellana, Castiglione, etc. Il y a là sans doute une allusion fort peu honnête à quelque aventure scandaleuse du temps, qui ne mérite pas qu'on s'y arrête.

En terminant, je suis forcé de convenir que mes explications, si je puis appeler ainsi mes conjectures, sont loin de me satisfaire. Peut-être quelque caricature du temps donneroit-t-elle le mot de l'énigme, car, je le répète, je crois que d'Aubigné rappelle ici à ses lecteurs une polissonnerie peinte ou dessinée, expliquée peut-être par une légende satirique, mais selon toute apparence assez célèbre pour n'avoir pas besoin d'une description plus détaillée.

1. La revue des gens d'église. En 1590 pendant le siége de Paris. De Thou, liv. 98. L. D.

2. Revue.

3. C'est une plaisanterie. La mode des grands et longs bauldriers est plus ancienne. Les suisses de nos églises l'ont conservée.

un œil de l'hallebarde de celui qui va devant. Je pris plaisir à voir un carme reformé qui portoit son fourniment[1] dans le derrière du froc. Tout y est comicque, horsmis qu'un moine, qui tournoit la tête en tirant, tue un des spectateurs. Aux altes, le jesuite Jonandeau[2] joüoit aux dez des paters contre les testons de Lamoignon.

Fæneste. Je bous prie, monsur, m'accourder une copie de ces peintures ; ye les enboyrai à ma meire, qui en accoumodera la gallerie de Fæneste, sulement pour fadeiya. Au pis aller, quauques milliers de pistoles en feront la raison.

Beaujeu. Monsieur, vous rompez toujours nos propos : donnez-vous un peu de patience jusques au bout et écoutez... Sur la retraite, la procureuse Le Clerc[3], ayant emprunté une hallebarde que mon hostesse avoit acheté à son mari, fit une troupe de volontaires ; il y avoit quelques hallebardes, des vouges, des espieux, quelques espadons sur le col[4], quelques fourches du four, et des fourchettes, tenailles, et curoires qu'on tient dans les foyers. Elles empruntent les clochettes de quoi on sonne pour les trepassez. Puisgenat[5], ser-

1. La poire à poudre, les mèches, etc.
2. Le jésuite Jonandeau.] Christien de Lamognon, président à Mortier, étoit apparemment celui à qui ce jésuite gagnoit son argent contre des *Pater.* L. D.
3. La femme du fameux ligueur Bussy Leclerc, lequel avoit été procureur et auparavant maître d'armes.
4. Grande épée à deux mains, dont les Suisses ont fait usage jusque vers la fin du XVIe siècle. On portoit cette arme sur l'épaule comme une lance, car elle étoit trop longue pour être attachée à la ceinture.
5. Il faut sans doute lire Pigenat ; il y avoit deux frères de ce nom, tous les deux grands ligueurs, Odon et François. Le premier, Provincial, mourut à

gent de bande, quitte son rang pour leur courir remonstrer que cela conchioit toute la besogne [1]; il eut pour response quelques injures et quelques coups de pierre... Enfin, l'amas de la procession, qui se faisoit au Pré-aux-Clercs, estoit encores auprès de Saint-Sulpice, que la teste estoit à la derniere reposée que fit le bon saint quand il porta sa teste à saint Denis. La patissière Descarneau voulut estre sergent majeure des Amazones. Le malheur fut que, l'affaire n'ayant pas esté concertée, il n'y eut point d'enseignes bien faites; seulement, la chambrière d'Incestre [2] arracha l'escharpe verte que madame de Belin [3] avoit fait faire à la mort du roy, et la porta au bout d'une quenouille; les princesses, qui en portoient toutes depuis la journée de Saint-Cloud [4], donnèrent aussi les leurs, ou pour escharpes aux capitaines, ou pour arborer. De mesmes mesdames de Montpensier et de Guyse y accourent, mais, par in-

Bourges fou furieux; le second, docteur en Sorbonne, fut nommé curé de St-Nicolas-des-Champs par la ligue. Voir la Satyre Menippée.

1. Voir la note 3.

2. Jean Lincestre, Guincestre, ou Wincestre, curé de St-Gervais, à Paris, un des plus violents ligueurs.

3. Femme du comte de Belin, gouverneur de Paris pour la ligue. « Il y eut aussi un peu de garbouil entre mesdames de Belin et Bussy, à l'occasion que l'une ayant lasché quelque mauvais vent pseudocatholique, madame de Belin dist tout haut à la Bussy : Allons, procureuse, la queue vous fume. Vous venez ici parfumer les croix de Lorraine. Mais M. le grand maistre du Saulsay, oyant ce bruit et en sçachant la cause, leur cria le baston à la main : Tout beau mesdames, ne venez pas ici conchier nos Estats, comme une fille fit n'a pas longtemps le bal du feu roi en ceste salle mème. » Satyre Menippée, t. I, p. 31. Ratisbonne, 1752.

4. La journée de St-Clou.] La ligue avoit fait une fête du jour où Henri III avait été assassiné à St-Clou. L. D.

solence, demeurent derrière; elles crient souvent : *Alte, alte, alte,* pour passer devant. Madame de Nevers [1] qui arrivoit, leur crie : Ne vous fachez point; faisons la retraite. Savez vous pas bien que les bossues et les boiteuses doivent estre au cul de la procession?

CHAPITRE XIV.

Titre de l'ancienneté de Fæneste en grec; ministre victus ; Diable qui n'appelle point à la chambre [2]*; le caillou blanc et l'oye blanche.*

Fæneste.

Ye ne puis que ye ne die encor un mout de ma nouvlesse, car ceste rove rouge [3] dont il a estai parlai m'a donnai martel in teste [4] à la teste; ye bous ai dit que mon curai m'aboit asseurai de me montrer le tiltre de Fæneste en la

---

1. Henriette de Clèves, femme de Louis de Gonzague, duc de Nevers. Elle étoit bossue ; la duchesse de Montpensier, sœur du duc de Guise, étoit boiteuse.

2. Suppl. *mi-partie,* c'est-à-dire, composé de catholiques et de protestants.

3. Cette rove rouge.] Cette casaque de pionnier, que plus haut, chapitre 7., Beaujeu avoit vue au Baron, à la reprise de Marans par le roy de Navarre en 1588. L. D.

4. Cette locution italienne, qui, malgré les railleries d'Henri Estienne, a été adoptée dans notre langue, étoit encore nouvelle. On disoit : *Martel in teste,* de *Martello in testa,* et non *Martel en tête.* Bien des courtisans ne connoissoient pas la signification de ces mots: de là le pléonasme que d'Aubigné prête au baron de Fæneste. V. *Nouv. Dial. du lang. fr. ital.,* p. 84.

Vivle, et, qui plus est, en grec; allez-moi cercher par toutes les maisons de Gascogne des tiltres en grec! Y'ai troubai cette pancarte si abantayuse, que ye lui en fis faire un villet tirai du Noubeau Testament; ye le porte tousjours en ma vourse, abec un petit caillou que ye tiens estre le caillou vlanc de l'Apoucalypse [1]; tenez, lisez.

Enay. « L'ancien tiltre de Fæneste se trouve en plusieurs lieux par la Bible; mais, sur tous les autres, est notable celui des Philippiens, chapitre second, verset quinzième : ἐν οἷς φαίνεσθε ὡς φωςῆρες ἐν κόσμῳ. C'est à-dire (ce disoit le curé) : la race de Fæneste reluira comme flambeaux au monde.

Fæneste. Et noutez que ce curai estoit sabantas, comme ayant fait *bictu* le ministre du Mont de Marsan, en lui demandant comme quoi s'apelloit le chien de Toubie.

Beaujeu. Certes, il en eust bien fait *victus* d'autres, car, l'ancienne Bible ne rendant point conte de ce nom, pour son importance, je ne sai en quel livre il l'a pû trouver. J'ai leu les antiquitez judaïques de Joseph; il n'y en a pas un mot.

Fæneste. Monsur, je bous dirai lou secret, pour la grande amitié que ye bous pourte, quoi qu'il m'aie estai vien deffendu, pource que nos gens sont fort estimais

---

1. « Que celui qui a des oreilles écoute ce que l'Esprit dit aux églises. A celui qui vaincra, je lui donnerai à manger de la manne cachée; et je lui donnerai un caillou blanc, sur lequel sera écrit un nouveau nom que personne ne connoît que celui qui le reçoit. » *Apoc.*, 2, 17.

Dans l'édition de 1630 et les suivantes, ce couplet est attribué mal à propos à Enay. Il appartient évidemment à Fæneste.

quand il se troube quauques coyonneries de ces difficultais, pour montrer que l'Escriture n'est pas contre nous partout.

Enay. Et dites-moy donc le mystère.

Fæneste. Il aboit nom *Canis* ; car en la Vulgate il est dit noutament que : *Canis erat semper cum illis.*

Enay. Vrayement, monsieur le Baron, vous avez bien dit, et je fortifierai cela d'un exemple de telle subtilité. Un de vos prescheurs entreprit de prouver par texte formel de la Bible que le pape de Rome devoit estre superieur sur tous les patriarches d'Orient : pour cet effet, il allegua le texte du premier chapitre de Genèse, sur ce qu'il est dit à toutes les creations, et par six fois, « *si fut le soir, si fut le matin* » ; si donc, en marquant les premiers jours du monde, le soir va devant le matin, l'occident doit aller devant l'orient, et par mesme raison l'empire d'Italie, qui a nom Hesperie, devant Constantinople et Antioche, qui sont de l'Orient.

Fæneste. Ces vons esprits prennent ainsi des preubes vizarres. Ye bous en diray une abenue ces yors à Thoulouse. Il y arriba qu'un praube melancolique se plaignit à messieurs de la Cour de Parlement que lou diavle l'aboit seduit, et obtenu de lui une cedule par laquelle il s'ouvligeoit corps et âme. La Cour donna un adjournement personnel à Sathan, et, faute de comparoistre, par contumace le condamna à rendre la cedule. Un cousin mien estant prest de se rendre à l'Église [1], à cause de la prise de Pamiès, alla considerer que les diavles n'en appelloient pas à la chamvre mi-partie. Ce proube miseravle, jugeant par là que lous diavles n'es-

---

1. De se convertir.

toient pas huguenaux, puisqu'ils ne releboient point la sentence à la chambre faboravle, il ne peut croire ce que lou Vernabit[1] aboit proumis de faire parestre, à sçaboir, que lous huguenaux estoient du parti dou diavle, et, sur cette subtilitai, il ne rebolta point[2].

Enay. Ce n'est pas tout, Monsieur le Baron ; vous dites que par amitié vous ne me celez rien : ayons la veuë de ce petit caillou blanc, qui est une marque pretieuse du salut.

Fæneste. Ye ne bous saurois rien refuser ; sulement bous prierai-ye de bous contenter de la beuë, et ne le toucher point.

Enay. Je le vous promets simplement.

Fæneste. Or, le boilà.

Beaujeu. Comment! vous ostez le chapeau et faites un signe de croix?

Fæneste. On l'oste vien pour des reliques qui ne ballent pas celle-là ; regardez vien, vous y boyez une image comme celle qui est dans la lune.

Beaujeu. Cela vous couste-il bien cher?

Fæneste. Si fait, da.

Beaujeu. Si vous l'avez acheté plus d'un carolus, on vous a fait tort, et si, je vous apprens que cette relique sert contre la colicque.

Fæneste. Comment?

Beaujeu. Ne voyez-vous pas que c'est une pierre de maigre[3], qui coute un carolus à la Rochelle et un sol ici?

---

1. Barnabite.
2. Il ne se convertit point, de *revolter*, faire la volte.
3. Substance qui se trouve dans la tête d'un poisson nommé le maigre d'Aunis, espèce de *scyæna*, et à laquelle on attribuoit des vertus extraordinaires pour la guérison de plusieurs maladies.

Fæneste. Ye suis marri de bous l'aboir montrai ; ye me debois soubenir quand Monsur d'Enay fit benir toute ma prouphetie en fillasse.

Enay. Mais, Monsieur le Baron, de tant de temps que nous avons esté sans vous voir, il faut que vous vous soyez employé à quelque chose que vous ne dites pas.

Fæneste. Il faut que bous sachiez tout... Certes, y'ai passai une couple d'années avec de vrabes hommes, à qui ye serbois pour amener l'eau au moulin, c'est-à-dire des duppes ; mais enfin ye bai bous dire lou grand de mes malhurs... Lou procureur du Roy de la Rouchelle, Barbot, et Gendreau, qui aboit estai maire, ayant quelques petits proucez à Paris, prirent cela pour couberture d'une velle entreprise : c'est qu'ils mirent chacun quatre mille francs dans une voursé, pour y employer les ruses de cartes et de dez qu'ils aboient fait baloir à la Rouchelle. Ils me prirent pour compagnon et aide du yu, comme nous dirons des *aides de camp*, me nourrissent, et donnent de vingt escus de gain un. Nous abions fait merbeilles. Un yor, sur les dix hures, arribe un grand home mal fait, sur une jument, abec une mallette derrière, que l'houstesse du Cygne eut vien peine à pourter. Cet home, qui preschoit sa nouvlesse en arribant, aboit un chapeau pelu [1], un grand casaquin noir, son espée pendue à un ruvan rouge, ses vottes qui en pesoient deux paires, et un esperon ; ses chausses de drap jaune... Cependant que lou beilet serroit la monture, ce fat se mit à entretenir six ou sept raillurs qui estoient debant la pourte, et y'ouiois qu'il leur disoit : Quelque mal havitué que bous me boyez, y'ai estai à Romme,

---

1. A longs poils.

Un Vreton, qui estoit des compagnons, lui demande :
Et quel chemin abez-bous pris, nostre doux maistre?
— Bous pensez, dit l'autre, parler à un idiot; le grand
chemin, braiement : Quinpercorantin, Lamballe, La Haye
en Touraine, La Flesche en Anjou, et Morlais. Il se
mit encore à les entretenir du procez qui l'amenoit.
Mes compeignons ayant beu cela, il y aboit presse à
qui se serreroit pour lou loger. La première soiraye,
cest home bid benir vone compenie; il fut spectatur,
et disoit pourtant que si c'eust estai au passe-dix, ou à
la condamnade, ou au trente et un, qu'il aboit, Dieu
merci, de quoi youer un teston abec la vone compenie.
Nous fismes tant que nous lui apprismes le lansquenet
et lou trucq[1] : il fut trois yors, quelquesfois gaignant,
quelquesfois perdant, et yoüa un soir jusques à cent
sols. Il aboit un beilet qui en grondoit, son sollicitur
lui faisoit des reprimendes; il lur disoit des injures...
Le troisiesme yor, ayant employé la matinée à sollicitation,
poudez dire, il s'en bint le long de la ruë de la
Huchette demander l'*Oie vlanche*, pour lou Cygne, où il
estoit lougé... Enfin, tout arrassé de cercher l'Oie vlanche,
il y arribe, et fut nommé le sieur de l'Oie. Il s'eschauffa
dans cinq ou six yors, de manière qu'il parloit
de youer les cent pistoules. Un soir il en perdit quarante
et quatre, et, tout en fu, fit jurer les Rouchellois qu'ils
apporteroient le lendemain chacun six cents pistoules,
contre six cents qu'il aboit, pour youër à y'ai flus et sequence,
qu'il aboit appris. Le lendemain, la chalur du

---

1. Jeu de cartes où deux personnes se donnent tour à tour à chacun trois cartes; le sept, puis le six et l'as ensuite, sont les meilleures.
L D.

yu fit changer, et prendre les dez pour passe-dix...
Comme la table estoit vien couberte, son sollicitur, son
adbocat, un gentilhome qui arriba à trois chebaux, lui
bindrent faire remonstrance... Le boilà qui gaigne tout
l'argent des Rouchellois, et un d'us escamotta un dé
qui estoit faux. Ils prenent à la gorge Monsur de l'Oie
vlanche, come l'accusant d'avoir youé de ce faux dé...
mais, sous les personages que nous abons dit se trou-
bèrent les compeignons du Vreton de Paris [1], qui frout-
tèrent vien les Rouchellois, et saisirent tout l'aryent...
et m'en eussent fait autant si ye n'usse sautai lou degré;
et les compeignons eurent nom à la Rouchelle, messieurs de l'Oye blanche.

CHAPITRE XV.

La bataille de Saint-Pierre [2].

Enay.

Enfin, il faut que vous nous contiez vostre dernier desastre : n'est-ce pas de Saint-Pierre que vous l'appellez?

Fæneste. Si yamais y'ai esperai parestre, ç'a esté à ce boyage-là, car y'estois aide d'enseigne au regiment de Chappes.

---

1. Vreton de Paris. Filou parisien qui, plus haut, sous le faux personnage d'un Breton, questionnoit M. de l'Oie blan-che, comme s'ils ne se fussent jamais vus. L. D.

2. Ce combat eut lieu en 1628. L'armée françoise mar-choit sous le commandement du marquis d'Uxelles, au secours du marquis de Mantoue, à qui le duc de Savoie, Charles Em-

Enay. Quel office est cela?

Fæneste. Bous otres ne sabez que lou bieil ju. Aide-enseigne est un honneste home qui aide par begades[1] à pourter lou drapeau.

Beaujeu. Oui; mais ce sont les compagnies des villes qui ont amené cela premierement; où je l'ai veu pratiquer, c'est à la basoche d'Angers.

Fæneste. Non, pas cela, non; mais c'est comme on dit : aide de camp, aide de sergent-major, aide de sergent de vataille; on commence à dire aide de caporal, aide de tambour.

Beaujeu. J'aimerois mieux estre bon aide de sommelier.

Enay. J'ai veu le commencement de ces mutations : ce sont offices qui se donnent par compère et par commère, horsmis celui d'aide de camp, et ces quantitez d'aides donneront de la peine un jour.

Beaujeu. Tout se fait par aides. J'ai veu qu'on ne parloit d'aides de lict qu'en Pologne; cela est aujourd'hui tout commun à Paris; le president Le Syrier en fit l'ouverture. Il me souvient de trois presidentes qui servoient par nuitées le sieur d'Ayacète[2]. A leurs estrein-

---

manuel, et les Espagnols, vouloient enlever le Montferrat. Le marquis d'Uxelles s'étant avancé jusque devant le fort de S.-Pierre, dans le marquisat de Saluces, trouva les troupes du duc de Savoie fortement retranchées. Confiant dans l'avantage du nombre, il les attaqua sans succès, fut repoussé vigoureusement et perdit plusieurs canons. Voy. Levassor, *Histoire du règne de Louis XIII*, Amsterdam 1703, tom. 5, 2ᵉ partie, p. 807-808.

1. Par begades. De fois à autre. L. D.

2. Louis di Ghiaceti, financier florentin qui s'étoit enrichi en France, où il prit le titre de comte de Châteauvillain, d'une terre qu'il y avoit achetée en

nes, il leur fit faire trois cotillons qu'elles lui avoient demandé plusieurs fois ; il les fit border et semer de chiffres grands de demi-pied, bien reluisans de perles, et c'estoient les mesmes chiffres que portoient ses laquais sur leurs mandilles, si bien que, sans se douter l'une de l'autre, elles furent le spectacle d'un bal.

Fæneste. Ha, qu'il y aboit là de quoi parestre ! mais bous me desvauchais tousjours de mon conte. Ye bous dits donc que la plus velle et reluisante armée qui ait paru depuis Coutras estoit celle qui fut mise entre les mains de monseigneur lou marquis d'Uxelles. Ce n'estoit que clinquant. Son veau-père[1] n'y aboit espargnai ni or ni argent.

Enay. Ni tant de courtoisies desquelles il estoit plein.

Fæneste. Poudez dire ! En dix huict ou bingt mille hommes, il y aboit fort pu de souldats qui ne parussent comme Caiteines. Je ne beux point faire ici de l'histouriographe ; je vous dits seulement, comme nous eusmes long-temps montai pour parbenir à Sant Pierre, quand nous fusmes enbiron à quinze cents pas des varricades, le fourrier de la compeignie et moi montasmes sur un petit tuquet, sulement par curiositai, et nous arrestasmes pour boir à main droite quauque pu de caballerie

---

1578. On peut voir dans Brantôme la description des peintures qu'il avoit fait faire pour sa maison, et des effets étranges produits sur les dames qui les regardoient.

1. Jaques du Blé, marquis d'Uxelles et maréchal de camp, mort au siége de Privas en 1629, avoit épousé, en 1617, Claude Phelyppeaux, fille de Raimond, seigneur d'Herbaut, conseiller d'État et trésorier de l'Épargne. Moreri, au mot *Blé*, de l'édition de Paris 1725. L. D.

de l'ennemi, qui tous temps[1] s'abançoit. En mesme temps nos gens donnent aux retranchemens, au moins nous entendismes l'escopeterie et en bismes lou fini. Enbiron cinquante roussis de çus que nous abions contemplais s'abancent; l'effroi se met partout; chacun crioit: Ferme! et moi aussi haut que pas un; mais ye ne bis aucun qui tournast bers les ennemis, qu'un officier de l'armée qui s'appeloit Marolles. Cettui-là se mit à nous crier injures, nous appeler canailles et poltrons; mais, en yettant per soubre l'espale un desmentit et un repoutit[2], autant en emporte lou bent... Nous estions resoulus à prendre lou vas pour cercher une place de combat.

Beaujeu. C'est cette mesme curiosité qui, à la bataille de Pragues[3], fit que les maistres de camp et quelques capitaines firent à cheval une grande reverence aux bataillons, quand on commençoit à brusler l'amorce, et par compagnie allèrent se pourmener et visiter les fortifications de la ville, tout par curiosité.

Fæneste. Ce fut une grande desroute; mais les Sa-

---

1. Tous temps. Toujours, tout d'un tems. Une autre édition, aussi de 1630, lit *de tout temps*. L. D.

2. Repoutit. Un double dementi. L. D.

3. Bataille gagnée devant Prague, le 8 novembre 1620, au commencement de la guerre de Trente-Ans, par l'armée impériale, sur les troupes de Frédéric V, électeur palatin et roi de Bohême, qui étoit à cette époque le chef du parti protestant en Allemagne. Suivant Schiller, ce fut la cavalerie hongroise qui prit la fuite dès le commencement de la bataille.— Les éditions de 1630 donnent *Pragues*, mais il peut paroitre assez singulier que d'Aubigné soit si bien instruit d'un événement arrivé en Bohême. Le mot de *Pragues* ne seroit-il pas une faute d'impression? Peut-être seroit-il mieux de lire *Arques*.

voyards, ou par pur de nous, ou par courtoisie[1], ne nous pressent pas lous talons, et respectent la terre de France. Ce fut aussi le respect qui gasta tout à la Valteline. Là j'appris lou plus grand stratagème de guerre qui se soit jamais pratiquai. Vous sabez coument lous camins sont estroits : que pensez-bous que nous fismes de nostre moubement? C'est que nous fismes une joncade de pertuisanes, de picques et de mousquets, toutes croisais en lacqs d'amours, et les despouilles de nostre armée, un pu de vagage parmi... Lou diavle ne nous eust seu poursuivre, s'il eust quittai ses aisles au lougis.

Enay. Il fait bon se trouver aux belles occasions! Si bien que vous perdistes fort peu de gens? Voilà une grande ruze, et ceux qui l'ont convertie en blasme sur vos chefs ont grand tort.

Fæneste. Abant que deslouger, nous bismes approucher quelque cinquante chebaux (les nostes, clinquantais[2], et empannachais comme princes : il faut dire qu'ils paressoient bien ; mais tout à coup ils bindrent sauter dans nostre camin, qu'ils faillirent à s'escana lou coul[3].

Beaujeu. Il me souvient du temps passé, que monsieur du Maine, passant devant Pons[4], monsieur d'El-

---

1. « Charles Emmanuel, content d'avoir pris du bagage et quelques pièces d'artillerie qu'Uxelles abandonna, ne le poursuivit point, par respect pour le roi très chrétien, disoit le Savoyard, et défend aux siens de faire aucun acte d'hostilité dans les États de Louis. » Levassor, *Histoire du règne de Louis XIII*, tom. V, 808. Amsterdam, 1703.

2. Couverts de clinquant.

3. *S'escana lou coul.* S'étrangler.

4. Pons, sur la Seugne, place forte des Protestants en Saintonge.

beuf[1], ayant choisi cinquante seigneurs de la cour, se vint presenter pour demander le coup d'épée. Sur tous, paroissoit à sa teste un comte de Champagne, tout couvert de broderie d'argent battu en velours incarnadin, hormis les brassards et la sallade argentée, empannaché de grandes aigrettes, et le cheval, qui estoit blanc, d'un pennache incarnadin. Quinze chevaux de la ville vont à la charge, et le petit Brueil [2], qui les menoit, choisissant le comte pour se coudre à lui, l'autre quitte sa place de la teste, et se va nicher derrière le cul de la troupe.

Fæneste. Boilà un grand cas; il m'eschappoit de crier que c'estoit vien pour parestre. O vien, ye bous ai contai lou malhur. Ye me troubai à table à Diyon en lieu où ye fallis vien en avoir des querelles. Il y eut un floignac qui nous tira de sa poche une lettre que les Consuls de Briançon ont fait imprimer en ce païs-là, pour secouër de sur lurs testes la faute qu'ils attribuoient à Monsur lou marquis; car les mulets qu'ils n'ont pas fourni ont fait tout lou dommage. Ils content que les pillages aboient fait fuir tout lou monde; que nous abions trop sejournai, et toutesfois nous estions partis d'Amvrum lou bingt-septiesme juillet, et arribasmes à Billards le cinquiesme d'Aoust. Ye respondis à cela que Monsur ne boulut point surprendre l'ennemi,

---

1. Charles de Lorraine, marquis, puis duc d'Elbeuf. Les satyres du temps le representent comme un homme très borné, et occupé surtout de faire bonne chère. En 1577, on l'avoit surnommé *le général des bouteilles*.

2. D'Aubigné raconte l'aventure dans le tome 2, liv., 3 ch. 16, de son *Histoire universelle*, mais il ne désigne le comte que comme un Seigneur d'une des bonnes maisons du Royaume.

pour faire en bieux Gaulois[1]; et faut dire que ces maudits mulets ont donnai un grand coup de pied à la France. Nous disons que cette retraite a surpassaye celle de Monsur de Mercure debant Canise[2]. Nous estions sans munitions, et lou moien de trouber du plomb entre ces montagnes, où l'on ne se sert que de baisselle de vois? Nous ne nous fierons plus aux mulets de Vriançon. Enfin, quelque vlasme qu'on ait mis sur nous, tout cela n'a pu empêcher un honnête homme de faire à nostre loüange ce petit sizain que je tire de ma poche :

> Cesar, qui le monde conquist,
> Après tout vaincu, se vainquit.
> D'Ussel tire une gloire extrême
> En la guerre des Savoyards;
> Lui et les siens sont des Cesars,
> Car ils se sont vaincus eux-mesmes.

Enay. Vous les pensiez bien surprendre, mais, comme dit le Gascon, *Doou s'en pense l'aze, de l'altro lou toucadour*[3]; et si vous regardez bien à l'epigramme que vous prenez en faveur, il y a de la malice.

Fæneste. Bous me faites enrager de ces chauses, et

---

1. Qui dédaignoient d'avoir recours à la ruse.

2. Kanischa, ville de Hongrie, assiégée en 1601 par les Turcs. Le duc de Mercœur, commandant l'armée impériale pour Rodolphe II, essaya de ravitailler la ville, et, après avoir harcelé avec 1500 hommes une armée de près de 60,000, il parvint à faire sa retraite sans être entamé.

3. Mot à mot : Du côté où l'âne s'y attend, de l'autre l'ânier (*le toucheur*), c'est-à-dire : le coup arrive du côté ou l'on y pensoit le moins.

ce sont ces subtilitais qui ont amené tant d'heresies; ye pensois qu'il fust fait à nostre loüange, quand il nous accomparoit aux Cesars. Il seroit de vesoing pour l'Eglise qu'on ne s'accoustumast point à tant de subtilitais, et qu'on fist vrusler tous les libres qui empeschent la debotion par leurs abisements. Il ne faut libres que la croix, des hures à l'usage de Jehan le Cocq et à la moude, qui sont *totum ad longum sine require*; si bous boulez des sermons, çus de Varletta et Menotus; la Legende doreye de la bieille impression : car tous çus qui les ont corrigeais se sentent en cela de l'huguenot; et, pour les savoir lire, y'ai troubai un excellent libre fait par la Chaume Guinart, qui s'appelle *l'Art d'aprenmolire*[1].

Beaujeu. C'est un gros livre qu'a fait un Poictevin, de huict mains de papier, pour apprendre à lire un mot : et pourtant, il se nomme *d'aprenmolire*. Au vieux temps, tel a esté sept ans à la ✝ de par Dieu.

Enay. J'entend bien : il se vouloit vanter d'estre bien fondé.

Fæneste. Cela baloit-il pas mieux que les malices de ce temps? N'est-ce pas grand cas que les Jesuites aboient fait un bers qu'ils ont imprimay tournai en six mille feiçons, et qui est :

Tot tibi sunt laudes, Virgo, quot sidera cœlis.

Un de bos huguenaux l'est allai coeffer d'un otre, et le boici :

Tot tibi sunt fraudes, Gerro[2], *quot gramina campis.*

---

1. C'est-à-dire : apprend-mot-lire.

2. Ce mot, écrit avec une majuscule dans l'édition de

Encor y aboit-il un malicieux qui aboit mis *stercora* pour *gramina*. Le boilà encor rembié[1] par un tiers qui se put tourner en trois fois autant de feiçons que l'otre :

Sic mala fraus tua fert laudes quæ non bene cedunt.

Beaujeu. Et vous n'approuvez pas que l'on en sache tant ? A la vérité, il est bien mal-aisé que tels esprits croyent aux petites oyes de vostre religion, comme au baptesme des cloches, à l'usage des grains benits, des chemises de Chartres et des *Agnus Dei* ; et vous mesme estes trop cavallier pour estre bigot jusques là.

Fæneste. Ye me suis une fois laissai empourter à user d'um *Agnus Dei* ; mais, à un vallet qu'on faisoit à l'Arsenal, un exempt des gardes me donna dans la presse, car il ne me remarquoit pas, un coup de vaston qui me le fit entrer dans la peau ; ye n'en ai plus boulu pourter depuis, de telles fadaizeries.

Enay. Vrayement, Monsieur le Baron, vous nous avez conté des combats si etranges, que l'antiquité n'en a guères de pareils. Quoi que ce soit, vous avez tousjours vaincu la mauvaise fortune, demourant aussi gaillard en une saison qu'en l'autre ; toutes ces victoires meritent que nous chantions quelques triomphes. Que si, à nostre catastrophe[2], quelqu'un nous veut blasmer d'estre devenu trop serieux, nous leur dirons que le baron de Fæneste est devenu plus vieux et plus sage quand et quand.

1630, pourroit être pris pour un nom propre. Si telle a été l'intention de d'Aubigné, je ne sais qui il désigne ; il est plus probable qu'il faut lire *gerro*, c'est-à-dire fat, diseur de sornettes.

1. Renvoyé, c.-à-d. surpassé.
2. La fin de notre livre.

CHAPITRE XVI.

Les triomphes.

Beaujeu.

Par le discours passé, je me voi engagé à vous conter la malice de Du Monin......[1], que le roy nomma *le poëte des chevaux legers*. Ce galand estant un jour dans le carosse de madame de Meienare, il arriva que, à la descente de la place aux veaux, celui de madame de Bran, celui de la Choisi[2], qui venoit de l'Arsenal pour succeder au def-

---

1. Du Monin. Je ne sache d'autre poëte de ce nom-là que Jean Edouard du Monin, le même à qui Baylé a donné un article. Bien des gens le louèrent, mais il eut aussi ses censeurs, et de ces derniers doit avoir été ce roy qui le nomma le poëte des chevaux-legers, comme qui diroit *levis armaturæ vir*, un poëte peu ferré et d'un mérite au dessous du mediocre. Il mourut sous le regne de Henri III, et si, par un veritable anachronisme, d'Aubigné le fait vivre encore en 1599, c'est dans une Satire, et non pas dans une Histoire. L. D.

Je crains que Le Duchat n'ait mal compris le mot de Henri IV. Le poète des chevau-légers est, selon toute apparence, un auteur dont les ouvrages sont appropriés au goût des chevau-légers. On diroit aujourd'hui *le poète des hussards*. Or, le Du Monin mort sous Henri III s'appeloit lui-même *le poète philosophe*, ce qui nous éloigne beaucoup des chevau-légers. J'incline donc à penser qu'il s'agit ici d'un poète satyrique autre que le philosophe à qui Bayle a consacré un article.

2. Vraisemblablement, la fille de Jacques de l'Hopital, marquis de Choisy, femme intrigante, fort en faveur auprès de Sully.

faut de la Clin[1], celui de la du Virc, qui venoit de l'Université chez le conseiller le Grand, et s'en alloit visiter sa tante madame de Guise, et la cousine de Montpensier ; d'autre costé le carosse de la Barat, et encores les deux carosses de la du Tillet[2] et de la Poyane[3], avec la litière de monsieur de Bourges, tout cela s'embarrassa et fit faire une pose à madame......[4], qui en esmeut sa colere, et jura par saint Philibert que monsieur la refuseroit, ou il y auroit un impost sur les carrosses ; et cependant elle pria du Monin de lui faire une elegie sur ces embarassements. L'autre respond que le subject estoit bien pitoyable, mais plus propre pour une farce. — Eh bien, pour farcir, mon mari s'y entend ; et je lui ay ouy dire quelque chose pour rire sur les espinards[5] de monsieur de Vandosme.

1. Au deffaut de la Clin. A ce conte, le Duc de Sully les entretenoit toutes deux. L. D. —Il faut lire, je crois, *Quelin* ; c'est le nom d'une maitresse de Henri IV.

2. La du Tillet. Dans le liv. 2, ch. 1, de la Conf. de Sanci, elle est représentée comme empressée à servir dans leurs amours les grands seigneurs dont elle exploitoit le crédit.

3. Un marquis de Poyane commandoit en Béarn en 1621. Le cardinal de Richelieu mentionne son nom plusieurs fois avec éloge.

4. Monsieur, et plus haut Madame..... La Varenne et sa femme. Voiez la Conf. de Sanci. L. D.

5. On vantoit un jour certaine Epigramme dont le docte Guillaume du Bellai avoit regalé ses conviez. Quelqu'un de la compagnie, n'entendant pas ce mot, et croiant qu'il s'agissoit de quelque mets, ne fut pas plutot de retour chez lui, qu'il querella son cuisinier de ce qu'il ne lui avoit jamais fait manger d'épigramme. Ce conte, que fait H. Etienne, p. 11. de la préface de son Traité de la conformité du langage françois avec le grec., donne lieu à l'auteur d'imputer à madame de la Varenne d'avoir plaisamment donné le nom d'épinars à des épigrammes dont elle avoit ouï parler à table chez Monsieur de Vendôme. L. D.

Comme un propos tire l'autre, il avoit conté à cette dame comment il s'en alloit à Lyon, celant qu'il s'alloit rendre au duc de Savoye pour affoiblir la France d'autant. — Puisque vous allez à Lyon, dit la dame, je vous prie de me faire faire une patisserie... (je voulois dire une tapisserie), de quelque nouvelle invention. S'il se peut, qu'il y ait des bresmes.—Qu'appellez-vous dés bresmes? dit le poëte. — C'est, respond la dame, de ce qu'il y avoit en la tapisserie que le roy osta à madame[1] pour donner à la duchesse; on l'estimoit cent cinquante mille escus; ma foi, il eust été plus honneste au roy, maintenant qu'elle est morte, d'en faire un present à Monsieur, que de se faire heritier[2] de la deffuncte; mais les vieux serviteurs n'ont tousjours rien; on recompense plustost quelque homme de peu, ou quelque macquereau.

— Madame, repliqua du Monin, je voi ce que vous voulez dire avec vos bresmes : ce sont des emblesmes. Je suis trop vostre serviteur pour ne point vous advertir qu'à tous coups vous prenez des mots que vous n'entendez pas pour mots de cuisine, comme des *macaronnades* pour masquerades, une *nappe immonde* pour mappemonde. Vous appelez les Molucques les isles de *Moruës*, une *galimaphrée* pour un galimatias, un *poesle* pour un poesme, une *capilotade* pour une capitulation, et, comme nous avons dit, des *espinars* pour des epigrammes ; vous vous en souviendrez, s'il vous plaist. Quant à la tapisserie, je desire vous y servir ; il faut

---

1. Madame Catherine, depuis duchesse de Bar. L. D.

2. Se faire héritière. Édit. de 1630.

sçavoir où vous la voulez attacher? — C'est, dit la dame, pour la grand' salle du chasteau de la Famache [1]; nostre tapissier vous en envoira les mesures. Monsieur n'y veut rien espargner, et a déliberé sur tout d'y tapisser la cuisine, chose qui ne se void gueres ailleurs; mais aga, voyez-vous, il n'est point glorieux. On dit qu'il faut commencer un bastiment par la cuisine (les autres disent par la cave) : Monsieur dit librement que la cuisine a esté le premier fondement de nostre maison. — L'entrepreneur picque en poste jusques à la Farnache : il vid la grand' salle, qui ne se pouvoit tapisser à moins de douze pieces, trois de chaque costé, separées par les fenestres, et d'une bande par la cheminée.

Estant donc à Lyon, il fait reüssir son entreprise, laquelle depuis se fit voir à la grand' salle. Elle est de quatre triomphes, chacun de trois pantes. Ce n'est pas le triomphe de la chasteté, ni rien de l'invention de Petrarque. Le premier est le triomphe d'Impieté, le second de l'Ignorance, le troisième de Poltronnerie, le quatrième de Gueuserie, qui est le plus beau. Les couleurs et les diversitez y sont fort agreables; rien n'y va à nuances; les changements y sont tout à coup. La bordure des grotesques est d'escriture en chiffres que personne n'entendoit; mais du Monin, qui ne craint plus rien, pour avoir passé le Mont du Chat [2], en a envoyé l'explication, et les memoires tout du long, au petit che-

---

1. La Famache. Et plus bas la Farnache. Seroit-ce la Ganache, maison appartenant à Françoise de Rohan, duchesse de Loudunois, et que M. de Thou nomme aussi la Garnache? L. D.

2. Le Mont du Chat. Il se-

valier [1], qui a meilleure grace à les lire que sa cotte mautaillée des religions, et Dieu sçait les gloses que les copieux [2] feront sur ces belles histoires, quand ils en auront sceu le secret.

CHAPITRE XVII.

Triomphe de l'Impiété.

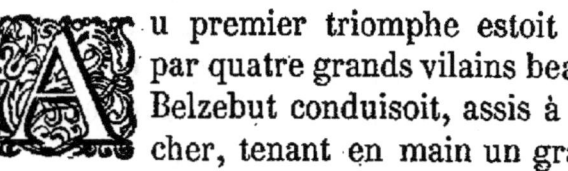u premier triomphe estoit un chariot tiré par quatre grands vilains beaux diables, que Belzebut conduisoit, assis à la place du cocher, tenant en main un grand fouët de vipères, ou d'autres serpens. Sur la place de derrière, plus haute que les autres (comme il appartient à celle du triomphant), estoit un monstre en forme de vieille femme fardée, comme le visage de Perrette [3] quand elle avoit gaigné les pardons. Elle avoit tout d'humain pourtant, horsmis qu'il lui estoit impossible de lever la face en haut, mais l'avoit ployée en terre comme les brutes; les oreilles lui pendoient comme à un bracque,

---

pare la France d'avec la Savoie. De là vient cette èspèce de proverbe. L. D.

1. Au petit Chevalier. La Varenne le fils, à qui le Menagiana dit que son père avoit ridiculement donné un gentilhomme, au lieu de le donner lui-même à un gentilhomme. L. D.

2. Railleurs. On disoit *copier* quelqu'un, le contrefaire, et, par extension, se moquer de lui de toute façon.

3. Perrette. Les rieurs appellent Trou-Perrette les troncs d'Eglises.—L.D. Les Huguenots désignoient l'Eglise catholique par le sobriquet de Perrette, probablement à cause de l'apôtre S.-Pierre, à qui ils ne pardonnent pas la papauté.

et la faisoient sourde par leur espesseur. Vous lui voyez les yeux petits, comme les avoit madame de Mersec, quand elle crioit à la Saint-Barthelemi : Achevez tout!

Fæneste. Et vien, bous boyez que l'impietai vaisse la face, de pur de parestre : le parestre est donc propre de la pietai. Boilà une vone demonstration.

Beaujeu. Ouy, vrayement; mais, pour suivre mon propos, vous saurez que dans le mesme chariot alloit à reculons la Volupté, qui n'avoit couverture que ses cheveux, qui lui couvroient tout le front, lui faisoient des moustaches, et des bouchons à la lacquaise [1], et, en un mot, elle sembloit toute crachée à la Marquise; et de là la mode a pris son modele pour la garcette de ce temps.

Aux deux siéges des deux costez, comme portières, estoient, en titres de captifs, premierement la Conscience : c'estoit un corps demi mort, qui, sans sentiment, estoit assis et sommeilloit sur un monceau de chausse-trappes; de l'autre côté, la Stupidité, qui avoit la peau faite à escailles de fer rouillé. La musique qui entouroit ce chariot estoit de tambours, de tymbales et de cornets, venus des bacchantes par succession, avec tout equipage de charivari.

Souvenez-vous qu'à chaque costé de la salle il faloit trois pentes de tapisserie : la première, de ce que fournissoit l'antiquité; la seconde, de ce que nous avons

---

1. A la laquaise. A la mode des Lansquenets, à qui deux plaques de barbe couvroient les cotez de la bouche. L. D. —Je crois plutôt que ce sont de grosses boucles de cheveux encadrant le visage, comme en portoient les laquais.

appris durant la primitive Église; la troisième est des modernes et de ce temps. Et cet ordre est observé partout, horsmis au troisième triomphe, à cause de la cheminée. Si bien, qu'à la première pente d'auprès de la porte, marchoit devant le chariot la première troupe des prisonniers : elle estoit des patriarches et saints hommes du premier siècle, comme Abel, Enoch, Noé, Abraham et ses enfans, David, tous les prophètes, enchaînés comme les prisonniers des lansquenets, et les bouts de leurs chaines dans les poings des champions victorieux. Vous voyez à la teste Caïn et Cam, Nembrot, les geans qui se mocquoient de l'arche; au milieu, Pharaon, Og; vers la queuë, les cinq rois que pendit Josué; Achaz et Jesabel, habillez en amazones [1]. Ces pauvres prisonniers vont à regret, et contemplent d'un œil triste les roües du chariot, qui ont pour pavé les tables de la Loy et l'arche de l'alliance, qu'ils ont mis en pièces.

Fæneste. Cap de you! ye troube estrange de boir parestre Pharaon, Og, Seon [2], et lous otres qui ont estai baincus, au nombre des triomphans.

Beaujeu. Leur estre est miserable, mais le paroistre est pour eux. Ce n'est pas d'aujourd'hui que les soldats de l'Impieté, quelques battus qu'ils soyent, triomphent tousjours, tesmoins les plus vaillans de ce siècle, qui sont devenus, beaucoup de fois en leur vie, biens et honneurs, gibier des champions de l'Impieté. De tout

---

1. *Sic* édition de 1630. Je suppose qu'il faut lire : *Achab et Jezabel habillée en Amazone.*

2. *Sic* édition de 1630. Je crois qu'on doit lire *les Séans*, c'est-à-dire *les géans*, au lieu de ce *Seon*, personnage inconnu dont Beaujeu n'a rien dit.

pareil ordre marchoit l'Église primitive, apostres, martyrs et confesseurs, menez rudement par Neron, Domitian, Adrian, Sevère et les autres pareils, jusques à Julien l'Apostat. Ces meschans tapissiers l'ont tiré sur un pourtrait de ce temps que je n'ose dire [1] ; comme celui de Libanius [2] a les traits de Monsieur le Convertisseur [3] ; comme aussi le visage de Papinian, qui mourut plutôt que vouloir excuser le forfait de Caracalla [4], est tout semblable au feu chancelier de l'Hospital. Pour le pavé du charriot, vous y voyez les Évangiles, les fueillets d'Eusèbe et autres bons livres de ce temps, que les lacquais amassent et les donnent à Baronius [5] pour s'en torcher le derrière. Là Libanius va à balses [6], comme le gouverneur de Rome pour faire marcher la procession, en criant : *Andate in fretta, perche Su Sanctità rinega Christo* [7]. »

Mais plus grande et plus reluisante est la troisieme troupe, des bruslez, pendus, et noyez de ce siecle, tous gens mal habillez, et avec des santbenits [8] peints de

---

1. Le portrait de ce temps est probablement celui de Henri IV, à qui l'auteur ne pardonne pas son abjuration.

2. Sophiste du 4me siècle, fort aimé de Julien.

3. Le Cardinal du Perron, qui s'attribuoit la conversion du roy Henri IV. L. D.

4. Jurisconsulte célèbre, auquel Caracalla fit trancher la tête parce qu'il avoit refusé de faire l'apologie du meutre de Géta, son frère.

5. Cardinal, bibliothécaire du Vatican à la fin du XVIe siècle. Il est auteur des *Annales ecclésiastiques*, ou *Histoire de l'Eglise*, dont les protestants ont contesté l'exactitude.

6. Italianisme, *à balzi*, par bonds.

7. Dépêchez-vous, car Sa Sainteté renie Dieu. Le chapitre 25 de l'*Apologie d'Herodote* raconte cette impatience du pape Paul III, à une procession qui faisoit trop de pauses à son gré. L. D.

8. *Sanbenito*, mître de papier

diables. Mais les sergens qui les font marcher sont braves et glorieux : vous y voyez le comte de Buendia[1] qui porte l'epée, un autre le grand estandart rouge; les Inquisiteurs en pourpoint, tous mines de maupiteux [2], et tels que vous les voyez descrits aux actes de l'Inquisition [3]. N'est pas oublié que la sacrée Hermandad va en bonne ordre [4], deux à deux, une main derrière le cul; ils chevauchent en latin [5], et marchent courbez sur des chevaux d'Espagne, se tenant à l'arçon, pour mener à la mort des troupes de soixante ou quatre-vingts vieillards, femmes et enfans baaillonnez. Plusieurs tragedies de France, d'Angleterre, d'Italie, de Flandres et d'ailleurs, sont en si grand nombre qu'elles ne peuvent trouver la place, et ne sont mises ici que par abregé.

que les condamnés de l'inquisition portoient en allant au supplice

1. En 1560, à l'occasion du retour de Philippe II en Espagne, on fit à Valladolid un grand auto-dafé en présence « de la sœur du roi, Jeanne, du prince Charles, son fils, et de la plupart des grands seigneurs et dames d'Espagne. La pompe de cet acte commença par herauts et trompettes, et le comte de Buendia, portant l'épée, suivi d'alguazils et quelques inquisiteurs. » D'Aubigné, *Hist. univ.*, tome I, l. 2, ch. 27.

2. Impitoyables.

3. A la page 136 de l'*Histoire de l'Inquisition d'Espagne*, imprimée in-8, en 1568, sans nom ni de lieu ni d'imprimeur. L. D.

4. En bonne ordre. Apparemment les Poitevins font *ordre* feminin, à l'antique. L. D.

5. La sainte Hermandad étoit, comme on sait, une espèce de garde nationale; elle formoit probablement une cavalerie assez peu redoutable : aussi d'Aubigné représente ces soldats bourgeois fort empêchés de se tenir à cheval, une main à la croupière et l'autre aux arçons. Chevaucher *en latin*, c'est, je crois, monter à cheval comme un pédant de collége, et non comme un gendarme.

CHAPITRE XVIII.

Triomphe de l'Ignorance.

En après marchoit le char triomphant de l'Ignorance, tiré par quatre asnes emmusicquez de trompes de bouche et de cornemuses. La dame est nuë, n'ayant pas le jugement de cacher ses parties les plus honteuses ; elle a le front estroit, et les yeux petits, aussi bien que l'autre[1] ; la bouche demi ouverte; elle lit par contenance dans un Breviaire, de bas en haut (comme feu Monsieur de Vandosme, qui estoit gaucher[2]), s'eclate de rire en y lisant, comme y trouvant la matière plaisante et delicate ; elle a beaucoup de traits de visage de Bertholine[3]. Vis à vis de la triomphante, qui est à dire devant, est la Folie, qui s'escrime d'une marotte ; à sa droite est l'Opiniatreté, à la grosse teste ; et de l'autre costé la Superstition, toute bardée de patenostres.

Tout de mesme qu'à l'autre triomphe, marchent aussi trois bandes de captifs, à sçavoir : du premier siecle, Noé, qui voulut faire le savant à inventer l'arche ; Moyse, à amener la loy à des gens qui n'en vouloient point ; les prophètes, fascheux corneguerres, ennemis de l'aise et du bon temps ; et si vous trouvez estrange qu'ils soient peints en plus d'un lieu, sachez que telles gens sont bien gourmandez plus d'une fois,

---

1. Aussi bien que l'Impiété.
2. C'étoit l'excuse donnée par lui, dit-on, à quelqu'un qui l'avertissoit qu'il tenoit son livre à l'envers.
3. C'est probablement un sobriquet, mais j'ignore à quelle dame il s'applique.

et en plus d'une façon ; vous les voyez malmenez par ces geans, par les ignorans qui bastissoient Babel ne s'entendans pas, par ces mutins juifs qui preschoient le bon goust des oignons d'Egypte, et y vouloient retourner. Cet escouade finit par Sedecias, qui donne à Michée un desmenti et un soufflet.

A la seconde file vous voyez les docteurs de l'Eglise, comme Irenée, Tertullien, saint Hierosme et saint Augustin ; quelques docteurs de Rome, jusques à Sylvestre. Vous y voyez de l'autre costé ce paillard Lyberius[1], qui, au commencement enchaîné avec Athanase, trouve moyen de se sauver, et, s'estant r'allié avec les Ariens triomphans, frappe sur Athanase et Chrysostome plus que quatre autres, comme faisoit Sanci au massacre d'Orléans, en tuant son hoste et massacrant les corps morts, pour se sauver[2]. Entre autres tels comittes[3] paroissent Zambres[4] et ses compagnons.

Puis vient la troupe de ce siècle, où vous voyez tant de docteurs d'Allemagne qui osoient prescher contre l'yvrognerie ; le pauvre Calvin, maigre comme un haranc-soret, les douze ministres de Poissi, les sieurs de Chamdieu[5],

1. Le pape Liberius, qui, après avoir favorisé les Ariens, abjura ses erreurs et fut canonisé.
2. Sanci, au chap. 9 du liv. II de la *Conf. de Sanci*, est accusé de s'être déguisé en massacreur pour se sauver, et d'avoir égorgé son hôte afin de mieux jouer son rôle.
3. Comite, officier chargé de la surveillance des forçats sur une galère.
4. Zambri, roi d'Israël, qui tua le roi Ela, et fut bientôt après contraint par Amri de se brûler dans son palais à Thersa.
5. Ce nom m'est inconnu. Ne doit-on pas lire *Chamier*, nom d'un célèbre ministre protestant, député des églises réformées, qui soutint une polémique ardente contre le P. Cotton, et fut tué au siége de Montauban en 1621?

et de nouveau le Plessis Mornai[1]. Tout cela est trainé si viste qu'ils n'ont pas loisir de parler.

Les triomphans, au rebours, ont la gorge ouverte, comme leur faisans la huée, et faisans crier les pages et lacquais : *Qu'il est laid! il a escorché le renard! il a chié au lict!* Là dit le poëte en son memoire quelle renfort des corne-muses est pour estouffer les remonstrances des affligez. Le chariot a pour pavé force livres polemicques, l'Institution, le Mystère d'iniquité[2], qui fut premierement enfoiré à Saumur, et puis jonché par les ruës; de ce rang sont la Sepmaine de du Bartas, les livres de du Moulin[3], et l'Histoire de d'Aubigné[4].

Les estaffiers qui font marcher ces miserables sont Cachat, la Bastide, Lignerac, le chancelier de Birague[5],

1. Le Plessis Mornai. Disgracié du roy, son maitre, pour avoir écrit contre le pape. L. D.

2. Le *Mystère d'iniquité*, imprimé à Saumur chez l'auteur, avoit été condamné par la Sorbonne, le 19 août 1611, et depuis ce tems-là les exemplaires en étoient deposez dans le chateau, à n'en sortir que pour être envoiez de tems en tems à des foires étrangères. En 1621, Du Plessis eut à peine evacué ce chateau, où le roy vouloit loger, que, S. M. n'en étant pas même encore sortie, les goujats de la suite de la Cour brulèrent la plupart de ces exemplaires dans la cour même du chateau. Bernard, *Hist. de Louis XIII*, pag. 226. L. D.

3. Dumoulin, fameux jurisconsulte du XVIe siècle, persécuté pour quelques ouvrages qu'il publia contre les usurpations de la cour de Rome.

4. L'*Histoire de d'Aubigné*. Imprimée l'an 1616, et brulée à Paris par la main du bourreau, le 4 janvier 1617. Le Long, *Biblioth. hist. de France*, pag. 438. L. D.

5. Jacques de la Vigne, seigneur de la Bastide, un des quarante-cinq de Henri III, qui donna le premier coup au duc de Guise à Blois. Il fut gouverneur de Crécy, et en faveur à la cour à la fin du XVIe siècle. — Saint-Chamont de Lignerac étoit un des confidents du duc de Mayenne, et paroît avoir été employé par Henri IV pour ménager la soumission de ce chef de la Ligue

redevenu gendarme quand il vid que ses harangues faisoient rire [1] les gens; puis, pour cloture de la pente, marchent en foule derrière le chariot les princes qui n'ont rien sceu : le père et le grand-père du duc de Montpensier, le Connestable, qui sçait escrire et non pas lire [2], car il escrit son nom; quelques conseillers d'estat, qui, aussi bien que les prestres, ont osé se vanter de n'en sçavoir pas plus.

A la retraite est l'ecclesiastique Menot [3], qui lève en

— René de Birague, exilé italien, accueilli à la cour de France, fut nommé garde des sceaux par Charles IX en 1570, et passe pour avoir conseillé le massacre de la Saint-Barthélemy. Il mourut en 1583. — Cachat m'est inconnu. On lit dans la *Confession de Sancy* : « Cachat ne sait pas seulement parler françois. C'est lui qui a fait la paix de Provence. » Il s'agit probablement de la soumission de cette province à Henri IV.

1. René de Birague, milanois, meilleur soldat qu'orateur, avoit été gouverneur du Lyonnois. Etant devenu chancelier de France, il voulut haranguer, premierement en 1576 aux Etats de Blois, puis sept ans après au Parlement. Mais il se fit moquer de lui dans ces deux occasions. *Risum astantibus movit*, dit M. de Thou, parlant de sa harangue au Parlement; et il n'avoit pas mieux fait à Blois, s'il en faut croire cette epigramme, qui parle de la harangue du roi Henri III aux Etats de Blois, comparée à celle de son chancelier.

Tels sont les faits des hommes
[que les dits :
Le roy dit bien, d'autant qu'il
[sçait bien faire;
Son chancellier est bien tout au
[contraire,
Car il dit mal et fait encore pis.

2. Ce doit être ici Henri de Montmorenci, connétable de France sous le roy Henri IV, et sans doute qu'il étoit un de ces trois grands officiers de la Couronne dont ce prince avoit accoutumé de dire que l'un l'avoit trompé, que l'autre ne savoit lire ni écrire, et que le troisième n'avoit jamais hanté les mers. Jacques I, roi d'Angleterre, disoit de même, mais en riant, de son secrétaire d'Etat Conway, qu'il ne savoit ni lire ni écrire. L. D.

3. Michel Menot, cordelier, auteur de sermons en mauvais latin. Il vivoit à la fin du XVe

haut ses sermons. L'un porte au bout d'un baston de bannière les petits livres de la galerie du Palais, les nouveaux escrits de Cayer, les prières jaculatoires de Cotton ; l'autre porte un baston de la croix avec force cloux, ou une espine fourchue, et, comme on vend les bonnets et les guimbelets [1] dans une foire, se crient force traittez de la societé de Bourdeaux, les prompts escrits de Boulanger [2], et le Roman de la victoire de l'Eglise [3] ; point n'est oublié le curé de Saint-Eustache [4], la teste dans un tabourin ; et, comme vous trouvez une bossue, une boiteuse, au cul de la procession, comme nous disons ailleurs, traisne le derrière, n'ayant seu tenir son rang, le fils de Goñdi, qui, avec ses ernies, representoit l'honneur de sa maison, comme ayant charge de faire mauvaise chère [5] aux ambassadeurs. Il y a encore quelques cavaliers esgarez, que vous voyez en peine s'ils se doivent joindre à ce triomphe, ou à celui qui suit, estans conviez à tous deux ; entre ceux-là est reconnu au vif un mareschal de France [6] et autres que je n'ose nommer, pource qu'ils portent le cordon bleu.

siècle. H. Estienne rapporte plusieurs passages ridicules de ses œuvres dans son *Apologie pour Hérodote.*

1. Brimborions.

2. Aumônier du roi. La *Conf. de Sanci* dit de ce docteur qu'il a écrit en diable, promptement et sans y songer. L. D.

3. La *Victoire de la Vérité*, livre attribué là même au jésuite Richeome. L. D.

4. Le curé de Saint-Eustache. Le même qui prit un jour querelle avec M. Jean du Pont-Alais, qui le coeffa de son tabourin. L. D.

5. Mauvais visage. La hergne donne un air refrogné. L. D. Il étoit introducteur des ambassadeurs.

6. Un mareschal de France. Balagni peut-être. Au ch. 10 du 1er liv. de la *Conf. de Sanci*, il est traité de *poltron*, pour n'avoir su se maintenir dans sa principauté de Cambrai. L. D.

CHAPITRE XIX.

Triomphe de la Poltronnerie.

Gare, gare, gare le corps! car voici le chariot de madame Poltronnerie, tiré par quatre daims et autant de renards, sur lequel fait bonne mine la triomphante, avec de grands yeux, des oreilles ouvertes, le teint pasle ; on dit qu'elle a fait ses affaires dans ses chausses. Elle, ne pouvant endurer plus grand bruit, n'a musique que d'un manicordion, sur lequel joue une bourrée l'Aise accroupie sur le devant du chariot ; à une des portes est la Paresse, qui a la roupie au nez, une de ses mains dans le sein, et l'autre dans la braguette de son confesseur ; de l'autre costé est la Honte, qui se cache le visage du coude, c'est pourquoi nous ne la pouvons physionomiser.

Ce triomphe est different des autres, pour ce qu'au temps passé il ne triomphoit que des vaillans, et la Poltronnerie n'avoit jamais fait ses affaires comme en ce siècle. Vous y voyez quelques ombres effacées des eunucques envieux de Narsès et Belisaire.

Les prisonniers sont force vaillans hommes du siècle, tant de Bourbons, de ceux de Lorraine[1], les Chastillons[2], les mareschaux de Biron père et fils, ceux de la

---

1. *Sic* édition de 1630. Il faut lire, sans doute : Tant de ceux de Bourbon que de ceux de Lorraine.

2. L'amiral Gaspard de Coligny, son frère d'Andelot et son fils François de Coligny, tous capitaines illustres du parti protestant.

Nouë, de Montgomeri[1], de Montbrun[2], toute la bataille de la saint Barthelemi, le mareschal d'Aumont, Givry, les ducs de Bouillon et de Thoars[3]..........

....

.... et de nouveau, Montbarot[4], criminel d'avoir sauvé la Bretaigne de la prise de Rennes, et, qui plus est, coulpable de sa prison. Il n'y a point moyen d'enrooller cette multitude; j'y connois bien pourtant à la fin Pralim, mort de regret[5].

Tant y a que ces mauvais garçons sont menez en triomphe par force gens victorieux, entre lesquels pa-

1. Gabriel de Montgomery, capitaine de la garde écossoise, qui blessa mortellement Henri II dans un tournoi, en 1559. Il fut un des chefs des protestants les plus actifs et les plus redoutables. En 1574, à la suite d'une défense héroïque, il fut fait prisonnier dans Domfront, et mis à mort au mépris d'une capitulation formelle.

2. Charles du Puy de Montbrun, capitaine protestant qui se distingua dans les guerres civiles de la fin du XVIe siècle.

3. Jean d'Aumont, maréchal de France, qui servit fidèlement Henri III et Henri IV. Il fut tué en 1595 au siége de Campel, en Bretagne.

— Anne d'Anglure, seigneur de Givry, capitaine royaliste, tué en 1594 au siége de Laon.

— Henri de la Tour d'Auvergne, vicomte de Turenne, puis duc de Bouillon, un des chefs du parti protestant à la fin du XVIe siècle et au commencement du XVIIe. Il mourut en 1623, à l'âge de soixante-huit ans.

— Henri de la Trémoille, duc de Thouars, qui fut pendant quelque temps un des principaux chefs du parti réformé dans l'ouest de la France.

4. René de Marec, sieur de Montbarrot, gouverneur de Rennes en 1602. Soupçonné à tort d'avoir eu part à la conspiration du maréchal de Biron, il s'étoit laissé arrêter dans Rennes même, d'où ayant été conduit à la Bastille, il n'en étoit sorti que dépouillé de son gouvernement. L. D.

5. Charles de Choiseuil-Praslin, capitaine des gardes en 1602. *Stipatorum regiorum Præfectus*, dit M. de Thou sous cette année là. L. D.

roissent le feu mareschal de Rez [1], le sieur de Lansac [2], grand-père de ceux-ci, car son fils estoit des prisonniers, ayant perdu cinq gouvernemens par sa liberalité. Maistre René [3], le parfumeur, servoit de comitte.

Mais voilà une troupe montée de Barbes, et un comte à la teste, une cornette après lui, coeffée de gaze pour cacher la croix ; ceux-là veulent renverser deux huguenots boiteux qui les poussent au combat ; vous voyez a travers la gaze une corbeille, et le mot de l'emblesme est : *Je vous vend ce corbillon* [4]. Voilà ensuite cinq chevaliers au cordon bleu, à visage descouvert, et, sans vous donner à attendre l'explication quelque jour, comme ceux qui viennent d'estre alleguez, les premières lettres de leurs noms sont *Do*, *Manou*, *Chemerault*, un *Clermont* et *Chasteau-Vieux* [5], qui à la bataille d'Ivri voulurent tuer un homme qui se sauvoit, et

---

1. Albert de Gondy, comte de Retz, maréchal de France. C'est lui qui, à la Saint-Barthélemy, vouloit qu'on ne fît grâce à personne d'entre les protestants. V. *Mémoires de Saulx-Tavannes.*

2. Louis de Saint-Gelais, dit de Lezignem, baron de Lamothe-S.-Éraye, sieur de Lansac, chevalier d'honneur et favori de Catherine de Médicis, fut ambassadeur de Charles IX au concile de Trente. Son fils, qui suivit le parti de la Ligue, fit preuve de quelques talents militaires.

3. René Bianque, Milanois, fameux empoisonneur et meurtrier. Il étoit parfumeur de son métier. *Journal de l'Etoile*, an 1572. L. D.

4. Les allusions contenues dans ce passage m'échappent entièrement.

5. Jean d'O, sieur de Manou, Emeric de Barbezières, sieur de Chemeraud, Charles de Balzac-Clermont, et Joachim de Chateauvieux, tous en ce temps-là capitaines des gardes. De Thou, liv. 97, sous l'année 1589. L. D. — Les deux premiers étoient, je crois, fils de François, marquis d'O, surintendant des finances sous Henri III, puis gouverneur de Paris, confirmé dans cette charge par

s'en servir tous cinq pour rougir l'espée; mais ils ne peurent obtenir cela de lui, sans un argolet passant, qui d'un seul coup leur donna de quoi faire repaistre le coutelas.

Nous aurons encor besoin de l'explication du poète pour un coing où est peint un Pantalon à barbe grise, qui tire en arrière un capitaine qui semble tout craché à Pralin, lequel desgaine à demi pour aller tuer un *Horatio*, qui a le visage comme un des mignons du siècle, monté sur une *Ysabella*. Pantalon, couvert d'un jac de maille, void l'adultère pris sur les œufs, jette cet apophthegme notable: *Je ne puis croire ce que je*

Henri IV, auquel il se rallia après la bataille d'Ivry, mort en 1594. Son courage étoit douteux et sa probité plus que suspecte.

« Un vieux député (des églises réformées), lequel, étant un jour assis avec ces compagnons (Choupes et d'Aubigné) sur un bahut dans l'antichambre, prit garde que M. d'O, le jeune Rôny et quatre ou cinq autres des galands de la cour, se rioient de voir ces députez habillés à la vieille mode. Ces courtisans s'étant dit plusieurs fois l'un à l'autre : Frère, je te tiendrois pour brave si tu voulois aller demander le nom de ce vieux hérésiarque, d'O, qui se voulut montrer plus impudent que les impudens, s'en va dire de caprice au plus vieux : Mon gentilhomme, ces honnêtes gens et moi sommes en peine de sçavoir votre nom. — Si je savois, dit le vieillard, comment vous appeler, je vous répondrois. Je suis bien gentilhomme, mais non pas *vôtre*. — L'autre répond : On m'appelle d'O. — Or, adonc, dit le député, si vous aviez été aux batailles, vous me connoîtriez. Pour O, il est mieux connu à la Chambre des comptes que là où je vous dis. Je le connois pour un zéro qui fait compte avec tous les autres, et tout seul ne vaut rien.— Voilà tous les compagnons du cabinet qui s'éclattent de rire, et le messager fort étonné, auquel le député ajouta : Allez, mon ami, *allez tuer quelqu'un*, afin que le roy vous donne une grâce ; autrement, vous n'en avez point. » *Confession de Sanci*, liv. 2, ch. 7. — [Il est probable que cette anecdocte se rapporte à Jean d'O, cité tout à l'heure.]

vois, et empesche le matamore de jetter par les fenestres l'adultère catholique et universel[1]. Le paysage est bordé bien à propos de force chasteaux et belles maisons, sur les portaux desquelles il y avoit en frontispice de belles pierres taillées nouvellement, en la place des vieilles qu'on avoit ostées. Là estoient enlevées [2] les armoiries de la Basoche, mieux timbrées que les premières; au bas de tous les escussons estoient ces trois marques *D. D. D.*[3]; il vous est aisé de les expliquer par trois mots : *Dispari domino dominaris*.

1. Ce passage, qui a paru à Le Duchat une énigme impénétrable, s'explique par la note ci-jointe de Tallemant, dans l'*Historiette de Henri quatrième* : « Un jour M. de Praslin, capitaine des gardes du corps, depuis mareschal de France, pour empescher le roy d'espouser Mme de Beaufort, lui offrit de lui faire surprendre Bellegarde couché avec elle. En effet, il fit lever le roy une nuict à Fontainebleau; mais, quand il fallut entrer dans l'appartement de la duchesse, le roy dit : « Ah! cela la fascheroit trop. » M. le mareschal de Praslin a conté cela à un homme de qualité de qui je le tiens. » On voit que d'Aubigné a voulu embellir encore l'anecdote.

2. Enlevées. A l'antique, pour élevées. L. D. C'est-à-dire, je crois, sculptées en relief.

3. D. D. D. D'Aubigné, sensible aux changements arrivez en France et à la Cour sous le règne de Louis XIII, conclut ce chapitre par ces paroles de Cicéron au 1er livre des *Offices* : *O Domus antiqua, heu, quam dispari dominaris Domino.* L. D.

CHAPITRE XX.

De la Gueuserie.

Il ne reste plus que la sacrée et venerable Gueuserie, de laquelle le chariot branlant, tout fait de pièces rapportées et de contons, estoit tiré par quatre louves maigres. La triomphante est toute estonnée et honteuse de ses beaux habits, et ne sait quelle grace prendre; mais l'Impudence, qui est assize sur le coffret de derrière, par une petite fenestre lui donne courage, et quelquefois de la main redresse sa contenance egarée, qui ne se peut asseurer. C'estoient les mesmes honteuses contenances qu'avoit la Connestable[1] le jour de ses nopces : car, quelque fardée qu'elle soit, tousjours paroissent en son visage les rides de sa première condition. Quoi qu'elle se voye en estat de donner aux autres, elle croit toujours devoir demander et quaimander; elle a vis à vis d'elle, et qui a part à sa gloire, l'Insolence, assez belle de loin, eschevelée et vestue de dix couleurs; à gauche est la Ruffianerie, que ces meschans tapissiers ont tiré sur le portrait de madame de S. Du.[2], maquerelle de France $\varkappa\alpha\tau'\grave{\varepsilon}\xi\acute{o}\chi\eta\nu$[3]; à droite la Flatterie, qui donne à

---

1. Marie Vignon, femme de rien, qui avoit épousé le connestable de Lesdiguières. L. D.
2. Madame de S. Du. De Duras peut-être, la même qui accompagnoit la reine Marguerite en 1583, lorsque le roy, son frère, lui fit faire affront près de Palaiseau. Notes sur le chap. 7 du liv. 2 de la *Conf. de Sanci.* L. D.
3. Par excellence.

qui en veut des grains benits et des bougies pour aller dire des oraisons.

A la première pente des trois sont plusieurs rois et princes chassez de leurs païs, conduits à coups de nerfs de bœuf par Bagouas[1] et autres eunucques à qui je ne me saurois amuser, pour ce que sont histoires trop antiques. En la seconde vous voyez tant de riches Romains, ou de ceux qui avoient voulu espouser la querelle de la liberté; entre autres y sont remarquables Senèque, Helvidius Priscus, Thrasée[2], qu'on appelloit la vertu mesme, la pauvre Epicharis[3] et une grande troupe de gens qui ont couru par les fortunes, qui portent dans leurs mains leurs testamens, pour les presenter aux tyrans et à leurs valets[4]. Cette troupe demi-nue estoit rudement menée par quelques licteurs, sur le chapeau desquels estoient escrits leurs noms, comme *Narcisse, Pallas, Fleur d'Asie*; sur le derrière estoit

1. L'Eunuque Bagoas, l'un des favoris d'Alexandre dans Q. Curce. L. D.

2. Helvidius Priscus, sénateur célèbre par sa hardiesse et son amour pour la liberté. Il fut exilé par Néron, rappelé par Galba, puis exilé de nouveau, et enfin mis à mort par ordre de Vespasien. — P. Fannius Thrasea Pætus, beau-père de Helvidius Priscus, philosophe stoïcien et sénateur, accusé de conspirer contre Néron, se fit ouvrir les veines. Sous Domitien, L. Arulenus fut puni de mort pour avoir appelé ces deux Romains de très saints hommes, *sanctissimos viros*.

3. Courtisane romaine qui avoit conspiré contre Néron. Appliquée à la torture sans qu'on pût l'obliger à révéler le nom de ses complices, elle s'étrangla avec sa ceinture, dans la crainte que son courage ne l'abandonnât dans une seconde épreuve. Tacite, *Annales*, 15, 57.

4. La plupart des riches Romains faisoient dans leur testament un legs à l'empereur, dans l'espoir que, s'ils étoient impliqués dans une conspiration et condamnés, ce legs feroit respecter les autres dispositions de leur testament.

Bellissarius, qui demandoit l'aumosne, après avoir dompté et despouillé tant de rois.

Mais plus au vif eclatoit la dernière troupe des modernes, qui avoit à sa teste le Connestable Montaigu [1], faisant escharpe d'un licol de fil d'or ; et comme il estoit fils de barbier, aussi estoit-il couplé avec le barbier du roy Louys XI, portant pour escusson un bassin d'or, et escrit en sable : *Fortunæ tonsor quisque suæ*. Ces deux faisoient faire place aux prisonniers, à la teste desquels vous voyez bien piteux le pauvre Gonzalve, nommé par excellence le Capitaine [2] ; le comte de Rocendolf [3], mort de faim à Paris, après avoir amené et exploité quatre armées au secours de nos rois ; il avoit sur les espaules un manteau, que je lui ai veu autresfois, de satin fourré de martre zibeline, et maintenant de parchemin, sans autre couverture ; le vidame de Chartres [4], parent de nos rois, mort aux galères, et,

---

[1]. Jean de Montaigu, vidame du Laonnais et surintendant des finances sous Charles VI. Il avoit amassé des richesses immenses qui causèrent sa perte. Pendant la maladie du roi, son protecteur, les ennemis de Montaigu, à la tête desquels se trouvoient le duc de Bourgogne et le roi de Navarre, l'accusèrent de malversations et de magie. Il fut décapité à Paris le 17 octobre 1409. Trois ans après, sa mémoire fut réhabilitée. — Il n'eut jamais, je crois, le titre de connétable, mais celui de grand-maître de France.

[2]. Gonzalo Hernandez de Cordova, surnommé le *grand capitaine*, mort dans la disgrâce à Grenade en 1515, suspect à Ferdinand, dont il avoit illustré le règne par ses conquêtes.

[3]. Le comte de *Rockendorf*, colonel allemand fort attaché à la France, et qui fut chargé plusieurs fois de faire des levées de reîtres et de lansquenets.

[4]. François de Vendôme, vidame de Chartres, impliqué dans la conjuration d'Amboise, fut mis à la Bastille en août 1560. Il en sortit fort malade,

de mesme, force seigneurs d'illustres maisons, tous visages abbatus, horsmis un qui consoloit ses compagnons, et c'estoit (si la semblance ne me trompe) Odet de la Noüe [1], tout rejoui d'avoir trouvé à vendre une de ses maisons à demi prix. Là paroissoit le brave Moüy, desesperé [2], qui avoit dit à son maistre, comme on lui ostoit sa pension : Je demeure riche d'honneur et d'amis. Il eut pour replique, que chacun de ses amis le nourriroit une semaine. De ce regiment estoient force gentilshommes qui ont sacrifié leurs biens à la guerre, et que la paix avoit surpris, et à qui on avoit dit : Le royaume a esté trente ans au pillage : pourquoi n'avez-vous rien fait?

Les mareschaux de camp qui trainent cette cadene sont Ragot et du Halde [3], qui a pour estaffier l'heritier de Piene [4]. Après ce chariot marche la troupe triom-

et mourut, au mois de décembre suivant, dans un galetas où on l'avoit transporté. Catherine de Médicis, dont on prétend qu'il avoit été l'amant, fut soupçonnée de l'avoir fait empoisonner. Brantôme dit à ce sujet : « Une très grande » dame fut fort blasmée de cette » prison, qui pourtant autre- » fois ne luy eust usé de ce tour. » Mais qu'y sauroit-on faire ? » Quand une dame qui a aymé » vient à hayr, elle en trouve » toutes les inventions du mon- » de pour bien hayr. » *Disc. sur les colonels de l'Inf. françoise.*

1. Odet de la Noüe. Fils du brave la Noüe (François), surnommé Bras-de-Fer. L. D.

2. Ce doit être Isâc de Vauldray Mouy, qui ne pût se rendre assez à temps à Ivri pour partager l'honneur de la victoire, mais qui du moins servit à poursuivre vivement l'ennemi qui fuioit. De Thou, liv. 98. L. D.

3. Ragot fut une espèce de roi des gueux, à Paris, sous Louis XII et François Ier. Il avoit acquis une certaine fortune à faire le métier de mendiant et de bouffon. — Du Halde étoit le premier valet de chambre de Henri III.

4. L'héritier de Pienne. De la maison d'Hallewin. L. D.

phante; le premier rang, de deux cardinaux qui vont coste à coste, de l'un desquels le rolleau [1] dit : *Il cardinale de la Simia*, tout moucheté sur l'escarlatte de gros poux et de punaises. Cettui-ci, estant gueux à la porte du pape [2], fut prins en amitié par sa singesse, pour la bonne moisson de poux qu'il portoit, et parvint au gouvernement de cette beste. Son maistre, l'ayant fait habiller, le trouva bonne robe, et par le siége parvint au saint siége [3]; l'histoire vous en dit davantage. A son côté marchoit le pape Sixte-Quint, monté sur un pourceau; à mon advis, c'est ce pourceau mesme qu'il perdit [4], et pour cette perte s'enfuit de son maistre, devint portier d'un couvent de cordeliers, et de là pape, comme les histoires vous enseigneront. O la brave troupe qui paroissoit en ce triomphe, de ducs, marquis, comtes, vicomtes et barons ! tous noms qui dureront longtemps, car ils sont bien nouveaux ; une armée de plus de carosses que Xerxes n'eut de navires, comme il paroît, les festes, à la montre du cours ; je dis les festes, pour ce que la pluspart ont besoin de gaigner leur vie les jours ouvriers. Il y avoit à la marge de la tapisserie une grosse gibeciere qui acouchoit d'un estui de bonnet, cest estui d'une malle coffrée, et ensuite un gros vilain

1. La légende.
2. Jules III.
3. Il y a là, je crois, un vilain jeu de mots. Erastus, cité par Bayle, art. Jules III, rapporte à peu près la même anecdote. Il ajoute que ce garçon, objet d'une amitié violente de la part du pape Jules III, étoit fort laid. *In summa, corpore et anima monstrum*. Il s'appeloit Innocent, mais il n'a jamais été pape, quoi qu'en dise d'Aubigné.
4. Le même conte se trouve déjà dans la Conf. de Sanci ; mais la vie de Sixte V, sans parler de *pourceau perdu*, dit seulement qu'on le mit à garder les cochons. L.D.

carosse qui acouchoit de petits carossillons, qui, comme une fourmillière, se joignirent à la troupe. Chacun son escriteau commençant par : madame, et quelquesfois madame de Jehan, madame de Pierre, madame de Martin, etc. En un petit coing du tableau on remarquoit deux vieilles damoiselles accroupies, à peine reconnues pour mesdemoiselles de Tournon et de Bressuire [1]; elles ont les yeux tournez au ciel, font d'une main un grand signe de croix, et de l'autre monstrent les troupes des dames; je pense que c'est par admiration, pource qu'elles ne voulurent jamais hausser leur titre de damoiselle, bien qu'elles eussent l'une octante, et l'autre nonante mille livres de rentes; elles se reigloient ainsi, pource que leurs maris n'avoient jamais esté chevaliers [2] de l'ordre de saint Michel. Cependant la troupe s'ecoule et la suite, à la fin de laquelle servent de sergens le petit la Roche [3], autrefois donné pour nain, Car Be-

---

1. Noms de deux très anciennes familles alliées aux plus illustres maisons du royaume. Just Louis, baron de Tournon et de Chalançon, avoit épousé vers le XVIᵉ siècle une Madeleine de la Rochefoucauld. — Guy de Laval, marquis de Nesle, vicomte de Brope et baron de Bressuire, fut tué à la bataille d'Ivry en combattant dans l'armée royale.

2. Tout gentilhomme, jusqu'à ce qu'il eût été fait *Chevalier*, n'étant que simple *Ecuier*, sa femme n'avoit qualité que de *Demoiselle*, et c'est suivant cet ancien usage qu'encore aujourd'hui, dans les arrets du Parlement de Paris, les femmes de simples gentilshommes n'ont titre que de *Demoiselles*. L. D.

3. Il avoit été élevé dans la domesticité de Henri III; puis, ayant fait preuve de discrétion et d'intelligence, il fut employé utilement par ce prince dans ses négociations avec le roi de Navarre. Dans la *Bibliothèque de Madame de Montpensier*, pamphlet de 1587, il est fait mention d'un livre imaginaire intitulé : *le Fouliquet des demoiselles, de l'invention du petit La Roche, chevaucheur ordinaire de la paix.*

lat[1], valet de garderobe du duc de Savoye. Le maistre de la tapisserie[2], faisoit l'honneur de la maison. Le poëte dit en ses memoires qu'il ne faut trouver estrange si vous ne voyez point en la troupe des gueux triomphans, ni parmi les autres, un *Porcius Cato*, autrefois porcher, ni un *Servius*, autrefois esclave : comme aussi parmi les modernes un baron de La Garde, autrefois nommé capitaine Poulain, pour avoir esté saltimbardel[3], et avoir gardé les poulains ; ni la Burlotte[4] pour avoir esté barbier de village ; c'est qu'il ne veut comprendre en ce rang ceux qui ont monté sans gueuser. Ce n'est pas, dit-il, gueuserie de tirer salaire et honneur de ses merites, et, partant, sont bannis de ce triomphe ceux qui sont parvenus par la probité, par les services signalez,

---

1. Car Belat. *Carl Belat* peut-être, ou *Carbelat*. L. D. Je crois qu'il faut lire *par* Belat.

2. La Varenne. L. D.

3. Je ne connois pas ce mot de *Saltimbardel*. *Bardelle*, de l'italien *bardella*, est une selle de paysan. — Voici ce que dit Brantôme de la naissance du baron de La Garde : « Les guerres de Milan et Piedmont esmeües, il y eut un caporal d'une compagnie passant par le bourg dudit Poulin, et s'appeloit La Garde (du depuis il en voulut porter le nom), le voyant jeune enfant, gentil et tout esveillé d'esprit et de bonne façon, le demanda à son père pour le mener avec luy. Le père le luy reffusa; mais il se desroba du père, et s'en va avec le caporal, et le servit de goujat environ deux ans ; et puis, le voyant de bonne voulenté, luy donna l'harquebuze, le fit sy bon soldat qu'il parut toujours pour tel ; puis fut enseigne et lieutenant, et puis capitaine. » *Cap. Français*, discours 75e. Poulin fut général des galères de France et un des meilleurs marins de son temps. Son nom est quelquefois écrit *Paulin*.

4. La Burlotte. Claude la Bourlotte, brave officier au service d'Espagne dans les Pays-Bas. Il fut tué en l'année 1600.

L. D.

par les armes et par les lettres. Que ceux-là s'aillent cacher, n'y ayant place ici que pour ceux qui ont fait fortune *turpibus artibus*. Il faut un mot des coings : en l'un desquels se void un arbre comme celui d'Escosse, qui d'un costé laisse choir son fruit dans l'eau, et le fruit se change en canes et canars [1] ; ce qui tombe à terre sont chaperons de drap, qui s'estrississent [2] et se changent en velours ; vous en voyez de demi formez, qui, ayant roulé deux tours, se chargent de pierreries ; et c'est de là que tant de Madame de drap deviennent Madame de velours, gaignent le paradis des dames sans avoir passé au paradis des damoiselles ; et c'est en cette accroissance que les petits fiefs de France sont aujourd'hui baronnies, les chastelenies sont devenues vicomtez, les baronnies comtez, les vicomtez marquisats, les comtez duchez, et les ducs voudroient bien devenir rois, s'ils avoient affaire à un maistre patient et à un roy qui ne fust point soldat. La cheminée de la salle se trouve bien à propos dans le chapitre passé, pour ce que l'antiquité, qui nous fournit force exemples pour les trois autres pièces, n'en trouve comme point où la Lascheté ait vaincu la Valeur. Cette cheminée donc reste pour les propheties, et la variation des modes. Il y a force choses que le poëte n'a pas interpretées ; ce que l'œil descouvre,

---

1. Touchant cette prétendue merveille, de laquelle, soit dit en passant, ont parlé Enée Sylvius, ch. 46 de son Europe, et plusieurs autres mentionnez par Menage au mot *Bernache* de ses *Origin. Fr.*, voiez Robert Sibbalde, livre 3, part. 2, de sa *Scotia illustrata*.
L. D.

2. S'étrécissent. Les chaperons des marchands étoient longs et pendants ; les gentilshommes portoient la barrette de velours.

c'est une grande multitude de soldats, que vous voyez en une montagne des Alpes, bien empeschez, au soleil, à recoudre toutes les balaffres de leurs pourpoints faits à la mode, à desglacer leurs doubles moustaches[1]; là vous voyez des laquais bottez, une damoiselle qui a la ceinture entre le nombril et les tetins, et tout ce que nous avons dit ailleurs de cette affaire bien marqué et bien peint, comme la moustache sauve les coups de fouëts et tout ce qui concerne la garcette et le ribaut.

Fæneste. Et vien! la moustache, outre le parestre, sauba quelques coups au bilen.

Beaujeu. Pour retourner à conclure, je n'ai plus à vous dire sinon que le pavé où passent les rouës du dernier chariot est fait d'escussons, de chevrons brisez, d'ermines, de macles et mesme de fleurs de lis avec les bandes[2]; le triomphe de la Gueuserie met tout cela en pièces en passant, à quoi aident encor les carrosses de la suite ; il y a de quoi faire pleurer de joye, ou du contraire, les spectateurs. Enfin, c'est une prophetie en tapisserie, qui promet aux traistres, aux bestes, aux poltrons et aux belistres les gouvernemens, les estats, les honneurs et les biens, tant que les gens de bien, les doctes, les braves et les grands auront agreable de perir par honnesteté.

Enay. Or ça, monsieur le Baron, vous voyez la diversité de ces tableaux : de quelle bande aimeriez-vous mieux estre?

---

1. Occupation des soldats de l'armée françoise dans la Valteline, lorsqu'elle fut surprise par le régiment de Pappenheim et mise en déroute. V. plus haut, livre IV, ch. 3.

2. Armoiries des princes du sang.

Fæneste. Cap sant Arnaud! j'aimerois mieux parestre dans le triomphe et dans la felicitai.

Enay. Et moi y estre veritablement.

Adieu jusques à une matière qui pourra servir de cinquième livre à Fæneste.

FIN.

TABLE DES MATIÈRES

PRÉFACE.	v
LIVRE I.	1
PRÉFACE	3
CHAPITRE I. Rencontre d'Enay et de Fæneste, qui couche d'entrée de dix ou douze querelles	7
CHAPITRE II. Moyens de paroistre. Deffense des bottes et des roses, pennaches et perruques	13
CHAPITRE III. Arrivée de Fæneste à la Cour.	23
CHAPITRE IV. Rencontre du Rousseau. L'accident des fagots et l'ambition de Fæneste.	30
CHAPITRE V. Discours sur la maison d'Enay, et de la Chasse.	34
CHAPITRE VI. Des Vadepieds.	36
CHAPITRE VII. Des quatre guerres de Fæneste.	37
CHAPITRE VIII. Amours de Fæneste. Querelle du Carrossier	40
CHAPITRE IX. Des braves, des rafinez et des duels. . .	42
CHAPITRE X. Entrée de table. Attaque de Religion . .	48
CHAPITRE XI. Du baron de Fayolle et du Dongnon . .	49
CHAPITRE XII. Entreprise de Du Lignoux	51
CHAPITRE XIII. De la Cour	54
LIVRE SECOND.	57
AUX LECTEURS	59
CHAPITRE I. Des Graces latines et de leur construction.	61

CHAPITRE II. Masilière. L'Eglise invisible. Des reliques, et bonne intention 66
CHAPITRE III. La gageure de Canisy. La question du baptême agitée à Rome. 69
CHAPITRE IV. Le baron Harelais, le moine et autres jeux. 72
CHAPITRE V. De Marthe la demoniaque, et autres miracles. 76
CHAPITRE VI. Miracles de la Rochelle, de sainte Leurine, du saint homme de Billouet et de la Mer rouge. 78
CHAPITRE VII. Divers jeux. 84
CHAPITRE VIII. Dispute du Limbe. 85
CHAPITRE IX. Theologie de Clochard et de Mathé . . . 88
CHAPITRE X. Amours du Baron et enchantemens . . . 90
CHAPITRE XI. Autres amours 96
CHAPITRE XII. Histoire de Cayer. 98
CHAPITRE XIII. Du marechal de Fervaques et des clercs du Palais. 101
CHAPITRE XIV. Conte de Mathé, des quatre Curés . . . 105
CHAPITRE XV. Theologie de Surgères. Querelle du Baron. 107
CHAPITRE XVI. Combat de Corbineau 109
CHAPITRE XVII. Enchantemens à la Cour sur les amours du Baron. 112
CHAPITRE XVIII. Aventure sur Brilbault, et sur le mot: *Où est l'honneur ?*. 116
CHAPITRE XIX. Sur l'Estre et le Paroistre. Le coucher du Baron 119
LIVRE TROISIÈME. 123
L'IMPRIMEUR AU LECTEUR. 125
CHAPITRE I. La vie de Fæneste à Paris. 127
CHAPITRE II. Vie de la dame de la Coste et des Bohémiens 130
CHAPITRE III. Du theologal de Maillezais. 133
CHAPITRE IV. De l'advocat Chesneverd et de la vente du Cimetière. 138

CHAPITRE V. De La Roche-Boisseau et des Sergens. . 141
CHAPITRE VI. Miracles du loup, et de l'huître, et du pistolet avalé. 144
CHAPITRE VII. La procession de Baumier 146
CHAPITRE VIII. Le cadran des Ousches. Du cours du Soleil. 150
CHAPITRE IX. Songe du connestable. Adiousias d'Estrade. 152
CHAPITRE X. Des resolutions 154
CHAPITRE XI. Querelle avec le Sçavantas. Duel de Valery. 157
CHAPITRE XII. Du ministre de Glenai 159
CHAPITRE XIII. Histoire de Pautrot et de la dame de Noaillé 161
CHAPITRE XIV. De Bourron. Enigme de filasse. 165
CHAPITRE XV. Explication de l'Enigme. 168
CHAPITRE XVI. De Sourdy et sa Femme, du Prince joueur, de Chenevières, du prêtre de Bougoin, du moine de Maillezais. 175
CHAPITRE XVII. Du comte de Lorme. 181
CHAPITRE XVIII. Quelque suite de Lorme. 187
CHAPITRE XIX. Du comte de Manle. 189
CHAPITRE XX. Des Coyons de mille livres. Des Espions. 193
CHAPITRE XXI. Quelques quatrains, et commencement de l'Histoire de Calopse. 197
CHAPITRE XXII. Commencement des opinions du Conseil, et la resolution 200
CHAPITRE XXIII. Execution du voyage 208
CHAPITRE XXIV. Histoire de Riclet et du Medecin . . . 213
LIVRE QUATRIÈME 217
L'IMPRIMEUR AU LECTEUR. 219
CHAPITRE I. Arrivée du baron de Fæneste. 221
CHAPITRE II. Du pont de Sey, et, par occasion, de la mode 224
CHAPITRE III. Du second desastre à la Valteline. . . . 229
CHAPITRE IV. Exercice de Fæneste, et quelque chose du voyage d'Italie. 236
CHAPITRE V. Suite des Gloires. 240

TABLE DES MATIÈRES.

CHAPITRE VI. De la guerre du Prince. Familiarité du Roy et de Fæneste. Chalus. Titres : *Regnante Jesu.* L'antiquité de Langin 245

CHAPITRE VII. Noblesse de Fæneste, et ensuite discours de la Renardière 252

CHAPITRE VIII. Invention du curé d'Eschilais. Difference des sermons. 259

CHAPITRE IX. Sermon du Père Ange. 264

CHAPITRE X. Suite des inventions permises aux Prescheurs. 272

CHAPITRE XI. Actions estranges des gens d'Esglise... 280

CHAPITRE XII. Des nonnains. 286

CHAPITRE XIII. Grotesque de la Terne. 291

CHAPITRE XIV. Titre de l'ancienneté de Fæneste en grec. Ministre *victus*. Diable qui n'appelle point à la chambre. Le Caillou blanc et l'Oie blanche. 301

CHAPITRE XV. La bataille de Saint-Pierre 307

CHAPITRE XVI. Les Triomphes. 316

CHAPITRE XVII. Triomphe de l'Impiété. 320

CHAPITRE XVIII. Triomphe de l'Ignorance. 325

CHAPITRE XIX. Triomphe de la Poltronnerie. 330

CHAPITRE XX. De la Gueuserie. 335

www.ingramcontent.com/pod-product-compliance
Lightning Source LLC
Chambersburg PA
CBHW050309170426
43202CB00011B/1833